ADMINISTRAÇÃO DE PROCESSOS

Conceitos • Metodologia • Práticas

O GEN | Grupo Editorial Nacional – maior plataforma editorial brasileira no segmento científico, técnico e profissional – publica conteúdos nas áreas de ciências sociais aplicadas, exatas, humanas, jurídicas e da saúde, além de prover serviços direcionados à educação continuada e à preparação para concursos.

As editoras que integram o GEN, das mais respeitadas no mercado editorial, construíram catálogos inigualáveis, com obras decisivas para a formação acadêmica e o aperfeiçoamento de várias gerações de profissionais e estudantes, tendo se tornado sinônimo de qualidade e seriedade.

A missão do GEN e dos núcleos de conteúdo que o compõem é prover a melhor informação científica e distribuí-la de maneira flexível e conveniente, a preços justos, gerando benefícios e servindo a autores, docentes, livreiros, funcionários, colaboradores e acionistas.

Nosso comportamento ético incondicional e nossa responsabilidade social e ambiental são reforçados pela natureza educacional de nossa atividade e dão sustentabilidade ao crescimento contínuo e à rentabilidade do grupo.

Djalma de Pinho **Rebouças** de Oliveira

ADMINISTRAÇÃO DE PROCESSOS

Conceitos • Metodologia • Práticas

6ª edição

O autor e a editora empenharam-se para citar adequadamente e dar o devido crédito a todos os detentores dos direitos autorais de qualquer material utilizado neste livro, dispondo-se a possíveis acertos caso, inadvertidamente, a identificação de algum deles tenha sido omitida.

Não é responsabilidade da editora nem do autor a ocorrência de eventuais perdas ou danos a pessoas ou bens que tenham origem no uso desta publicação.

Apesar dos melhores esforços do autor, do editor e dos revisores, é inevitável que surjam erros no texto. Assim, são bem-vindas as comunicações de usuários sobre correções ou sugestões referentes ao conteúdo ou ao nível pedagógico que auxiliem o aprimoramento de edições futuras. Os comentários dos leitores podem ser encaminhados à **Editora Atlas Ltda.** pelo e-mail faleconosco@grupogen.com.br.

Direitos exclusivos para a língua portuguesa
Copyright © 2019 by
Editora Atlas Ltda.
Uma editora integrante do GEN | Grupo Editorial Nacional

Reservados todos os direitos. É proibida a duplicação ou reprodução deste volume, no todo ou em parte, sob quaisquer formas ou por quaisquer meios (eletrônico, mecânico, gravação, fotocópia, distribuição na internet ou outros), sem permissão expressa da editora.

Rua Conselheiro Nébias, 1384
Campos Elísios, São Paulo, SP – CEP 01203-904
Tels.: 21-3543-0770/11-5080-0770
faleconosco@grupogen.com.br
www.grupogen.com.br

Designer de capa: Danilo Oliveira
Editoração de capa: Caio Cardoso
Imagem de capa: shuoshu | iStockphoto
Ilustrações: João Zero
Editoração eletrônica: Formato Editora e Serviços

CIP-BRASIL. CATALOGAÇÃO NA PUBLICAÇÃO
SINDICATO NACIONAL DOS EDITORES DE LIVROS, RJ

O46a
6.ed.

Oliveira, Djalma de Pinho Rebouças de
Administração de processos: conceitos – metodologia – práticas / Djalma de Pinho Rebouças de Oliveira. – 6. ed. – São Paulo: Atlas, 2019.

ISBN 978-85-97-01989-6

1. Administração da produção. 2. Controle de processo. 3. Desenvolvimento organizacional.
4. Planejamento estratégico. I. Título.

| 19-54972 | CDD: 658.5 |
| | CDU: 658.5 |

Leandra Felix da Cruz – Bibliotecária – CRB-7/6135

A
Heloísa

"A motivação é que nos faz começar.
É o hábito que nos faz prosseguir."

Jim Rejun

Material Suplementar

Este livro conta com o seguinte material suplementar:

- *Slides* para apresentação (restrito a docentes).

O acesso ao material suplementar é gratuito. Basta que o leitor se cadastre em nosso *site* (www.grupogen.com.br), faça seu *login* e clique em GEN-IO, no menu superior do lado direito.

É rápido e fácil. Caso tenha dificuldade de acesso, entre em contato conosco (gendigital@grupogen.com.br).

GEN-IO (GEN | Informação Online) é o repositório de materiais suplementares e de serviços relacionados com livros publicados pelo GEN | Grupo Editorial Nacional, maior conglomerado brasileiro de editoras do ramo científico-técnico-profissional, composto por Guanabara Koogan, Santos, Roca, AC Farmacêutica, Forense, Método, Atlas, LTC, E.P.U. e Forense Universitária. Os materiais suplementares ficam disponíveis para acesso durante a vigência das edições atuais dos livros a que eles correspondem.

"Há muitas coisas que só parecem impossíveis enquanto não tentamos fazê-las."
André Gide

Importância, diferencial e estrutura do livro, xiii

Capítulo 1 – Evolução da administração e das empresas e as consequências na administração de processos, 1

1.1 Evolução da administração, 3

1.2 Evolução das empresas, 5

1.3 Consequências dessas evoluções para a administração de processos, 8

    1.3.1 Consequências de influência estratégica, 16

    1.3.2 Consequências de influência organizacional, 19

1.4 Algumas conclusões desse processo evolutivo, 26

Resumo, 28

Questões para debate, 28

Caso: Evolução estratégica e organizacional na Alpha Beta – Indústria e Comércio Ltda., 29

Capítulo 2 – Abordagens e amplitudes da administração de processos, 31

2.1 Modelo geral para a estruturação da abordagem e da amplitude da administração de processos, 33

2.2 Abordagens da reengenharia na administração de processos, 45

    2.2.1 Abordagem da reengenharia em nível de processos, 45

    2.2.2 Abordagem da reengenharia em nível organizacional, 47

    2.2.3 Abordagem da reengenharia em nível estratégico ou de negócio, 51

2.3 Administração de processos nas instituições governamentais, 55

2.4 Precauções a serem consideradas na administração de processos, 57

Resumo, 62

Questões para debate, 63

Caso: O Sr. Patriarca quer analisar e aprimorar a situação geral de sua empresa, 63

Capítulo 3 – Como desenvolver e implementar os processos administrativos nas empresas, 65

3.1 Metodologia para o desenvolvimento e implementação dos processos administrativos nas empresas, 67

3.2 Precauções para o adequado desenvolvimento e implementação dos processos administrativos nas empresas, 141

3.3 Indicadores de desempenho para avaliação e aprimoramento de processos, 153

Resumo, 162

Questões para debate, 164

Caso: Análise para aplicação da administração de processos na Faculdade Brasileira de Administração (FABA), 164

Capítulo 4 – Como interligar os processos com outros instrumentos administrativos das empresas, 167

4.1 Interligação dos processos com o planejamento estratégico, 175

    4.1.1 Revitalização da empresa após a aplicação dos processos, 178

4.2 Interligação dos processos com a estrutura organizacional, 182

    4.2.1 Horizontalização das estruturas organizacionais, 188

    4.2.2 Terceirização de atividades, 192

4.3 Interligação dos processos com a qualidade total, 196

    4.3.1 Qualidade total na administração de processos, 215

4.4 Interligação dos processos com a logística, 216

4.5 Interligação dos processos com o marketing, 217

    4.5.1 Atuação do gerente de produtos, 226

4.6 Interligação dos processos com os relatórios gerenciais, 236

4.7 Interligação dos processos com o sistema de custos por atividade, 247

4.8 Interligação dos processos com as questões comportamentais, 252

    4.8.1 Administração do processo de mudanças, 260

Resumo, 267

Questões para debate, 268

Caso: Fespe S.A. – Exportação, Agricultura, Indústria e Comércio quer usufruir novas oportunidades através do uso otimizado da administração de processos, 268

Capítulo 5 – Perfil básico do profissional administrador de processos, 271

5.1 Características básicas do profissional administrador de processos, 273

5.2 Alocação da atividade de administração de processos na estrutura organizacional da empresa, 283

Resumo, 285

Questões para debate, 286

Caso: Sustentação básica da administração de processos na Zigma Ltda., 286

Glossário, 289

Bibliografia, 309

Relação geral de figuras

Figura 1.1 Fatores de influência da atividade empresarial, 13

Figura 2.1 Modelo para análise global da administração de processos, 34

Figura 2.2 Abordagens e amplitudes da reengenharia, 45

Figura 3.1 Fases do desenvolvimento e implementação dos processos administrativos, 68

Figura 3.2 Etapas da fase de comprometimento, 69

Figura 3.3 Seleção de candidatos para atuação no projeto de administração de processos, 74

Figura 3.4 Etapas da fase de estruturação, 88

Figura 3.5 Componentes de um sistema, 92

Figura 3.6 Etapas da fase de análise, 103

Figura 3.7 Etapas da fase de desenvolvimento, 114

Figura 3.8 Etapas da fase de implementação, 121

Figura 3.9 Acompanhamento das ações do colegiado de administração de processos, 129

Figura 4.1 Interligação dos processos com o planejamento estratégico, 178

Figura 4.2 Decomposição e rede escalar de objetivos, 183

Figura 4.3 Relacionamento vertical no tratamento dos objetivos, desafios e metas da empresa, 186

Figura 4.4 Interligação dos processos com a estrutura organizacional, 188

Figura 4.5 Processos fluindo na estrutura organizacional, 191

Figura 4.6 Interligação dos processos com a qualidade total, 214

Figura 4.7 Interligação dos processos com a logística, 217

Figura 4.8 Interligação dos processos com o marketing, 226

Figura 4.9 Amplitude de atuação do gerente de produtos, 228

Figura 4.10 Interligação dos processos com o SIG, 237

Figura 4.11 Prioridade das informações, 239

Figura 4.12 Estrutura geral do sistema de informações, 240

Figura 4.13 Interligação dos processos com os relatórios gerenciais, 246

Figura 4.14 Interligação dos processos com o sistema de custos por atividade, 247

Figura 4.15 Análise da validade das atividades, 248

Figura 4.16 Interligação da capacitação com a avaliação de desempenho e de potencial, 257

Figura 4.17 Interligação dos processos com as questões comportamentais, 260

Relação geral de quadros

Quadro 2.1   Exemplos de instrumentos administrativos correlacionados às funções da administração, 40

Quadro 2.2   Análise genérica da realidade governamental, 56

Quadro 4.1   Melhoria de processos *versus* reengenharia de processos, 170

Quadro 4.2   Diferenças entre qualidade total e produtividade, 205

Quadro 4.3   Interligação da amplitude de atuação e as responsabilidades do gerente de produtos, 229

"A verdadeira dificuldade não está em aceitar ideias novas, mas em escapar das antigas."
John Maynard Keynes

Como sustentação para o desenvolvimento de minhas atividades profissionais e acadêmicas, tenho escrito vários livros enfocando os aspectos estratégicos e organizacionais nas empresas.

Entretanto, a minha atividade como consultor empresarial tem demonstrado que as necessidades e as expectativas dos executivos e demais profissionais quanto aos assuntos estratégicos, organizacionais e de processos das empresas são bem mais amplas e complexas, o que me levou a escrever este livro, que enfoca os referidos assuntos de maneira muito mais interativa e realista que em outras obras colocadas no mercado, pois tenho a preocupação de apresentar as metodologias e técnicas necessárias para o seu desenvolvimento e aplicação pelas empresas.

Tendo em vista consolidar um instrumento de sustentação e de efetivo auxílio para a evolução administrativa direcionada para a competitividade, optei pela administração de processos voltada para resultados e para a consolidação das vantagens competitivas das empresas.

Outro aspecto diferencial do conteúdo deste livro é que são apresentados mecanismos para revitalizar a empresa, visando ao *levantamento de voo* da empresa após a aplicação da administração de processos em sua abordagem mais forte, representada pela reengenharia, a qual pode levar a empresa ao caos irrecuperável, pois ela pode perder toda a sua memória e capacitação básica no foco de seu negócio.

Naturalmente, essa abordagem serve para toda e qualquer empresa com dificuldades, independentemente de ter aplicado ou não a administração de processos como um importante instrumento administrativo de sustentação para a evolução das empresas.

Portanto, a metodologia de administração de processos apresentada neste livro também possibilita à empresa ter a sustentação necessária para alavancar seus resultados e consolidar sua competitividade, após a adequação organizacional da empresa a uma nova realidade resultante do desenvolvimento e aplicação da administração de processos.

Com esse enfoque, acredito que o conteúdo e a abordagem deste livro contribuem para você visualizar um novo modelo de administração empresarial interagente com vários outros instrumentos administrativos, bem como um adequado auxílio para a metodologia de análise, aprimoramento e implementação da nova estrutura estratégica e organizacional, tendo em vista a alavancagem dos negócios da empresa.

Para atender a importância do assunto e o diferencial do livro, este está composto de cinco capítulos cujos conteúdos estão adequadamente interligados e com a finalidade de *conduzir* você ao perfeito entendimento do significado e da aplicação da moderna administração de processos nas empresas.

O Capítulo 1 aborda a evolução da administração e das empresas, bem como as consequências dessas evoluções na administração de processos. A principal importância do conteúdo desse capítulo é propiciar para você o repensar desse processo evolutivo, o qual, como uma tecnologia aplicada, nunca ficará em uma situação estagnada e, portanto, os processos e sua administração devem ser visualizados em constante e sistemática evolução, sendo que apenas a velocidade e a qualidade de sua aplicação apresentam variações entre as empresas.

O Capítulo 2 analisa as diferentes abordagens e amplitudes da administração de processos nas empresas. Apresenta, também, a administração de processos em sua versão mais forte e impactante nas empresas, a qual corresponde à reengenharia, bem como a questão da aplicação da administração de processos nas instituições governamentais. Esse capítulo também apresenta as principais precauções que você deve considerar na adequada administração de processos.

O Capítulo 3 cuida do foco básico deste livro, apresentando uma metodologia estruturada com forte abordagem prática para o otimizado desenvolvimento e implementação dos processos administrativos nas empresas. Para proporcionar maior sustentação e enfoque prático à referida metodologia são evidenciadas, também, algumas precauções a serem consideradas por você, bem como os principais indicadores de desempenho a serem utilizados.

O Capítulo 4 consolida uma amplitude maior da administração de processos nas empresas, através da sua interligação com outros vários instrumentos administrativos, tais como planejamento estratégico, estrutura organizacional, qualidade total, logística, marketing, relatórios gerenciais, custos por atividade, bem como as questões comportamentais e de mudanças nas empresas.

O Capítulo 5 procura identificar o *perfil* básico ideal do executivo administrador de processos. Na realidade, esse *perfil* serve para você fazer uma autoavaliação perante esta nova realidade das empresas e da administração.

Ao final de cada capítulo, são apresentados os resumos e algumas questões para debate, tendo em vista otimizar o entendimento dos assuntos apresentados. Também são apresentados pequenos *casos* para propiciar condições de debate do conteúdo dos diversos capítulos.

Um aspecto importante é que no texto são feitas algumas "chamadas" para melhor debate dos assuntos abordados, incentivando as interações com as questões para debate e os casos apresentados nos diversos capítulos, consolidando uma análise e entendimento completos do assunto *administração de processos*.

Ao final do livro são apresentadas as referências bibliográficas que proporcionaram sustentação ao conteúdo desta obra, bem como o glossário dos principais termos técnicos utilizados, visando facilitar o entendimento dos vários conceitos apresentados ao longo dos cinco capítulos do livro.

Capítulo 1

"A vida econômica é um processo de ajustes constantes a coisas que nunca aconteceram antes."
John Kenneth Galbraith

A finalidade deste capítulo é apresentar algumas das principais evoluções que podem ser consideradas na análise das questões estratégicas e organizacionais nas empresas, bem como suas influências na administração de processos.

A importância dessa reflexão está correlacionada à necessidade de os executivos e demais profissionais das empresas estarem atualizados com as questões estratégicas e organizacionais, tendo em vista enfrentar as constantes e fortes mutações do ambiente empresarial e a elevação do nível de concorrência.

Deve-se lembrar de que a administração é uma tecnologia e, como tal, apresenta-se em constante evolução, para a qual você deve estar permanentemente atento para melhor aplicar os instrumentos administrativos – tal como a administração de processos – nas empresas.

Para facilitar o entendimento dessa situação, são apresentados, a seguir, alguns dos principais aspectos inerentes à:

- evolução da administração;
- evolução das empresas, como *usuárias*, bem como *provocadoras* dessas evoluções; e
- consequências dessas evoluções para a administração de processos, quando são consideradas as questões estratégicas e organizacionais nas empresas.

É importante ressaltar o enfoque nas questões estratégicas e organizacionais das empresas porque representam a parte propulsora da administração de processos. Na atual realidade, essas duas questões estão inseridas no dia a dia dos executivos que procuram alcançar otimizada interação com as constantes mudanças do ambiente empresarial.

Ao final da leitura deste capítulo, será possível responder a algumas perguntas, como:

- Como tem sido o processo evolutivo da administração?
- Como tem sido o processo evolutivo das empresas?
- Quais são alguns dos questionamentos que podem ser considerados nesses processos evolutivos?

- Por que a adequada administração de processos pode ser importante instrumento no desenvolvimento e consolidação de uma readministração para a competitividade?

1.1 Evolução da administração

De forma geral e tendo como base as diversas teorias existentes, pode-se afirmar que a administração começou a se consolidar no início do século passado através de uma abordagem basicamente mecanicista, enfocando técnicas e processos administrativos. Entretanto, verificou-se, ao longo dos anos, que essa abordagem mais mecanicista não proporcionava os resultados de que a nova realidade empresarial estava necessitando.

Com base nesta situação, posteriormente consolidou-se uma abordagem mais comportamental, na qual os esforços estiveram concentrados nos processos de mudanças a médio e longo prazos e na preparação dos profissionais para atuar nos processos de mutação empresarial e ambiental, sendo que, neste último, estão os fatores não controláveis pela empresa.

A abordagem comportamental da administração tem apresentado, cada vez de forma mais intensa, uma sustentação de metodologias, técnicas e processos, principalmente pelos seguintes fatos:

- na administração, todos os instrumentos, sistemas e processos da empresa devem estar perfeitamente interligados;
- a administração está principalmente baseada nos indivíduos, pois esses representam o principal foco de conhecimento, bem como de informação, decisão, ação e avaliação de todas as atividades da empresa; e
- os indivíduos exercitam melhor a administração na medida em que o processo decisório está sustentado por metodologias, técnicas e processos, pois a interligação entre as diversas partes e atividades da empresa se torna mais lógica e evidenciada.

Como consequência, existe também outra tendência da administração que corresponde à perfeita interação entre os diversos processos administrativos das empresas, principalmente quando esses processos apresentam amplitude global para a empresa, como planejamento estratégico, qualidade total, produtividade, marketing total, reengenharia etc. Esta situação é apresentada em detalhes no Capítulo 4.

Talvez a principal razão dessa tendência seja a progressiva falta de tempo dos principais executivos como resultante de toda a sistemática de ajuste das empresas, provocando situações de estruturas *enxutas*, bem como a necessidade de as empresas deixarem de partir do *ponto zero* quando se enfoca cada um dos diferentes problemas empresariais.

Isto porque, se os diversos processos administrativos da empresa, principalmente os de amplitude global, não estiverem perfeitamente interligados, é muito comum ocorrerem situações de tratar *cada caso como um caso*, o que pode gerar uma série de trabalhos extras de levantamentos e análises, os quais podem provocar situações de gastos desnecessários de tempo por parte dos executivos das empresas.

Salienta-se que essa interligação de processos administrativos deve ser principalmente quanto à metodologia de elaboração e ao momento da execução de cada uma das etapas e atividades dos processos considerados.

Uma terceira tendência, sem preocupação de nível de importância, pode ser considerada a sistemática decomposição dos sistemas e processos em partes dentro de uma interação clientes *versus* fornecedores, tanto externos quanto internos à empresa.

Naturalmente, essas partes decompostas são, em momento subsequente, interligadas de maneira estruturada e lógica, tendo em vista uma situação de elevado questionamento dos negócios, atividades e funções da empresa, visando à otimização e à alavancagem dos resultados esperados.

A principal razão dessas decomposições e posteriores interações é a necessidade de uma administração realista, ágil e interagente com o ambiente empresarial, bem como focada em resultados.

Consequentemente, como resultado das três tendências da administração apresentadas, várias alterações de maior ou menor amplitude estão ocorrendo nas empresas.

Uma destas alterações é a necessidade de definição dos *papéis* dos executivos, os quais substituem as enormes fichas de funções dos antigos manuais de organizações das empresas.

Esses *papéis* – e perfis de atuação – podem ser delineados nos mais diferentes enfoques, tais como os que definem as atividades de curto, médio e longo prazos e também passam a privilegiar os trabalhos em equipe, principalmente multidisciplinares, tendo como sustentação a administração focada no indivíduo.

Algumas das razões dessa evolução são a gradativa melhoria da capacitação profissional, o *enxugamento* das estruturas organizacionais e a necessidade de processos decisórios ágeis e com qualidade.

Nesse contexto dinâmico e provocador da nova realidade administrativa, em que a administração cada vez mais foca o indivíduo, evidencia-se outra tendência – ou carência – da administração, que é a necessidade de comprometimento para com os resultados negociados e estabelecidos.

Talvez se possa afirmar que uma das maiores evoluções a se esperar da administração seja o desenvolvimento de metodologias e técnicas que, efetivamente, consolidem o comprometimento das pessoas para com os resultados das empresas. Por enquanto, tem-se notado muita conversa e muito pouco de concreto a esse respeito. Inclusive, muitos planos de participação desenvolvidos por empresas não alavancaram o nível de comprometimento, que é o outro *lado da moeda* da participação.

Essas várias considerações a respeito da evolução da administração são evidenciadas ao longo deste livro, como premissas da metodologia apresentada para o desenvolvimento e implementação da moderna administração de processos nas empresas.

Desafio
Identifique outras evoluções da administração que podem estar afetando, positiva ou negativamente, a administração de processos nas empresas.

1.2 Evolução das empresas

Não se pode analisar a evolução da administração sem que seja de forma interativa com a evolução das empresas, pois essas são *clientes* e *fornecedoras* das tendências da administração.

De maneira resumida e sem a preocupação de estabelecer níveis de prioridade, algumas das evoluções que as empresas têm apresentado ao longo dos últimos anos, e que certamente devem se fortalecer mais ainda durante os próximos anos, considerando os aspectos estratégicos e organizacionais, são:

a) Estruturas organizacionais cada vez mais *enxutas*, tendo em vista efetivar processos decisórios ágeis e com custos adequados quanto aos resultados proporcionados.

6 | Administração de Processos • *Rebouças*

b) Qualidade total como premissa e não como objetivo a ser alcançado. Isso porque a qualidade total, à medida que se consolida para a maior parte das empresas, deixa de ser uma vantagem competitiva.

c) Aceleração da evolução tecnológica, consolidando uma situação na qual quem não acompanhar essa evolução vai *ficar fora* deste emergente cenário empresarial.

Observa-se que a consolidação da capacitação e da diferenciação tecnológica tem sido fator de importância no estabelecimento da vantagem competitiva das empresas.

d) Redução do ciclo de vida dos produtos, serviços e negócios, resultante, principalmente, da acelerada evolução tecnológica e do crescimento do nível de exigência dos clientes e consumidores.

e) Redução do nível de desperdício das empresas.

A situação de desperdício é melhorada à medida que se torna menor o uso de equipamentos, materiais, peças, espaço e tempo das pessoas, para realizar o absolutamente essencial, visando adicionar valor ao produto ou serviço oferecido e aceito pelo mercado.

f) Redirecionamento da estrutura de poder.

O atual cenário empresarial está demonstrando que o novo foco de poder está-se direcionando para a ponta final do processo logístico da empresa, ou seja, o consumidor final, mesmo que a empresa tenha fornecido apenas uma parte ou um componente para aquele produto ou serviço.

Essa situação provoca algumas situações interessantes, como:

- maior preocupação em estruturar os processos, para que todo o fluxo considerado flua de maneira otimizada e com qualidade, dentro de um melhoramento contínuo;
- fortalecimento da interação clientes *versus* fornecedores até o ponto final do processo, representado pelo consumidor final; e
- extrapolação de toda essa preocupação também para as empresas fornecedoras de insumos – matérias-primas, serviços etc. – para a empresa considerada.

Além do deslocamento do foco de poder para o consumidor final, também está ocorrendo, via tecnologia da informação, um deslocamento do poder interno para os níveis hierárquicos mais baixos da estrutura, inclusive com a consequente perda da necessidade dos níveis intermediários; e, nessa realidade, quem não participa da solução faz parte do problema. Verifica-se que o conhecimento e sua adequada utilização se consolidam como os principais recursos para os indivíduos e a economia como um todo.

g) Ampliação e fortalecimento do nível de concorrência entre as empresas, enfatizadas pela criação de vantagens competitivas reais, duradouras e sustentadas.

Como consequência dessa nova realidade, as vantagens competitivas estão se tornando cada vez menores ou menos perceptíveis pelo mercado comprador, pois está ocorrendo a gradativa redução de preços, a qual é estabelecida pelo mercado, bem como o aumento de custos, que é onde se pode trabalhar para consolidar margens financeiras adequadas.

h) Evidência no princípio de *ser maior não é o melhor.*

Embora algumas empresas devam permanecer grandes para atender a seus objetivos, as empresas menores se mostram cada vez mais ágeis e voltadas para as necessidades e expectativas dos clientes.

Como corolário dessa tendência, as empresas menores também deverão trabalhar de forma interativa e colaborativa, visando alcançar resultados globais maiores, como é o caso das franquias.

i) Empresas globalizadas.

A globalização da economia exige empresas com competência no mercado interno para enfrentar a forte evolução da concorrência, bem como competência no mercado externo, para diminuir os preços em nível internacional.

j) Atuação no novo contexto ecológico.

Os sérios problemas ambientais passam a ser preocupação de todos e de cada um, exigindo proteção global e políticas protecionistas. Como exemplo dessa influência, há as restrições aos móveis brasileiros em alguns países da Europa, em nome da proteção da floresta amazônica. Portanto, a responsabilidade ambiental se consolida como algo importante para as empresas.

k) Atuação no contexto da responsabilidade social.

A efetiva responsabilidade social tem-se apresentado como sustentação para fortes vantagens competitivas das empresas, e, portanto, a administração de processos deve considerar essa nova realidade quando do delineamento de novos processos administrativos.

Salienta-se que esses vários aspectos de evolução das empresas são considerados ao longo deste livro, quanto às suas interações na aplicação da administração de processos nas empresas de sucesso.

Para refletir

Para a empresa onde trabalha ou instituição onde estuda, estabeleça a hierarquização, com justificativas e exemplos, das 11 evoluções das empresas que têm afetado a administração de processos.

1.3 Consequências dessas evoluções para a administração de processos

Antes de analisar essas consequências, é válido conceituar o termo *processo*, o qual pode ser definido de algumas formas, como:

- grupo de tarefas que têm interligação lógica, baseadas no uso de recursos da empresa para gerar determinados resultados consistentes com seus objetivos (Harrigton, 1991, p. 34);
- conjunto de atividades interligadas capazes de transformar um insumo de forma a criar um produto ou serviço, visando agregar valor (Johansson; McHugh; Pendleburry; Wheeler II, 1993, p. 29);
- conjunto de atividades capazes de agregar valor para o cliente (Bogan; English, 1994, p. 34);
- ordenação específica de atividades de trabalho no tempo e no espaço; portanto, devem ter começo, fim, insumos e resultados claramente identificados (Davenport, 1994, p. 6);
- conjunto de atividades com uma ou mais entradas, que cria uma saída que tem valor para o cliente (Hammer; Champy, 1994, p. 21);
- conjunto de atividades ligadas entre si que ocorrem naturalmente na operação diária da empresa, tomando determinado insumo e transformando-o para criar um resultado (Moreira, 1994, p. 56);

- sequência de atividades, políticas, procedimentos e sistemas de suporte que são necessários para atender às necessidades dos clientes (Cross; Feather; Linch, 1995, p. 23);
- sequência de atividades capaz de atender às necessidades de um cliente, seja ele interno ou externo à empresa (Harrison; Pratt, 1995, p. 27);
- conjunto de atividades interligadas que transformam insumos em produtos ou serviços, os quais representam soluções para os problemas dos clientes internos e externos da empresa (Roberts, 1995, p. 18); e
- conjunto de atividades ordenadas de forma lógica, visando ao atendimento das necessidades dos clientes (Fried, 1995, p. 17).

Neste livro, processo é definido como apresentado a seguir:

Processo é um conjunto estruturado de atividades sequenciais que apresentam relação lógica entre si com a finalidade de atender e, preferencialmente, suplantar as necessidades e as expectativas dos clientes externos e internos da empresa.

As consequências das evoluções da administração e das empresas para a administração de processos a seguir apresentadas não têm qualquer ordem de importância, bem como sua divisão em assuntos estratégicos e organizacionais é meramente estrutural, pois os dois assuntos são perfeitamente interativos.

Essas várias consequências também são consideradas na metodologia e na abordagem de administração de processos apresentadas neste livro.

Para analisar as consequências da evolução da administração e das empresas na atual realidade dos processos empresariais, é preciso lembrar que a administração tem apresentado uma série de técnicas e metodologias que facilitam a atuação dos executivos e demais profissionais nas empresas.

Entretanto, apenas uma parte dessas técnicas e metodologias procura respeitar duas premissas básicas:

- melhoria dos produtos, serviços e negócios atuais para consolidar vantagem competitiva real, sustentada e duradoura; e
- desenvolvimento de novos produtos, serviços e negócios para perpetuar a posição competitiva da empresa.

Neste cenário de constante mutação ambiental e empresarial, a administração deve ser constantemente repensada, a fim de quebrar os paradigmas e consolidar novos modelos administrativos.

Essa mudança deve ter duas premissas básicas:

- a mudança evolutiva do pensamento administrativo dos executivos e demais profissionais da empresa; e
- o desenvolvimento de metodologias e técnicas administrativas que proporcionem sustentação para esse processo de mudança evolutiva.

Neste livro, a preocupação principal é a apresentação de uma metodologia administrativa, mas não esquecendo alguns dos aspectos mais importantes quanto à atuação dos executivos das empresas.

Como metodologia administrativa que proporciona a sustentação necessária a essa readministração para a competitividade é enfocada a administração de processos.

Outro aspecto importante de se lembrar é a questão da administração de processos, principalmente na abordagem de reengenharia, como instrumento básico para a competitividade empresarial.

A reengenharia, da maneira como foi idealizada pelos seus criadores Michael Hammer e James Champy, tem recebido uma série de elogios e críticas nos últimos anos.

Algumas críticas à reengenharia têm procedência porque, na verdade, existem executivos que usam indevidamente a palavra *reengenharia* para qualquer alteração no processo de gestão da empresa, especialmente quando significa redução de custos. Ela não deve ser considerada como sinônimo de técnica de redução de custos, pois, nesse caso, normalmente não se mexe na empresa. Portanto, a empresa continua a mesma, quando, na verdade, o momento exige todo um processo de adaptação e de transformações contínuas a um mundo de mudanças.

Neste livro, procura-se sanar as diversas críticas, a partir de adequada estruturação metodológica, de uma amplitude mais consistente aos conceitos de administração de processos e de reengenharia, bem como de uma forma de atuação mais interagente por parte dos executivos e demais profissionais das empresas.

Como a influência das questões estratégicas e organizacionais é a mais importante na administração de processos nas empresas, é necessário criar a definição da expressão *reengenharia estratégica e organizacional*.

Reengenharia estratégica e organizacional é a reestruturação de impacto dos processos estratégicos e organizacionais para otimizar o valor agregado e os resultados dos negócios, produtos e serviços de toda a empresa, a partir da alavancagem dos processos, sistemas, fluxos, políticas, estrutura organizacional e comprometimentos profissionais, tendo em vista a melhoria da produtividade e da qualidade, bem como o atendimento das necessidades e expectativas dos clientes e mercados atuais e futuros da empresa.

Verifica-se que os focos básicos para a decisão de desenvolvimento e implementação da reengenharia estratégica e organizacional estão correlacionados ao nível de impacto estratégico proporcionado e da alavancagem do valor agregado do negócio, produto ou serviço considerado.

Na realidade, a situação de os processos, em geral, provocarem mudanças nas empresas deve ser considerada um procedimento sem fim. Isto porque, a partir das mudanças efetuadas, novos problemas devem surgir, o que exigirá novas soluções e novas posturas de atuação dos executivos das empresas.

Naturalmente, esse procedimento não pode ser sintomático, mas sistemático, gradativo e acumulativo. Os detalhes a respeito da abordagem da reengenharia na administração de processos são apresentados na seção 2.2.

Vai ser verificado, ao longo deste livro, que o aspecto comportamental e de relacionamento também representa importante diferencial para a qualidade da administração de processos nas empresas.

Se, por acaso, você tiver dúvidas se a administração de processos é uma moda ou realmente veio para ficar, é interessante considerar alguns dos principais fatos e tendências que estão interferindo nas atividades das empresas, tais como:

- a qualidade total está sendo aplicada aos produtos, aos serviços, aos processos, à administração, enfim, a toda a empresa. Portanto, ela não deve ser mais considerada como um objetivo – resultado a ser alcançado – ou uma estratégia – ação a ser operacionalizada –, mas como uma política, ou seja, uma lei a ser respeitada pela empresa. E, talvez, o ideal seja considerar a qualidade como uma premissa para a sobrevivência da empresa;

- a evolução tecnológica está mais rápida do que nunca, provocando uma situação em que as empresas que não acompanharem essa velocidade poderão ficar fora do contexto, pois o incremento do conhecimento humano cresce exponencialmente;

- como consequência direta do item anterior, o ciclo de vida dos produtos, serviços e negócios está cada vez mais curto, sendo que essa situação também é consequência do fato de os consumidores se tornarem cada vez mais exigentes e críticos;

- a concorrência está cada vez mais forte e, em alguns casos, predatória, o que provoca uma situação em que as empresas sobreviventes são as com vantagens competitivas reais, sustentadas e duradouras;
- neste contexto, as margens proporcionadas pelos produtos e serviços das empresas ficam cada vez menores, a partir das reduções dos preços. E lembre-se: o preço é estabelecido pelo mercado e, portanto, você só pode trabalhar na administração dos custos;
- a estrutura de poder está sofrendo, de maneira geral, um redirecionamento para a ponta final do processo – consumidor final –, bem como também está reduzindo o ciclo, à medida que se aproxima do fornecedor. E não esquecer que a estrutura de poder também está ficando mais *achatada*, pois o poder do nível intermediário está-se diluindo na alta e na baixa administração da empresa; e
- a atuação governamental está cada vez mais problemática, se for considerado que sua interferência através de *não planos* e excessos de encargos para a empresa provoca uma situação de desvio de recursos para atividades não produtivas – na abordagem empresarial –, tais como encargos, burocracias etc. É o problema do Custo-Brasil.

Embora alguns desses fatos e tendências apresentados possam ser questionados por você – o que é bastante válido –, ninguém pode questionar que a abordagem enfocada tem uma realidade no contexto empresarial brasileiro.

Esses vários fatores de influência da atividade empresarial são apresentados na Figura 1.1:

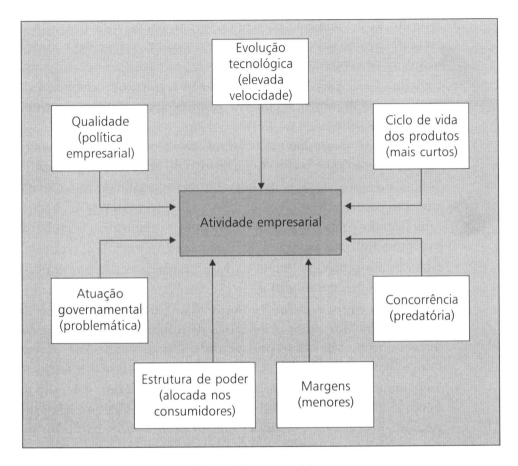

Figura 1.1 Fatores de influência da atividade empresarial.

Na realidade, a administração dos negócios empresariais no Brasil está sofrendo uma série de influências do ambiente, as quais provocam necessidades de mudanças para aprimoramento em algumas atividades, como:

- concentração nos focos dos negócios, efetuando desmobilizações e desverticalizações, bem como processos de terceirização (ver seção 4.2.2). Isso porque as empresas que não tiverem foco no que *sabem fazer bem* podem ter uma série de problemas para alavancar seus negócios;
- aumento da produtividade, através da eliminação de atividades não essenciais que não agregam valor, bem como da simplificação dos processos e procedimentos administrativos;

- aumento da flexibilidade estratégica, organizacional e de processos a partir da redução das estruturas organizacionais e do repensar no nível adequado de economia de escala;
- consolidação de parcerias em seus diversos segmentos – clientes, fornecedores, sindicatos –, tendo em vista objetivos comuns anteriormente negociados;
- otimização das interações gerais, através do adequado relacionamento com a comunidade e o aspecto qualitativo do ambiente empresarial;
- melhoria da capacitação e da visão dos recursos humanos, através de processos participativos, comunicações e remunerações por resultados, consolidando comprometimento para com os resultados da empresa (ver seção 4.8);
- evolução dos processos administrativos, através da gestão por resultados negociados e consolidados;
- redução dos custos e melhoria de sua administração, através da aplicação e análise dos custos empresariais de maneira mais adequada, tal como a estrutura de custos por atividade – metodologia ABC – (ver seção 4.7); e
- constante e evolutiva melhoria dos processos através do desenvolvimento e aplicação contínua da administração de processos, seja para otimizar os negócios, a estrutura organizacional ou os resultados da empresa.

Salienta-se que essas várias necessidades de mudanças administrativas estão contempladas ao longo deste livro, principalmente no Capítulo 4, quando são abordadas as interligações da administração de processos com outros instrumentos administrativos da empresa, tais como planejamento estratégico, estrutura organizacional, qualidade total, logística, marketing, relatórios gerenciais, sistema de custos por atividade, bem como sistema de participação e comprometimento dos profissionais das empresas. Portanto, este livro contempla a necessidade de interligar os processos com outros instrumentos administrativos da empresa, visando consolidar uma administração mais ágil, de baixo custo e flexível, bem como facilitando a alavancagem dos resultados da empresa, mesmo que esta esteja passando por uma fase problemática.

A administração de processos deve ser um procedimento contínuo e acumulativo de repensar e de redesenho do negócio e de todas as suas partes ou atividades integrantes.

Este processo de quebra da inércia empresarial deve consolidar estratégias e vantagens competitivas reais e sustentadas para a empresa, viabilizando uma situação em que a expectativa dos clientes esteja equilibrada com esta nova realidade, bem como considerar algumas políticas na interação fornecedores *versus* clientes, seja em nível externo – não controlável – ou interno – controlável – à empresa.

Essas políticas podem corresponder à sustentação básica para o início e a efetivação de novo estilo administrativo da empresa.

São exemplos de políticas que podem auxiliar neste procedimento evolutivo:

- ter conhecimento real das necessidades e expectativas dos clientes;
- ter atuação direcionada para as necessidades e expectativas dos clientes;
- ter orientação interativa entre as várias atividades da empresa;
- ter postura forte para a consolidação dos processos de mudanças necessários para alavancar os resultados da empresa;
- ter constante busca de novas maneiras de fazer as coisas, visando desenvolver e consolidar os negócios, os produtos e os serviços;
- ter aceitação de níveis de risco que efetivem uma administração corajosa e voltada para a identificação e a operacionalização de oportunidades;
- ter visão de longo prazo, interligada e equilibrada com as visões de médio e curto prazos;
- ter tecnologia e saber aplicar;
- ter liderança para iniciar a consolidação dos processos de mudança necessários;
- ter adequado envolvimento e disseminação dos dados e informações para os diversos níveis hierárquicos da empresa; e
- ter postura de atuação para a efetiva transformação e não para o simples aprimoramento das atividades da empresa.

A administração de processos não deve ser tratada como um modismo na administração; entretanto, para que isto ocorra, é necessário que alguns aspectos sejam respeitados:

- que a administração de processos apresente resultados interessantes para a empresa;

- que o grau de contestação para com a administração de processos apresente, ao longo do tempo, um equilíbrio dos poderes percebidos pelos principais executivos envolvidos nos diversos processos da empresa; e
- que exista facilidade de comunicar e explicar a administração de processos, ou seja, que ela esteja sustentada por adequada e lógica metodologia de desenvolvimento e implementação.

Se você continuar achando que a administração de processos é um modismo, é válido lembrar que as modas em administração permitem aos indivíduos e às empresas experimentar e aprender metodologias, técnicas e práticas novas e, portanto, proporcionar evolução na qualidade administrativa e decisória.

Para facilitar o desenvolvimento e a implementação dos processos nas empresas, você pode considerar a metodologia apresentada na seção 3.1, onde são identificadas cinco fases e suas correspondentes etapas.

1.3.1 Consequências de influência estratégica

Algumas dessas consequências para a administração de processos, resultantes das questões estratégicas das empresas, são:

a) Estruturação de metodologias amplas e completas para o desenvolvimento e a implementação do planejamento estratégico nas empresas

Nos últimos anos começaram a ser desenvolvidas várias metodologias de planejamento estratégico perfeitamente estruturadas e com elevada amplitude, explicitando as interligações dos aspectos estratégicos, táticos e operacionais nas empresas.

A interligação dos processos com o planejamento estratégico é apresentada na seção 4.1.

b) Estruturação de metodologias de planejamento estratégico interligadas com outros instrumentos administrativos

Como resultante da consequência anterior, os executivos das empresas perceberam que era necessário que todos os instrumentos administrativos tivessem estruturas metodológicas perfeitamente interligadas; caso contrário, o desenvolvimento de um novo sistema ou instrumento administrativo seria tratado como um novo caso, o que demandaria maior esforço – inclusive desnecessário – dos profissionais das empresas.

Na medida em que os diversos instrumentos administrativos são desenvolvidos, desde sua concepção, de forma interligada com outros sistemas e instrumentos administrativos da empresa, tudo se torna mais claro, lógico e barato.

Como exemplo, pode-se citar uma empresa que já tenha planejamento estratégico e queira implementar um sistema de qualidade total. Se o trabalho for realizado de maneira interativa entre os dois sistemas ou instrumentos administrativos considerados, o referido sistema de qualidade total nasce com aproximadamente metade de sua conceituação geral já operacionalizada pela empresa. Um exercício mental interessante é você identificar a interligação entre as metodologias de desenvolvimento de dois instrumentos administrativos quaisquer.

c) Desenvolvimento de planejamentos alternativos

Outra tendência é não ocorrer uma única alternativa de planejamento para as funções da empresa. Pouco a pouco, os executivos estão verificando a necessidade de algumas alternativas de planejamento, principalmente para explorar adequadamente a criatividade dos envolvidos e saber mudar o rumo de maneira estruturada.

d) Desenvolvimento estruturado de parcerias e alianças estratégicas

Esta situação está-se consolidando para a maior parte dos segmentos da economia, principalmente por causa da rápida evolução tecnológica e da necessidade de consolidar as reais, sustentadas e duradouras vantagens competitivas das empresas.

Por meio de alianças estratégicas e de tecnologia, até as empresas de pequeno porte podem participar do atual processo de globalização da economia.

Com referências às fusões, essas devem ser bem analisadas, pois envolvem diferentes culturas, o que pode prejudicar a atuação global da nova empresa.

No processo de parcerias, podem-se considerar tanto os clientes quanto os fornecedores e, inclusive, outras instituições, tais como os sindicatos, a comunidade, os governos com suas ações – contraditórias ou não – visando alavancar os resultados globais da empresa.

e) Maior capacitação para identificar e usufruir oportunidades

Outra tendência das empresas é estarem mais atentas e antecipadamente capacitadas para usufruir as oportunidades ambientais ou externas ou não controláveis,

18 | Administração de Processos • *Rebouças*

principalmente através de vantagens competitivas reais, sustentadas e duradouras, as quais, na prática, podem representar a grande dificuldade das empresas.

Como corolário dessa tendência, as empresas estarão cada vez mais focadas nas oportunidades e em suas capacitações, e não nas ameaças e seus pontos fracos e problemas.

Concentrar-se nos focos dos negócios, tendo em vista fazer o que sabe fazer melhor, pode provocar estudos e processos de desverticalização e de terceirização (ver seções 4.2.1 e 4.2.2).

Outra tendência é a gradativa concentração de esforços para algumas poucas prioridades previamente negociadas e estabelecidas.

Outra tendência é não perder tempo com excesso de detalhes, o que pode facilitar o processo organizacional e decisório das empresas.

f) Gradativo ajuste nos níveis de preços, com adequada interação com as reais necessidades de mercado

Esse ajuste provocará duas situações interativas: a redução dos custos e a adequação das margens dos produtos e serviços em níveis mais realistas.

Naturalmente, a análise de custos deve ser realizada de forma integrada, pois uma empresa pode reduzir custos de produção que nem mais deveriam existir ou reduzir custos em mercados que vão desaparecer.

g) Aumento gradativo e acumulativo dos níveis de produtividade

Nesse caso, a finalidade principal é a redução de custos, tendo em vista consolidar margens financeiras adequadas, lembrando que é difícil trabalhar com o preço, pois este é estabelecido pelo mercado.

As ações a serem consideradas nessa situação são a eliminação de atividades não essenciais que não agregam valor, bem como a simplificação dos processos administrativos.

h) Otimização do processo de *benchmarking*

Nesse processo acelerado de mudança ambiental, o *benchmarking* ganhou significativa importância.

Benchmarking é o processo de análise referencial da empresa perante outras empresas do mercado, incluindo o aprendizado do que essas empresas fazem de melhor, bem como a incorporação dessas realidades de maneira otimizada e mais vantajosa para a empresa que aplicou o *benchmarking*.

Pode-se afirmar que o *benchmarking* bem utilizado pode se constituir em uma importante vantagem competitiva para a empresa.

Comece agora

Aplique o processo de *benchmarking* visando a sua evolução profissional e pessoal, identificando as pessoas e as instituições que devam ser suas referências.

1.3.2 Consequências de influência organizacional

Algumas destas consequências para a administração de processos, resultantes das questões organizacionais das empresas, são:

a) Desenvolvimento e aplicação de estruturas voltadas para resultados

As tradicionais estruturas funcionais que incentivam, de forma intensa, a formação de *feudos* estão caindo em desuso. Em seu lugar, como decorrência natural da atual realidade empresarial e de seu ambiente, estão sendo fortalecidas as estruturas voltadas para resultados, tais como as de produtos ou serviços e as de unidades estratégicas de negócios, mas, principalmente, as estruturações por processos (ver seção 4.2).

Um aspecto que reforça essa situação é a remuneração por resultados, a qual deve refletir o valor da equipe ou da unidade organizacional, quanto ao valor agregado aos resultados da empresa.

b) Desenvolvimento e aplicação de estruturas flexíveis e ágeis

A atual realidade das empresas tem procurado, cada vez mais, a aproximação dos diversos itens do processo sequencial constituído de dado/informação/decisão/ação/avaliação/retroalimentação, porque a administração está focada no indivíduo, que corresponde ao foco principal de consolidação do processo decisório.

Verifica-se, desta forma, forte tendência de *downsizing*, com natural redução dos níveis hierárquicos e consolidação das estruturas horizontalizadas (ver seção 4.2.1).

c) Adequação das atividades de apoio das empresas

Existe uma tendência natural de melhorar a adequação das atividades de apoio – ou atividades-meio – das empresas.

Deve-se lembrar de que as atividades-fim da empresa devem ser estruturadas para atender às necessidades e às expectativas do mercado e do ambiente; e as atividades de apoio devem ser estruturadas para atender às necessidades e às expectativas das atividades-fim da empresa. Entretanto, não é isto o que está ocorrendo em significativa parte das empresas.

Atualmente, observa-se a tendência de descentralização de atividades operacionais das unidades de apoio que são alocadas nas unidades-fim da empresa, tendo em vista deixar a empresa mais voltada para as necessidades do mercado. Dessa forma, as unidades de apoio passariam a cuidar, principalmente, das políticas que devem ser operacionalizadas pela empresa. Tem ocorrido determinada resistência a essa nova situação, basicamente porque, para se cuidar das políticas da empresa – atividade nobre –, é necessário que os profissionais das unidades de apoio tenham capacitação e perfil de atuação para os quais não foram treinados.

De qualquer forma, os *fazedores* estarão mais seguros em seus empregos do que o pessoal de apoio, o qual, normalmente, não adiciona valor ao produto ou serviço oferecido ao mercado.

d) Desenvolvimento e aplicação de estruturas organizacionais baseadas em interações e compreensões mútuas, bem como nas responsabilidades

Isso porque a antiga – ou atual – situação das estruturas baseadas nas posições hierárquicas e no poder está perdendo a sua finalidade.

A simples aplicação do *empowerment* – atribuição de autonomia de decisão a uma pessoa – não resolve essa situação, pois o foco continua sendo o poder, só que em outro nível da estrutura organizacional da empresa.

e) Desenvolvimento da moderna governança corporativa

Em termos de estruturação organizacional, a governança corporativa representa o grande *lance* para a otimização do modelo de administração de processos, pois ela obriga que as atividades da empresa sejam realizadas de maneira adequada e de acordo com o anteriormente estabelecido.

A governança corporativa tem por finalidade maiores proteção do patrimônio, atratividade e valor da empresa; e, para tanto, consolida transparência de informações, equidade no tratamento dos acionistas, adequada prestação de contas de seus atos, respeito às leis, bem como otimizado nível de responsabilidade corporativa.

Embora a governança corporativa tenha se originado e consolidado para empresas de capital aberto, ela pode ser considerada o melhor modelo administrativo para as empresas em geral.

Governança corporativa é o modelo de administração que, a partir das interações entre acionistas ou quotistas, conselhos – de administração, fiscal, deliberativo e consultivo –, comitês, auditorias – externa e interna – e diretoria executiva, proporciona a adequada sustentação para o aumento da atratividade da empresa no mercado – financeiro e comercial – e, consequentemente, incremento no valor da empresa, redução do nível de risco e maior efetividade da empresa ao longo do tempo. Detalhes são apresentados no livro *Governança corporativa na prática*, dos mesmos autor e editora.

f) Consolidação de um novo *perfil* de executivos

Todo este processo de transformação na administração e nas empresas consolida a necessidade de um novo *perfil* de executivos, com responsabilidade redobrada e intenso envolvimento com a realidade empresarial.

Outro aspecto importante nesse processo evolutivo é a necessidade de a empresa encontrar perfeito equilíbrio e interação entre as mudanças ambientais, as mudanças da empresa e o *papel* desempenhado por seus principais executivos que vão consolidar e alavancar a sustentação de seus negócios.

Outra consequência decorrente dessa situação é a transferência dos focos das expectativas dos principais executivos para a empresa. Embora essa afirmação seja estranha, pois normalmente as expectativas da empresa são resultantes das expectativas de seus principais executivos, é muito importante que ocorra uma inversão no processo de análise crítica das principais questões empresariais.

Deve-se considerar também a consequência do incremento do relacionamento profissional, sendo que o relacionamento pessoal deve ser considerado, se for o caso, uma simples consequência do processo profissional.

O treinamento está cada vez mais importante para dar sustentação ao processo de mudanças nas empresas. Os executivos não mais comandam e controlam; eles treinam seus subordinados, sendo que todos terão que tomar decisões próprias. E terão que ser boas decisões; caso contrário, serão excluídos do processo.

Atualmente, as pessoas não podem esperar que as empresas orientem suas carreiras e desenvolvam suas capacidades. Elas têm que lutar para se manterem eficientes, eficazes e efetivas. A esse respeito analisar o livro *Plano de carreira: foco no indivíduo*, dos mesmos autor e editora.

g) Desenvolvimento dos trabalhos em equipes, principalmente multidisciplinares

O desenvolvimento das equipes multidisciplinares é a principal consequência da tendência da administração, quando se considera sua abordagem de foco nos indivíduos.

Quando se fala em equipes multidisciplinares, deve-se lembrar de que alguns executivos e demais profissionais das empresas jogam *na* equipe e não *em* equipe.

Essa diferença, apesar de sutil, é muito importante, pois cada equipe multidisciplinar identificada na empresa pode apresentar diferenças – e divergências – na estrutura, no comportamento de seus membros, em seus pontos fortes, em seus pontos fracos, em seus objetivos – pessoais e como equipe – e nas estratégias de atuação.

No entanto, na equipe multidisciplinar cada participante fica mais comprometido com o aperfeiçoamento contínuo, isola seu julgamento pessoal, proporciona sinergia de conhecimentos, entende e influencia os processos, bem como compartilha da visão de grandeza que uma equipe proporciona.

Para consolidar essa visão de grandeza, os participantes das equipes multidisciplinares aprendem *a pensar e atuar grande*.

Essa situação representa a habilidade de aprender mais rápido e melhor do que os profissionais concorrentes e pode consolidar importante vantagem competitiva, sendo que as equipes multidisciplinares têm elevada importância nesse processo de aprendizagem.

A partir da adequada aplicação da administração de processos nas empresas, as unidades organizacionais estruturadas funcionalmente deixarão de existir – ou perderão seu valor –, pois os processos serão administrados por equipes multidisciplinares.

h) Desenvolvimento do processo de terceirização

O processo de terceirização, para efetivamente proporcionar os resultados esperados, deverá ter como sustentação principalmente a aceitação, por parte dos envolvidos – os superiores e os subordinados – de novo modelo de ambiente de trabalho, em que os reais patrões dos subordinados estão em outras empresas, as quais estarão fornecendo os serviços.

A interação do trabalho entre os superiores e subordinados que não são seus empregados representa novo desafio empresarial que necessitará de profissionais com novas visões e atuações profissionais. Portanto, a abordagem da estrutura de poder será altamente questionada e revisada.

A nova relação superior *versus* subordinado – virtual – tornar-se-á tão mais problemática quanto menos profissionalizada for a empresa, principalmente quanto à sua postura de atuação.

É importante ressaltar que se está considerando a terceirização e não os serviços temporários em geral, pois a terceirização apresenta – ou deveria apresentar – os importantes diferenciais de atuação como parceira e do efetivo conhecimento das culturas das empresas envolvidas. Mais informações a respeito de terceirização são apresentadas na seção 4.2.2.

i) Aumento da flexibilidade empresarial, tanto nos níveis estratégico, organizacional – redução de níveis etc.– ou de processos

Verifica-se uma tendência de desenvolvimento de instrumentos administrativos que auxiliam nesse aumento de flexibilidade empresarial. Enquanto anos atrás se pensava, por exemplo, no sistema de logística como importante instrumento administrativo para melhorar a flexibilidade empresarial, atualmente se pensa na administração de processos atuando sobre o sistema de logística e em todos os outros sistemas e instrumentos administrativos da empresa, preferencialmente de maneira interligada.

Deve-se lembrar de que um instrumento administrativo, tal como a administração de processos, principalmente em sua abordagem mais forte, representada pela reengenharia, torna-se necessário quando:

- os concorrentes estão ganhando nosso *espaço*;
- estamos oferecendo produtos iguais aos dos concorrentes, porém mais caros;
- os clientes exigem melhor atendimento, agilidade e qualidade;
- não estamos conseguindo melhorar nossos resultados; e
- falta flexibilidade para interagir com as mudanças do ambiente empresarial.

Portanto, os processos administrativos estão-se tornando de maior amplitude e de melhor atuação direta sobre os resultados das empresas.

O problema da administração de processos e da reengenharia deve ser bem formulado. Há até um velho ditado que afirma que, quando um problema está bem formulado, ele já está *meio resolvido*. Esse ditado é velho, mas cada vez mais ele fica mais verdadeiro, porque as evoluções da administração sobre como resolver problemas e os meios para isso têm facilitado as soluções. De qualquer forma, a formulação correta do problema deixa claro os objetivos e as limitações existentes para sua adequada solução.

Esse processo de identificação, formulação e resolução do problema deve estar em um contexto heurístico, que representa um conjunto de regras e métodos que conduzem à resolução de problemas, sendo um procedimento pedagógico pelo qual se leva a pessoa envolvida a descobrir por si mesma a verdade, que os outros lhe querem impor.

Todo esse processo deve estar de acordo com a filosofia *Kaizen*, que representa um conceito estratégico de melhoria contínua composto de um conjunto de ideias com o objetivo de aprimorar os padrões e os processos; ou seja, as avaliações e o "como fazer".

Para se debater uma situação proposta de melhoria de processos, pode-se utilizar o questionamento sequencial com as seguintes perguntas propostas por Senge (1995, p. 47), com algumas adaptações:

1º Por que quero isto?

2º Se eu tiver isto, o que vai me trazer?

Após algumas rodadas com essas perguntas, pode-se fazer outra pergunta:

3º Como vou fazer isto?

Naturalmente, o *isto* pode referir-se a pessoas, equipes ou, preferencialmente, à empresa toda.

O processo de debate, principalmente das duas primeiras perguntas, deve procurar consolidar determinados focos comuns de busca de resultados.

Até as palavras-chave resultantes desse debate também podem servir para a identificação de objetivos, estratégias e políticas, que podem ser posteriormente estruturados dentro do processo de planejamento estratégico da empresa.

A terceira pergunta pode auxiliar no delineamento de algumas estratégias, táticas ou mesmo simples ações para a empresa.

As empresas não utilizam a administração de processos e, principalmente, a reengenharia sem uma forte razão, a qual pode estar ligada a três motivos (Manganelli; Klein, 1995, p. 58):

- sofrimento, correlacionado, por exemplo, a baixos lucros, diminuição da participação de mercado, e, nesse caso, têm-se que fazer alguma coisa imediatamente;
- medo, representado, por exemplo, pela concorrência agressiva, pelas mutações de mercado, o que obriga as empresas a fazerem alguma coisa rapidamente; ou
- ambição, tais como aquelas empresas que querem expandir sua fatia de mercado ou entrar em novos mercados, e, portanto, têm que fazer alguma coisa agora, a fim de realizar rapidamente sua ambição.

O processo de incorporação da administração de processos nas empresas pode ser relativamente lento, o que agrava o problema da empresa. Essa lentidão pode ser resultante da capacitação evolutiva do executivo potencialmente patrocinador da administração de processos ao longo de quatro etapas:

- conscientização, em que o executivo precisa saber que a administração de processos e, principalmente, a reengenharia existem;
- curiosidade, em que o executivo precisa saber mais sobre a administração de processos e a reengenharia;
- interesse, em que o executivo precisa conhecer casos de sucesso e identificar alguma necessidade de sua empresa para a qual a administração de processos ou a reengenharia possa contribuir; e
- crença, em que o executivo precisa convencer-se de que tal necessidade poderá efetivamente ser satisfeita por uma administração de processos ou reengenharia.

Os consultores Michael Hammer e James Champy, idealizadores do processo de reengenharia nas empresas, consideram que sua finalidade básica é o repensar fundamental e a reestruturação radical dos processos empresariais que visam alcançar drásticas melhorias em indicadores críticos e contemporâneos de desempenho, como custos, qualidade, atendimento e velocidade; tudo isso com o objetivo muito claro de manter e conquistar clientes.

Com referência à finalidade da reengenharia, acredita-se que não existe o que ser questionado, sendo que mais detalhes são apresentados na seção 2.2.

Entretanto, é válido o debate da melhor maneira de consolidar os resultados da reengenharia e isso deve ser abordado no contexto da administração de processos.

Pode-se iniciar esse questionamento pelo forte nível de resistência que os executivos da empresa podem oferecer ao adequado desenvolvimento da reengenharia.

A causa dessa situação é facilmente identificável, pois a reengenharia pode promover demissões em massa, e se as lideranças não estiverem convencidas da necessidade de mudar radicalmente os processos da empresa, a reestruturação estará fadada a ser apenas mais uma tentativa frustrada. Portanto, quem decide implantar a reengenharia e a administração de processos em sua abordagem mais ampla certamente enfrenta grande desafio.

Desafio

Faça uma interação entre as oito consequências de influência estratégica e as nove de influência organizacional e hierarquize os resultados quanto à administração de processos nas empresas.

1.4 Algumas conclusões desse processo evolutivo

Algumas das principais conclusões que podem ser consideradas a partir da análise das considerações anteriormente apresentadas são:

a) A administração, como um todo, está-se tornando cada vez mais simples, ágil e interativa

Pode-se considerar que algumas das causas dessa tendência são o fato de o indivíduo ser o foco básico dos processos administrativos, bem como ocorrer o sistemático aumento da concorrência e da velocidade das mutações no ambiente das empresas.

b) Novas perspectivas das empresas nos atuais contextos público e privado

Quando se interligam as evoluções da administração e das empresas, verificam-se determinados assuntos que estão em evidência atualmente e se consolidam cada vez mais ao longo do tempo, como as privatizações – termo inventado por Peter Ducker –, a terceirização de várias atividades e a grande evolução tecnológica, principalmente a do setor de comunicações.

A interação dessas evoluções considera a necessidade de revisão das estratégias e políticas empresariais, tendo em vista consolidar negócios bem-sucedidos e sustentados por novo estilo administrativo.

A consolidação do processo de privatização será essencial para o desenvolvimento das atividades básicas do governo, porque os empreendimentos governamentais – geralmente enormes – apresentam desempenho inadequado e, consequentemente, são a principal razão de todo o caos administrativo e financeiro dos governos.

c) Melhoria da capacitação e visão dos profissionais das empresas

Este processo tem-se consolidado, principalmente, através de:

- incremento nos processos de comunicações e informações, pois pessoas informadas se tornam mais capacitadas e podem assumir maiores responsabilidades;
- remuneração por resultados; e
- processos participativos, inclusive para se ganhar dinheiro. Mas lembre-se! Existe um problema muito complexo a ser resolvido, que é o nível de comprometimento para com os resultados esperados.

A efetiva atuação e a consolidação do comprometimento das pessoas será a grande revolução da administração nos próximos anos. Na seção 4.8, são apresentadas considerações a respeito desse importante assunto visando facilitar a atuação profissional do leitor.

d) Otimização das interações gerais, como as inerentes com a comunidade e a preservação do meio ambiente

Isso porque o papel da empresa sofre e continuará sofrendo uma série de evoluções e, dentro desse processo, os executivos devem visualizar a empresa no futuro e estabelecer as estratégias de atuação.

Todas as empresas serão transformadas, sendo que as mais arrojadas farão sua própria transformação.

As empresas que não mudarem por iniciativa própria serão forçadas a mudar, *correndo atrás do lucro perdido*. Nesse processo de mudança, as empresas podem ou não ser ajudadas por consultorias.

Administração de Processos • *Rebouças*

A vantagem das consultorias é que, enquanto uma empresa faz uma reestruturação a cada dez anos, a empresa de consultoria realiza esta tarefa todos os dias; mas logicamente você deve tomar alguns cuidados na contratação dos serviços de consultoria.

Resumo

Neste capítulo inicial, foram apresentadas as principais evoluções das questões estratégicas e organizacionais e suas influências na administração de processos, o que propicia uma análise mais ampla dos processos administrativos nas empresas.

Também foi abordada a questão da reengenharia estratégica e organizacional, a qual representa a abordagem mais forte e de maior impacto da administração de processos das empresas.

As principais consequências para a administração de processos, resultantes das questões estratégicas, são a necessidade de metodologias de planejamento estratégico estruturadas, bem como interligadas com os outros instrumentos administrativos, o desenvolvimento de planejamentos alternativos, a consolidação de parcerias e alianças estratégicas, a efetiva capacitação para identificar e usufruir oportunidades, o perfeito conhecimento e atendimento das necessidades de mercado, a melhoria dos níveis de produtividade, bem como a otimizada aplicação do *benchmarking*.

Com referência às principais consequências advindas das questões organizacionais, temos a necessidade de estruturas flexíveis e ágeis, bem como voltadas para resultados, a adequação das atividades de apoio para as necessidades-fim da empresa, consolidar interações e compreensões mútuas com responsabilidades definidas que sejam sustentadas por um novo *perfil* de executivos e que saibam trabalhar em equipes multidisciplinares, desenvolver processos de terceirização e também aumentar a flexibilidade empresarial.

Questões para debate

1. Evidenciar outras abordagens inerentes à evolução da administração que são importantes para a administração de processos nas empresas.

2. Debater outras consequências da evolução da administração e das empresas sobre a administração de processos.

3. Estruturar uma forma de estabelecimento de prioridade para as diversas consequências da evolução da administração para uma empresa de seu conhecimento.

4. Debater a questão da administração de processos como instrumento de sustentação para a competitividade das empresas.

Caso:
Evolução estratégica e organizacional na Alpha Beta – Indústria e Comércio Ltda.

A Alpha Beta – Indústria e Comércio Ltda. é uma empresa familiar que atua no segmento metalúrgico, com foco no mercado automobilístico.

Seus principais produtos são amortecedores e suspensão de veículos. Tem aproximadamente 1.500 funcionários e faturamento médio de R$ 400 milhões/ano. Está localizada na cidade de Diadema, na região da Grande São Paulo.

A empresa apresenta algumas realidades atuais, a saber:

a) Forte pressão das montadoras para reduzir preços, as quais inclusive estão ameaçando, via globalização de fornecimento, passar a comprar de fornecedores de outros países.

b) Forte pressão do sindicato da região, que está criando vários entraves operacionais para a Alpha Beta – Indústria e Comércio Ltda.

c) Necessidade de reestruturar suas atividades com foco nos principais produtos – amortecedores e suspensão de veículos – e abandonar os atuais produtos marginais – hélice de ventilador e alavanca de câmbio.

Neste contexto, o presidente da Alpha Beta – Indústria e Comércio Ltda., Sr. Antonio de Oliveira, convocou você para efetuar um plano geral de trabalho, visando atender, principalmente, aos três pontos apresentados e possibilitar a mudança de suas instalações para uma cidade do interior do Estado de São Paulo, onde a pressão sindical não seja tão forte, bem como esteja nas proximidades dos novos centros industriais que estão desenvolvendo-se nas cidades do interior.

Seu plano de trabalho deve enfocar, no mínimo:

1. Lista de todos os aspectos a serem considerados, separando em quatro assuntos:

- estratégicos (em geral);
- análise dos negócios;
- organizacionais; e
- de processos.

2. Uma estrutura de interligação dos quatro assuntos apresentados no item 1.

3. Uma proposta de estabelecimento de prioridades dos quatro assuntos e de cada um dos aspectos considerados (item 1).

Como não é possível saber o nível de conhecimento de cada leitor, solicita-se que você:

a) Identifique dois itens de sua livre escolha e conhecimento, para cada um dos quatro assuntos abordados (estratégico, análise dos negócios, organizacional e de processos).

b) Complete o caso com as informações e situações que julgar necessárias.

c) Trabalhe e discuta o caso, adaptando a seu nível de conhecimento, bem como realizando uma autoavaliação genérica de seu entendimento do assunto *administração de processos* nas empresas.

Capítulo 2

"As coisas precisam mudar para que permaneçam as mesmas."
Giuseppe di Lampedusa

Neste momento, é válido você abrir sua mente e *pensar grande* no que se refere a administração de processos; isto porque ela deve ser visualizada como sistema e metodologia de amplitude global na empresa.

A metodologia de desenvolvimento e implementação da administração de processos nas empresas, desenvolvida por este autor, é apresentada na seção 3.1. Entretanto, a administração de processos como sistema global, ou seja, em sua abordagem mais ampla, pode ser entendida após a leitura deste capítulo, bem como do Capítulo 4, em que a administração de processos interage com outros sistemas ou instrumentos administrativos empresariais.

Não se pode ter a pretensão de considerar que essa abordagem mais ampla da administração de processos seja completamente entendida e realizada em um único momento inicial por você, pois é necessário que você estruture essa interação da administração de processos, como um sistema, com todos os outros sistemas e instrumentos administrativos da empresa.

Lembre-se: **sistema** é um conjunto de partes interagentes e interdependentes que, conjuntamente, formam um todo unitário com determinado objetivo para efetuarem determinada função na empresa.

Salienta-se que esse é um conceito que será muito utilizado ao longo deste livro, pois a administração de processos nunca pode ser considerada de forma isolada perante as várias atividades e funções de uma empresa. Essa abordagem mais global da administração de processos é necessária porque ela não deve ser considerada simplesmente como uma técnica administrativa que auxilia você em determinados problemas específicos e temporários.

Naturalmente, não existe erro nenhum nessa abordagem, mas, neste caso, você estaria utilizando apenas uma parte do que a administração de processos pode proporcionar para a empresa.

Embora algumas pessoas possam questionar, este autor sustenta que um dos principais problemas na utilização da administração de processos é a *miopia* de alguns executivos e consultores de empresas. O ideal, na administração de processos, é que seus níveis estratégico – de negócios –, organizacional e de procedimentos administrativos estejam plenamente utilizados e interligados.

Outro importante aspecto que deve ser respeitado pelo executivo catalisador da administração de processos na empresa é que esse importante instrumento

Abordagens e amplitudes da administração de processos | 33

administrativo deve contribuir diretamente para o desenvolvimento, bem como para a ampliação dos negócios atuais com a mesma base de quadro de profissionais da empresa. Isso leva a uma nova realidade da administração empresarial, representada pelo conhecimento interativo do todo, através dos negócios da empresa.

Não é possível tirar o máximo da mesma base de quadro de profissionais da empresa se não ocorrer, antecipadamente, uma alavancagem do nível de conhecimento global desses profissionais. Para que se possa tirar esse máximo das pessoas em termos de processos, é necessário que elas conheçam e entendam o todo, partindo do geral para o particular, e vice-versa. Ou seja, o grupo de executivos e demais profissionais responsáveis pelo desenvolvimento e implementação da administração de processos na empresa deve ter adequado conhecimento dos negócios – o assunto mais geral –, da estrutura organizacional – o assunto intermediário – e dos processos administrativos da empresa – o assunto mais específico.

Portanto, a finalidade deste capítulo é apresentar algumas questões e interações globais da administração de processos nas empresas, sendo que os aspectos mais específicos e aplicativos são apresentados nos capítulos subsequentes.

Ao final da leitura deste capítulo, será possível responder às seguintes perguntas:

- Qual a abordagem ideal da administração de processos nas empresas?
- Qual a amplitude ideal da administração de processos nas empresas?
- Qual o contexto de aplicação da administração de processos nas empresas?
- Quais são algumas precauções que você deve considerar para a adequada administração de processos nas empresas?

2.1 Modelo geral para a estruturação da abordagem e da amplitude da administração de processos

Modelo por ser conceituado como uma representação abstrata e simplificada de uma realidade em seu todo ou em partes.

Com base nessa conceituação, pode ser considerada inadequada a estruturação apresentada na Figura 2.1 ser chamada de modelo. Entretanto, essa estruturação é resultante da experiência do autor em vários serviços de consultoria no assunto, o que pode permitir a conceituação do modelo.

Salienta-se que as várias partes expostas no modelo não representam a totalidade dos instrumentos administrativos que os executivos das empresas devem considerar, mas aqueles que o autor considerou como os mais comuns e atualizados nos debates em assuntos de administração.

A extrapolação do modelo e a posterior complementação dos outros diversos instrumentos administrativos a serem considerados dependem da realidade dos negócios da empresa a consolidar a administração de processos.

No entanto, como o conhecimento do negócio, o qual vai permitir adequado realinhamento do modelo apresentado, normalmente é de perfeito domínio pelos executivos das empresas, pode-se considerar que essa extrapolação não representa maiores problemas.

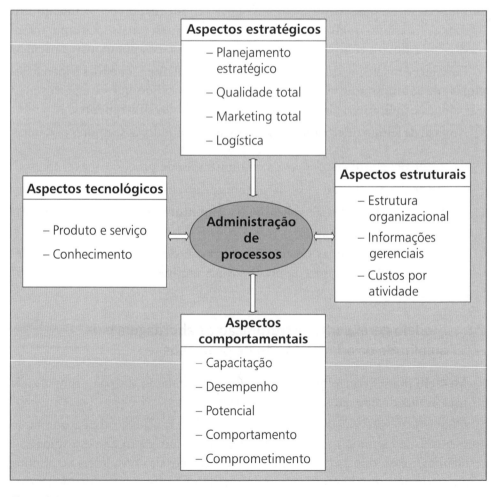

Figura 2.1 Modelo para análise global da administração de processos.

O modelo evidenciado na Figura 2.1 apresenta quatro partes no ambiente da administração de processos nas empresas.

Ambiente da administração de processos é o conjunto de partes externas aos processos, mas que podem influir ou receber influência, de maneira direta ou indireta, do desenvolvimento e operacionalização dos referidos processos na empresa.

Essas partes externas, atuando como sistema interativo, em determinados momentos transformam-se em partes integrantes da administração dos processos, consolidando um sistema global na empresa. Neste momento, não é importante debater se determinado assunto ou instrumento administrativo, tal como a logística, por exemplo, está no ambiente do processo ou é uma parte interna do processo.

O importante é o entendimento de como um instrumento administrativo auxilia e recebe auxílio de outro instrumento administrativo da empresa. Nesse contexto interativo, pode-se chegar à qualidade total dos diversos instrumentos administrativos na empresa, pois as partes boas de cada instrumento contribuirão para o desenvolvimento de outras partes boas de outros instrumentos administrativos, bem como as partes ruins serão expurgadas a partir do trabalho de equipes multidisciplinares que atuam nos processos identificados e otimizados pela equipe de trabalho. Verifica-se que esse processo interativo evita que se considere *cada caso como um caso*.

Embora exista uma ordem natural no desenvolvimento e na operacionalização dos instrumentos administrativos, tal como o planejamento estratégico, que conceitualmente deve estar no início de aplicação do modelo, este debate também não é importante neste momento, pois uma empresa pode desenvolver um processo de qualidade sem ter implementado, anteriormente, o planejamento estratégico.

Naturalmente, essa não é uma situação ideal, mas a empresa pode amenizar este problema desenvolvendo os processos estratégicos ou de negócios, antes de passar pelos processos administrativos e operacionais.

Considerando as quatro partes do ambiente da administração de processos apresentado na Figura 2.1, têm-se:

I – Aspectos estratégicos

Nessa parte, podem ser considerados os seguintes instrumentos administrativos:

a) **Planejamento estratégico** é a metodologia administrativa que permite estabelecer a direção a ser seguida pela empresa, visando ao

36 | Administração de Processos • Rebouças

maior grau de interação com o ambiente empresarial, o qual não é controlável pela empresa.

A interação do planejamento estratégico com os processos administrativos está explicada na seção 4.1.

b) **Qualidade total** é a capacidade de um produto ou serviço satisfazer – ou suplantar – as necessidades, as exigências e as expectativas dos clientes externos e internos da empresa.

A interação da qualidade total com os processos administrativos é apresentada na seção 4.3.

c) **Marketing total** é o processo interativo de todas as atividades e unidades organizacionais da empresa para com as necessidades e expectativas dos clientes e mercados atuais e potenciais.

A interação do marketing total com os processos administrativos é abordada na seção 4.5.

d) **Logística** é o processo estruturado e integrado que considera todas as atividades que têm relação entre si em uma sequência lógica, desde o planejamento das necessidades e expectativas de mercado, passando por todos os insumos, transformações, vendas, entregas, até o pós-venda do produto ou serviço colocado no mercado.

A interação da logística com os processos administrativos é apresentada na seção 4.4.

II – Aspectos tecnológicos

Nessa parte, podem-se considerar os seguintes itens:

a) **Produto ou serviço** oferecido, que corresponde à razão de ser da empresa, quando se considera sua interação com o mercado.

O produto ou serviço oferecido, em seu momento de assistência pós-venda, pode – e deve – ser a ponta de um dos extremos dos processos administrativos. Não esquecer que a outra parte desse processo também vem de fora da empresa, pois deve corresponder às necessidades e expectativas do mercado, considerando tanto os clientes atuais quanto os clientes potenciais, os quais compreendem os não clientes – que nunca foram clientes – e os ex-clientes – que deixaram de ser clientes.

b) **Conhecimento** é a capacidade de entender o conceito e a estruturação de um assunto, bem como efetivar sua aplicação em uma realidade específica da empresa.

Essa conceituação de conhecimento corresponde à amplitude maior da tecnologia, a qual pode ser entendida como o conhecimento aplicado.

III – Aspectos estruturais

Nessa parte, podem ser considerados os seguintes instrumentos administrativos:

a) **Estrutura organizacional** é o delineamento interativo das atribuições, níveis de alçada e processo decisório inerentes às unidades organizacionais da empresa, incluindo suas interações com os fatores não controláveis do ambiente empresarial.

Na seção 4.2, é abordada a interação da estrutura organizacional com os processos administrativos nas empresas.

Alguns dos aspectos que podem ser considerados no delineamento da estrutura organizacional são:

- **departamentalização** é o agrupamento, de acordo com um critério específico de homogeneidade, das atividades e correspondentes recursos – humanos, financeiros, tecnológicos, materiais e equipamentos – em unidades organizacionais. Salienta-se que uma das principais formas de departamentalizar uma empresa é por processos;
- **níveis hierárquicos** representam o conjunto de cargos na empresa com um mesmo nível de autoridade;
- **amplitude de controle** é o número de subordinados que um chefe pode supervisionar pessoalmente, de maneira efetiva e adequada;
- **delegação** é a transferência de determinado nível de autoridade de um chefe para seu subordinado, criando a correspondente responsabilidade pela execução da tarefa delegada, em uma interação pessoal superior *versus* subordinado;
- **centralização** é a maior concentração do poder decisório na alta administração de uma empresa; e

38 | Administração de Processos • *Rebouças*

- **descentralização** é a menor concentração do poder decisório na alta administração de uma empresa, sendo, portanto, mais bem distribuído por seus diversos níveis hierárquicos.

A consideração desses diversos itens e sua interação com o processo de administração de processos nas empresas são focalizadas ao longo dos capítulos deste livro, pois a abordagem organizacional dos processos não pode ser separada das abordagens estratégica, tecnológica e comportamental.

b) **Sistema de informações gerenciais** é o processo de transformação de dados em informações que são utilizadas na estrutura decisória da empresa, bem como proporcionam a sustentação administrativa para otimizar os resultados esperados.

A interação do sistema de informações gerenciais – e os relatórios gerenciais – com a administração de processos é apresentada na seção 4.6.

c) **Custos por atividade** – Sistema ABC – é o sistema que analisa os custos reais da empresa com base nas atividades de cada processo administrativo estabelecido, bem como aloca esses custos nos produtos e serviços oferecidos ao mercado pela empresa.

A interação do sistema de custos por atividade com a administração de processos é apresentada na seção 4.7.

IV – Aspectos comportamentais

Nessa parte, podem-se considerar os seguintes itens:

a) **Capacitação** é a competência sustentada de obter e deter o conjunto de conhecimentos e de instrumentos administrativos que se aplicam a uma área de atuação.

b) **Desempenho** é o resultado efetivo que um profissional da empresa apresenta quanto às atividades de um cargo e função, em determinado período de tempo, em relação aos resultados negociados e estabelecidos.

c) **Potencial** é o conjunto de conhecimentos que um funcionário tem para desempenhar outras atividades, correlacionadas ou não ao seu atual cargo e função.

d) **Comportamento** é a operacionalização de um conjunto de atitudes que uma pessoa apresenta em relação aos diversos fatores e assuntos que estão em seu ambiente de atuação.

e) **Comprometimento** é o processo interativo em que se consolida a responsabilidade isolada ou solidária pelos resultados esperados pela empresa.

Estes cinco itens da abordagem comportamental e sua interação com a administração de processos nas empresas são abordados na seção 4.8 e no Capítulo 5, juntamente com vários outros aspectos comportamentais para os quais você deve estar atento.

Pelas conceituações apresentadas para cada uma das partes e seus itens, verifica-se que existe forte interação entre cada uma delas, o que propicia a interação global. Somente para citar um exemplo, o planejamento estratégico tem várias partes comuns com a qualidade total, o marketing total e a logística, bem como apresenta elevada interação com todos os itens das outras partes apresentadas no modelo da Figura 2.1.

A partir da leitura deste livro, essa interligação ficará evidente para os profissionais das empresas. Naturalmente, esta interligação só seria apresentada de maneira completa se fossem abordadas metodologias para todos os instrumentos administrativos considerados, o que não é o foco deste livro.

O autor teve oportunidade de apresentar metodologias de desenvolvimento e implementação de diversos instrumentos administrativos em outros livros de sua autoria (planejamento estratégico, estrutura organizacional, sistema de informações gerenciais etc.).

Na seção 3.1, quando da apresentação de uma metodologia de desenvolvimento e implementação de processos administrativos nas empresas, são evidenciadas várias considerações a respeito dessas interligações necessárias para propiciar elevada qualidade da aplicação da administração de processos nas empresas. As complementações necessárias são apresentadas no Capítulo 4.

Pode-se considerar, na prática, que essa questão das interligações estruturadas entre os diversos instrumentos administrativos das empresas representa um dos principais fatores da evolução sustentada da qualidade administrativa das empresas.

Infelizmente, são poucas as empresas que conseguem efetivar essas interligações de forma plena; talvez pelo baixo nível de conhecimento das metodologias de desenvolvimento e implementação desses instrumentos administrativos. Nesse

Administração de Processos • Rebouças

contexto, essas empresas deveriam ter profissionais especialistas que assessorassem estes trabalhos.

Verifica-se, também, que a administração de processos deve-se interligar com os vários instrumentos administrativos correlacionados às diversas funções da administração, conforme apresentado no Quadro 2.1:

Quadro 2.1 Exemplos de instrumentos administrativos correlacionados às funções da administração.

Planejamento	Organização	Direção	Controle	Desenvolvimento Organizacional
Planejamento estratégico	Estrutura organizacional	Liderança	Critérios e parâmetros	Sistema de comprometimento
Planejamento tático	Sistemas de informações gerenciais	Comunicação	Indicadores de desempenho	Postura para resultados
Planejamento operacional	Procedimentos administrativos	Supervisão		Trabalhos em equipes
Sistema de informações estratégicas	Administração de projetos	Coordenação		
Sistema de informações mercadológicas				

Embora nesse quadro estejam apresentados apenas alguns exemplos de instrumentos administrativos que podem ser alocados em cada uma das funções da administração, é possível visualizar que, para todo e qualquer instrumento administrativo que seja identificado, o executivo catalisador da administração de processos pode fazer a adequada interligação.

Você pode analisar a metodologia de desenvolvimento e implementação de processos administrativos nas empresas apresentada na seção 3.1 e constatar que todos os instrumentos administrativos são utilizados, em maior ou menor escala, como premissas ou auxiliares na administração de processos empresariais. Portanto, a amplitude da administração de processos pode – e deve – ser a mais ampla possível, inclusive porque possibilita, nesse caso, melhor qualidade, tanto das informações recebidas como das informações geradas pelo resultado do sistema do desenvolvimento e operacionalização dos processos administrativos nas empresas.

Um dos aspectos que devem interferir na amplitude de aplicação do modelo da Figura 2.1 e da decomposição do Quadro 2.1 é o nível de **cultura multinacional** que a empresa tem, a qual corresponde ao rompimento das barreiras internas a fim de que as pessoas e, particularmente, as ideias, circulem livremente.

O desenvolvimento de uma cultura organizacional global envolve a formação de valores, mecanismos e processos de integração entre os vários setores da empresa que lhe permitem reagir às constantes mudanças que ocorrem em um mercado global competitivo. Não se trata apenas de fazer negócios internacionalmente ou mesmo de ter subsidiárias no exterior.

Para uma empresa iniciar o processo para se tornar global, pode considerar alguns princípios (Rhinesmith, 1992, p. 59):

i) Formular uma filosofia de trabalho para a empresa, que deve ser clara e simples.

ii) Instalar processos, sistemas e estruturas que garantam o fluxo eficaz das informações dentro da empresa.

iii) Cultivar *mentes matriciais*, para facilitar a administração de conflitos. Executivos com *mentes matriciais* são aqueles que, individualmente, tomam decisões e estabelecem negociações necessárias para impulsionar uma empresa em direção a um resultado estratégico comum. Uma das melhores maneiras de formar executivos desse tipo é através da mobilidade e transferência entre as diversas áreas da empresa. Esse processo também pode ser facilitado pela atuação em equipes multidisciplinares, que é uma das características da administração de processos.

iv) Desenvolver planos de carreira globais.

v) Aproveitar as diferenças culturais entre os profissionais da empresa e os diversos mercados de atuação da empresa.

vi) Implantar programas de educação corporativa em questões administrativas e de desenvolvimento de equipes em âmbito mundial.

Essas propostas de modelo global e de decomposições devem estar sustentadas por um **pensamento sistêmico**, em que o ótimo do todo é muito maior do que o ótimo de cada uma das partes. Essa questão também é denominada pensamento sinérgico.

Para que a administração de processos tenha sucesso em seu contexto global, é necessário que a empresa que se proponha a realizar seu desenvolvimento e implementação tenha visão de liderança, produtos e serviços ousados, profunda percepção de mercado e uma filosofia administrativa inspirada e desafiadora.

Com base em uma pesquisa coordenada por Collins e Porras (1995, p. 48), podem ser estabelecidas algumas situações que caracterizam as empresas visionárias, as quais são mais que empresas bem-sucedidas ou estáveis.

Essas características são:

- uma empresa visionária e de elevado sucesso não necessariamente nasce de uma grande ideia. Considere a situação de uma empresa de sucesso nascer de um fracasso;

- uma empresa visionária não necessariamente necessita de líderes carismáticos e visionários;

- uma empresa visionária é guiada principalmente por uma ideologia central, valores e propósitos essenciais, os quais não se resumem apenas em ganhar dinheiro. Isso porque ter lucros, principalmente a médio e longo prazos, é uma consequência de uma série de atividades *mais nobres* para as quais os executivos das empresas devem estar atentos e preparados;

- uma empresa visionária não se preocupa em ter um conjunto de valores centrais que sejam considerados corretos e comuns a todas as empresas de sucesso. Isso porque cada *caso é um caso*;

- uma empresa visionária é capaz de mudar e de se adaptar a diferentes situações sem comprometer os ideais centrais que julga válido preservar;

- uma empresa visionária não tem medo de traçar objetivos e metas audaciosos;

- uma empresa visionária é tão clara sobre o que pretende e sobre seus objetivos, que simplesmente não dá espaço para os que não desejam ou não são capazes de se enquadrar dentro de seus padrões;

- uma empresa visionária não se preocupa em ter planejamentos altamente complexos, mas planejamentos que apresentem resultados;

- uma empresa visionária acredita em seus principais executivos *formados em casa*;

- uma empresa visionária acredita que pode ter o melhor de tudo ao mesmo tempo. Ela não aceita ter que escolher entre estabilidade ou progresso, práticas conservadoras ou metas audaciosas. Ou seja, ela não gosta do "ou", mas do "e";

- uma empresa visionária concentra-se principalmente em superar a si mesma, sem ter grandes preocupações em tentar ficar superando os concorrentes; e

- uma empresa de sucesso não se torna visionária por meio de enunciados visionários. Ou seja, *conversa mole* não entra em uma empresa visionária.

O *benchmarking* também se torna muito importante para o desenvolvimento da administração de processos, principalmente quando se lembra da análise de Senge (1995, p. 50), em que a média de expectativa de vida das 500 maiores empresas americanas não supera os 40 anos. Além de saber copiar e aplicar melhor os conhecimentos das outras empresas, é necessário também saber aprender com os que *estão na mesma casa*.

Portanto, os conhecimentos e as estratégias da empresa devem ser amplamente disseminados e debatidos. Nesse contexto, deve-se valorizar a cooperação e não a competição; e a essência do desenvolvimento de novas capacidades de aprendizado é a necessidade básica das equipes multidisciplinares de trabalho, pois essas pessoas precisam das outras para agir e para, coletivamente, melhorar suas capacidades e consolidar os processos de mudanças nas empresas.

Goldratt (1991, p. 13) considera que a otimizada administração de empresas é um processo que deve responder a três questões básicas que se aplicam a qualquer atividade e empresa, a saber:

- o que mudar (o problema);

- para onde mudar (a solução); e

- como efetuar a mudança (o processo).

Nesse contexto, o foco do problema é uma restrição que afeta o aprimoramento da empresa; e, frequentemente, essa restrição não é algo físico, mas uma política de atuação ou orientação básica da empresa.

A concentração de esforços dos executivos deve ser, basicamente, direcionada ao aumento dos lucros e não à redução dos custos, através de seus mínimos detalhes. Para tanto, a empresa deve se concentrar na eliminação da restrição ou gargalo para o lucro, ou seja, aquilo que impede a empresa de ganhar mais.

As três principais variáveis a serem analisadas nesse processo decisório são:

44 | Administração de Processos • Rebouças

- o ganho, que corresponde ao dinheiro obtido nas vendas;
- o inventário, que corresponde ao dinheiro investido em coisas que se pretende vender; e
- a despesa operacional, que corresponde ao dinheiro gasto para transformar o inventário em ganho.

Portanto, a meta da empresa é ganhar dinheiro e devem ser consideradas cinco etapas básicas:

Etapa A: Identificar a restrição ou gargalo, quase sempre representada por processos, normas e políticas vigentes, mas que também pode ser uma máquina ou setor cuja capacidade restringe os ganhos.

Etapa B: Explorar a restrição, que corresponde a eliminar as perdas e aumentar os ganhos.

Etapa C: Subordinar as demais decisões à etapa B.

Etapa D: Ultrapassar a restrição.

Etapa E: Voltar à etapa A num processo contínuo.

Essa aplicação deve estender-se às várias áreas da empresa, tais como finanças, recursos humanos, marketing etc. Todo esse processo deve estar sustentado por três focos básicos: o lucro, os clientes e os funcionários.

A empresa deve estabelecer seu foco básico, e os outros dois itens funcionam como premissa para a consolidação do foco básico. Se o lucro for o foco básico, esse deve estar sustentado por clientes satisfeitos e funcionários motivados.

Para que o cliente seja atendido em sua plenitude, é necessário que a empresa apresente lucro e os funcionários estejam motivados. E, finalmente, uma empresa com lucro e clientes bem atendidos seguramente tem sustentação para ter funcionários satisfeitos.

Na realidade, esses três focos do tripé devem interagir e funcionar de maneira equilibrada e evolutiva.

Cada um dos focos pode proporcionar a identificação da abordagem básica para o desenvolvimento dos processos administrativos na empresa, sempre recebendo a necessária sustentação dos outros dois focos do tripé.

2.2 Abordagens da reengenharia na administração de processos

Reengenharia pode ser entendida como um trabalho participativo de elevada amplitude direcionado para os negócios e seus resultados, que tem como sustentação o desenvolvimento e a implementação de novos processos que integrem funções e unidades organizacionais da empresa na busca contínua da excelência na prestação de serviços e fornecimento de produtos aos clientes.

Neste contexto, a reengenharia tem as amplitudes e abordagens de processos, da estrutura organizacional e dos negócios da empresa, conforme apresentado na Figura 2.2:

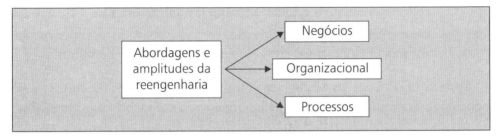

Figura 2.2 Abordagens e amplitudes da reengenharia.

Essas três amplitudes da reengenharia podem ser trabalhadas de forma isolada ou interativa ou global, de acordo com a realidade da empresa.

A prática tem demonstrado que o ideal – se possível – é tratar a questão da reengenharia partindo da análise de negócios, passando pela amplitude organizacional e chegando à administração de processos. Entretanto, para explicar essa análise de abordagens e amplitudes da reengenharia, o entendimento torna-se mais fácil se for apresentado ao contrário.

Quando do desenvolvimento da reengenharia em níveis de processo, organizacional e de negócios, você deve lembrar-se de alguns princípios básicos apresentados a seguir.

2.2.1 Abordagem da reengenharia em nível de processos

Foi verificado que processo é um conjunto estruturado de atividades sequenciais que apresentam relação lógica entre si, com a finalidade de atender e, preferencialmente, suplantar as necessidades e as expectativas dos clientes externos e internos da empresa.

Alguns dos princípios básicos a serem considerados na abordagem da reengenharia em nível de processos são:

a) Os processos estão em qualquer nível da reengenharia – inclusive organizacional e de negócios –, pois representam os novos focos de atuação das pessoas nas empresas.

b) As responsabilidades das pessoas também devem estar nos processos – e suas atividades –, e não apenas nas unidades organizacionais.

c) Cada um dos processos inerentes aos sistemas e subsistemas identificados para consolidação da reengenharia na empresa deve ser delineado como um procedimento administrativo que seja simples, entendível, aplicável, interativo e, preferencialmente, informatizado.

d) Na reengenharia, é reavaliada cada uma das atividades correlacionadas aos processos desenvolvidos e operacionalizados pela empresa.

Se cada uma dessas atividades for competitiva, em termos de custos *versus* benefícios, os produtos e serviços da empresa serão competitivos no mercado.

Para que a reengenharia se concentre apenas no corte das despesas não essenciais da empresa, pode ser usada a estrutura de cadeia de valores na busca de nichos, que possibilitem chegar às reais necessidades, não só do cliente, mas também do mercado como um todo.

Valor de um produto ou serviço é ponto básico em que o mesmo alcança as necessidades e as expectativas do cliente, medido em termos de sua capacidade para decidir o preço a ele atribuído. Portanto, representa aquilo que o cliente acha justo pagar.

Para o caso da abordagem pela técnica da análise do valor, o termo *valor* representa o menor custo atribuído a um produto ou serviço, o qual deverá possuir a qualidade necessária para alcançar a função desejada pelo comprador.

Essas cadeias de valores são combinações dos diferentes elementos que agregam valores aos clientes representados pelos fornecedores, distribuidores e consumidores.

Além deste foco nos clientes, a empresa deve ter dados confiáveis, informação, aplicação correta da metodologia de segmentação de mercado e uma economia que justifique a empresa, efetivamente, se empenhar no negócio.

Portanto, é necessário assegurar cada vez mais valor aos clientes, pois isso fará com que as vendas da empresa aumentem. Nesse contexto, o corte de despesas e de pessoal pode levar a resultados desinteressantes para a empresa.

2.2.2 Abordagem da reengenharia em nível organizacional

Alguns dos princípios básicos a serem considerados na reengenharia em nível organizacional são:

a) A empresa não deve prender-se a uma estrutura organizacional de sucesso do passado, pois seguramente essa estrutura não foi a causa de seu sucesso. Lembre-se: o sucesso da empresa é consequência da mudança provocada pela reengenharia – e pela administração de processos em geral –, mas nunca a causa do referido sucesso.

b) Acabar com as *igrejas* e disputas internas provocadas pelas unidades organizacionais. Para tanto, eliminar essas unidades organizacionais funcionais e começar a trabalhar através de processos.

c) Embora as unidades organizacionais funcionais devam ser eliminadas, as pessoas devem manter suas habilidades funcionais nos trabalhos organizados em processos.

d) Com referência à estrutura organizacional, a reengenharia enquadra-se melhor em estruturas horizontalizadas, em que atividades funcionais tradicionalmente separadas são interligadas de forma transparente.

Nesse tipo de estrutura, alguns processos-chave, como o desenvolvimento de produtos e o fornecimento de serviços, englobam todas as atividades interagentes no processo, como marketing, engenharia, operações, logística, qualidade e finanças, entre outras atividades.

Esse formato horizontal de estrutura pode facilitar a reengenharia no redesenho das atividades da empresa na forte busca da melhoria de desempenho e alavancagem de resultados. Essa tendência ao *downsizing*, que leva empresas a estruturas cada vez mais horizontalizadas, tem provocado grandes mudanças nos processos de trabalho dessas empresas.

Essa lógica da estrutura horizontalizada, sustentada pelo modelo organizacional por processo de negócio, tem como finalidade melhorar a interação com os clientes da empresa, os quais são os únicos com poder para estabelecer o valor de um produto ou serviço oferecido pela empresa.

Esse novo modelo tem que quebrar uma série de paradigmas, pois exige um completo repensar dos modelos organizacionais tradicionais. Portanto, esse novo modelo organizacional tem que consolidar perfeito equilíbrio e interação entre dois pontos:

48 | Administração de Processos • *Rebouças*

- de um lado, o atendimento das expectativas dos clientes atuais e potenciais; e
- de outro lado, o otimizado desempenho organizacional, contribuindo para a alavancagem dos resultados da empresa.

Entre essas duas pontas devem ser otimizadas as seguintes partes:

- a administração dos processos de reengenharia;
- a consolidação do estilo de liderança dos executivos;
- a interação entre as pessoas através de equipes multidisciplinares;
- a adequação da estrutura organizacional; e
- a efetivação de um novo modelo de gestão.

e) Um processo que pode ser de elevada importância para a estruturação dos níveis e tipos de objetivos e estratégias da empresa é a técnica de rede escalar de objetivos, que representa a decomposição estruturada dos objetivos gerais e correspondentes estratégias pelas diversas unidades organizacionais da empresa, ou atividades, ou equipes de trabalho, ou ainda os processos estabelecidos pela empresa.

A rede escalar de objetivos pode considerar, conforme a metodologia tradicional, apenas a decomposição dos objetivos gerais em objetivos setoriais, inerentes às diversas unidades organizacionais da empresa, ou enfocar também as estratégias.

Neste último caso, é válido verificar, com base na decomposição efetuada, quais são as estratégias necessárias para consolidar cada um dos objetivos alocados nas diversas unidades organizacionais da empresa. Com base nessa identificação de estratégias, você deve estabelecer quais estratégias também devem ser tratadas como objetivos, ou seja, como resultados a serem alcançados. Verifica-se que esse é um processo evolutivo e serve, inclusive, para você repensar a respeito de suas propostas estratégicas.

A rede escalar de objetivos, principalmente quando realizada de forma interativa com as estratégias, representa um dos instrumentos administrativos de melhor validade para a interação entre os planejamentos em níveis estratégico, tático e operacional. Mais detalhes a respeito da rede escalar de objetivos são apresentados na seção 4.2.

Deve-se lembrar de que a efetiva interligação dos vários planejamentos da empresa – estratégicos, táticos e operacionais – representa a consolidação da interação entre os aspectos macro e microinerentes ao processo decisório dos executivos da empresa.

f) A alocação das autoridades e das responsabilidades em um processo de reengenharia pode representar algo complexo.

Isso porque a reengenharia, como a totalidade dos sistemas empresariais, apresenta uma situação estranha, pois:

- inicialmente, é visualizada a situação com clara definição de autoridade, mas a responsabilidade está meio difusa;
- depois é iniciado um esforço para clarear a responsabilidade, mas também tornar a autoridade mais *participativa*;
- pode-se chegar a uma situação em que a responsabilidade fica clara para todos, mas a autoridade *caiu no vazio*; e a
- uma situação em que a autoridade e a responsabilidade estão totalmente difusas.

Essas curvas ascendentes e descendentes das autoridades e das responsabilidades provocam uma série de problemas para a reengenharia nas empresas, principalmente em seu processo decisório e posterior implementação das ações.

g) Uma abordagem que pode facilitar o desenvolvimento e a implementação da reengenharia é o *empowerment*, que corresponde ao ato de delegar responsabilidades e poderes ao funcionário. Nesse caso, o executivo é o sujeito principal da ação.

Entretanto, Moller (1995, p. 24) considera mais significativo o *employeeship*, que corresponde ao ato de assumir responsabilidade e poder. Nesse caso, o funcionário é o sujeito principal da ação, mas a empresa deve criar um ambiente propício para que ele se desenvolva.

Para desenvolver e implementar o *employeeship*, é preciso conhecer o ser humano, algo para o qual geralmente as empresas estão pouco preparadas.

Algumas pessoas têm suas raízes no mundo dos fatos, enquanto outras, no mundo das emoções. As primeiras podem, geralmente, ser tratadas de forma racional, através da experiência e da abordagem profissional. Já as emocionais são, em geral, difíceis, bem como as pessoas frequentemente sentem frustração ou se machucam. Em geral, são essas frustrações e feridas não tratadas das pessoas emocionais que se interpõem no caminho do seu desenvolvimento pessoal e do aperfeiçoamento da empresa, inclusive prejudicando a aplicação da reengenharia.

Dentro desse contexto, as premissas básicas do *employeeship* são:

- sempre colocar as pessoas em primeiro lugar;
- ter qualidade pessoal, selecionando profissionais de acordo com os valores desejados;
- delegar poderes e responsabilidades para os executivos e demais funcionários; e
- administrar para e com todos os profissionais envolvidos nos processos administrativos das empresas.

O conceito de *empowerment* está ultrapassado para Drucker (1995, p. 24), pois considera que tirar o poder do topo da pirâmide empresarial e colocá-lo embaixo não modifica o fundamental. As empresas devem basear-se cada vez menos no poder e cada vez mais na responsabilidade e na compreensão mútua. No entanto, o referido autor acredita que a terceirização contribuirá para esse processo (ver seção 4.2.2).

h) A reengenharia organizacional consolida um novo modelo de gestão na empresa.

Como a reengenharia organizacional acaba com as estruturas funcionais tradicionais e aloca todas as atividades necessárias da empresa ao longo de processos, o modelo de gestão tem que ser repensado.

Embora esse novo modelo de gestão possa parecer complexo, na realidade não o é, inclusive porque possibilita aos executivos e demais profissionais da empresa a visão do todo, ou seja, como as diversas atividades desempenhadas alocam-se nos processos e como esses processos se direcionam aos negócios da empresa, de forma interagente com os clientes e o mercado em geral.

Com base nos princípios apresentados anteriormente, verifica-se que a reengenharia rompe com o modelo organizacional clássico, que geralmente é centralizador.

O mais importante é que ela acaba com o regime de liberdade vigiada, em que o funcionário tem o dever de fazer tudo o que o chefe manda. É preciso mudar isso e permitir que os funcionários usem seu potencial de talento e criatividade para trabalhar. Claro que, ao mesmo tempo, tem-se que cobrar resultados.

Todo esforço de mudança numa empresa cairá no vazio se as pessoas não mudarem de comportamento. Deve-se criar e utilizar o bom senso todos os dias; mas, para isso, é preciso ousar mais, ter consciência de que é fundamental mudar a mentalidade vigente e lutar para vencer resistências passivas de alguns funcionários e executivos das empresas.

2.2.3 Abordagem da reengenharia em nível estratégico ou de negócio

A reengenharia em nível estratégico ou de negócio é a de maior amplitude e, consequentemente, a que provoca maiores mudanças nas empresas.

Os principais princípios da reengenharia em nível estratégico ou de negócios são:

a) O ideal é que o desenvolvimento da reengenharia se inicie pelo nível estratégico ou de negócios, passe pelo nível organizacional e chegue ao nível operacional dos processos da empresa.

A abordagem estratégica consolida a interação entre os fatores internos – controláveis pela empresa – com os fatores externos ou ambientais – não controláveis pela empresa.

A abordagem de negócios define a idealização dos produtos e serviços básicos a serem oferecidos, os quais consolidam a interação da empresa com o mercado.

Portanto, a abordagem estratégica e a abordagem de negócios são as mais amplas e devem ser tratadas em conjunto.

b) A reengenharia em nível estratégico ou de negócios deve estar sustentada pelos seguintes itens:

- **visão da empresa**, que representa a identificação dos limites que os principais executivos da empresa conseguem enxergar dentro de um período de tempo mais longo e uma abordagem mais ampla, consolidando o que a empresa quer ser;
- **missão da empresa**, que representa a sua razão de ser, ou seja, a quem e no que a empresa está atendendo as necessidades e expectativas do mercado;
- **grandes orientações estratégicas**, que representam as principais ideias e *lances* da empresa perante o mercado e, particularmente, perante os concorrentes; e

52 | Administração de Processos • *Rebouças*

- **diretrizes**, que representam as sustentações básicas para o desenvolvimento das questões estratégicas e dos negócios da empresa.

c) É importante a sustentação da reengenharia estratégica ou de negócios por adequada metodologia de desenvolvimento e implementação de um plano estratégico na empresa.

Se esse princípio não for respeitado, a reengenharia estratégica ou de negócios pode nascer de maneira totalmente desorganizada e sem foco, pois os principais objetivos, estratégias e políticas da empresa, nesse caso, terão sido estabelecidos de maneira não estruturada e, portanto, fica praticamente impossível se estabelecerem os processos administrativos na referida empresa.

d) Na abordagem estratégica ou de negócios da reengenharia, os executivos da empresa devem ter uma postura e um pensamento os mais estratégicos possíveis.

Isso porque as questões estratégicas podem levar as empresas a um *contexto de guerra* em que o campo de batalha é o mercado, as armas são os produtos e serviços oferecidos, a munição é a tecnologia desenvolvida e aplicada, os soldados são os diversos funcionários, os comandantes são os executivos e o inimigo são os concorrentes.

e) A abordagem estratégica da reengenharia procura consolidar o conjunto básico de competências e habilidades que, efetivamente, capacitam as empresas a serem saudáveis, ágeis e diferenciadas no desenvolvimento do mercado e dos produtos ou serviços em futuro próximo, ou mesmo a médio e a longo prazos.

Esta abordagem torna-se basicamente importante na medida em que, através da tradicional reengenharia de processos, as empresas podem estar tomando medidas saneadoras e se tornando extremamente *enxutas* e saudáveis, mas, geralmente, ficam sem perspectiva para o futuro, ou seja, sem uma situação consolidada que lhe garanta futuro e uma longevidade adequada e sustentada.

f) Na abordagem estratégica da reengenharia, é importante avaliar a atratividade de mercado do ramo de atuação e a posição que a empresa considerada ocupa dentro desse ramo ou segmento de atuação.

Nesse contexto, Porter (1996, p. 27) considera que o pensamento estratégico dos executivos das empresas envolve a colocação de duas questões básicas:

- qual é a estrutura de seu setor de atuação e qual sua tendência de evolução com o passar do tempo? Se o campo de atividades na qual ela se encontra não é muito atraente, pode-se querer deixá-lo ou encontrar um modo de redefini-lo; e
- qual é a posição relativa da sua empresa nesse ramo? Não importa quão atraente seja o jogo, não é possível ter êxito quando não se tem bom posicionamento. Inversamente, é possível pertencer a um segmento sem brilho, com baixa rentabilidade média e, não obstante, ter bons resultados, se a empresa conseguir ocupar exatamente o nicho certo. O raciocínio estratégico mostra como estabelecer e defender essa posição.

Nessa abordagem, pode-se considerar que alguns erros fatais para as empresas são:

- interpretação errônea do nível de atratividade do setor de atuação;
- não possuir vantagem competitiva verdadeira;
- buscar vantagem competitiva insustentável;
- comprometer uma estratégia para crescer muito rápido; e
- não tornar a estratégia explícita, não a comunicando aos executivos e demais funcionários da empresa.

  g) A abordagem estratégica ou de negócios da reengenharia deve estar baseada em um processo principal, o qual agrega e catalisa todos os outros processos.

Isto porque cada negócio deve ter um processo básico, que é o processo do negócio. Portanto, uma empresa com quatro unidades estratégicas de negócios deve ter quatro processos básicos.

Essa situação pode levar para uma maior complexidade quando se considera o conjunto dos quatro negócios, no exemplo apresentado, e sua consolidação em nível corporativo. Nesse caso, pode surgir um quinto processo básico que consolide as atividades sinérgicas entre os quatro processos dos negócios, bem como a administração corporativa.

54 | Administração de Processos • *Rebouças*

Pelo exposto até o momento, verifica-se que um projeto de reengenharia se torna básico para uma empresa quando ocorrem algumas situações, como:

- incidência de fatores que prejudiquem os resultados do negócio;
- maior complexidade dos processos existentes, provocando situações de ineficiência, dificuldades para mudanças e perda de tempo;
- crescimento desproporcional das operações e atividades básicas necessárias como suporte para o processo de mudanças na empresa;
- significativa evolução dos sistemas informatizados de sustentação e apoio aos negócios da empresa; e
- maior dificuldade no desenvolvimento e operacionalização dos processos administrativos.

A reengenharia possibilita à empresa alavancar seus resultados por duas frentes:

- incrementos de receitas provenientes da diferenciação dos produtos e serviços, bem como da maior agilidade e precisão na interação com os clientes; e
- redução de custos pela racionalização administrativa, maior interação com os fornecedores e análise integrada dos sistemas e processos administrativos.

Para proporcionar maior agilidade e qualidade no desenvolvimento da reengenharia na empresa, deve-se considerar o seguinte procedimento de trabalho:

- elaboração do plano de trabalho com a relação dos sistemas e processos a serem considerados, dos membros das equipes de trabalho, bem como apresentação e debate da metodologia de desenvolvimento e implementação dos trabalhos;
- estabelecimento dos critérios e parâmetros de direcionamento estratégico da empresa, de acordo com o processo de planejamento estratégico anteriormente delineado;
- levantamentos, análises e estruturações preliminares pelos próprios profissionais envolvidos em cada processo considerado;
- apresentações e debates perante outros profissionais da empresa envolvidos no processo considerado, dentro da interação fornecedores *versus* clientes;

- ampliação das reuniões de apresentações e debates, buscando a obtenção de visão clara das atividades e interações de atividades, procedimentos e informações, bem como as necessárias interações com outros sistemas e processos da empresa; e
- consolidação, validação e implementação das novas realidades dos sistemas e processos considerados.

Verifica-se que esse procedimento proporciona para a empresa soluções otimizadas e imediatas para problemas urgentes existentes, consolidando situação de maior rapidez, objetividade e qualidade no atendimento aos clientes – externos e internos à empresa –, na interação entre as unidades organizacionais, bem como no relacionamento com os fornecedores e outros públicos da empresa, tais como funcionários, sindicatos, governos, comunidade.

2.3   Administração de processos nas instituições governamentais

Nesse momento, é válida a apresentação de algumas considerações, ainda que genéricas, a respeito da administração de processos nas instituições governamentais, quer sejam federais, estaduais ou municipais.

Pode ser unanimidade a afirmação de que a adequada aplicação da administração de processos nessas instituições governamentais e paragovernamentais geralmente é uma tarefa difícil para qualquer profissional, principalmente por causa de seu modelo de gestão burocrático.

Como exemplo, em nível federal pode-se considerar a seguinte situação:

- excesso de funcionários, inclusive com falta de profissionalismo e treinamento;
- fisiologismo do Congresso, com influência direta na escolha de dirigentes do setor público;
- resistências nos estados da União e nos municípios, através de uma atuação baseada nos interesses políticos; e
- ineficiência nas empresas estatais, principalmente pela falta de concorrência e ausência de profissionalismo de atuação.

Pode-se entender a situação apresentada no Quadro 2.2 com a identificação dos problemas e suas consequências, bem como a proposta de algumas ações para amenizar esses problemas.

Quadro 2.2 Análise genérica da realidade governamental.

Problemas	Consequências	Ações possíveis
Estabilidade funcional, acomodação, falta de desafio profissional, ausência de ameaça ao posto de trabalho por ineficiência, ambiente profissional não competitivo.	Resistência às mudanças necessárias, falta de criatividade e inovação.	Alteração no contexto da estabilidade funcional. Enquanto isso não for possível, deslocamento de funcionários para as atividades-fim (pela maior pressão por resultados).
Falta de treinamento e atualização técnico-profissional e administrativa.	Posturas e formas de atuação complicadas, lentas e tecnicamente superadas.	Conscientização, motivação, educação e treinamento.
Treinamento e capacitação profissional sem foco.	Desperdício das verbas disponíveis, perda de tempo e pouco aproveitamento nas atividades profissionais.	Programas de treinamento e capacitação unicamente de acordo com as reais necessidades de aplicação imediata e direcionada para resultados efetivos.
Postura pessoal volúvel, não assumindo posição definida e/ou definitiva.	Infidelidade e baixa confiabilidade nos funcionários públicos.	Programas de mudança comportamental e quebra de paradigmas.
Estrutura com excessivos níveis hierárquicos e áreas funcionais.	Lentidão administrativa e formação de feudos.	Reorganização administrativa, redução dos níveis hierárquicos, integração de unidades organizacionais e eliminação de unidades redundantes.

Mesmo com a identificação natural de todas essas realidades, as quais caracterizam a necessidade de uma administração de processos com forte abordagem de reengenharia global no governo – em níveis federal, estadual e municipal –, surge uma questão: será que eles querem, ou seja, eles têm vontade pessoal, profissional e política de realizar esse trabalho?

De qualquer forma, pode-se afirmar que existem no governo vários profissionais de elevado valor, os quais poderiam aplicar a administração de processos de resultados, conforme apresentado neste e em alguns outros livros, para mudar a realidade atual de seus campos de trabalho.

Para que essas várias recomendações e, principalmente, a metodologia de desenvolvimento e implementação da administração de processos, conforme apresentada na seção 3.1, fossem aplicadas no governo, seria fundamental desrespeitar um princípio apresentado, que é aplicar a administração de processos em todo o sistema, representado por uma empresa ou uma instituição governamental.

No caso do governo, essa premissa é um *complicômetro*, sendo que o ideal pode ser a quebra do sistema global em várias partes, as quais teriam suas administrações de processos desenvolvidas e operacionalizadas.

Posteriormente, ocorreria a interligação entre os processos das várias partes, inclusive com a realização dos ajustes necessários para se efetuar a junção das partes, o que consolidaria uma nova realidade.

Esse procedimento deve ser desenvolvido de maneira gradativa e acumulativa até se chegar ao todo, que representa o Governo do Brasil.

Qualquer que seja a abordagem, identifica-se que é muito importante repensar o governo, seus programas, seus órgãos, suas atividades; enfim, suas finalidades. E a administração de processos, com forte abordagem de reengenharia, desde que adequadamente desenvolvida e implementada, pode contribuir para se mudar a *cara do país*.

2.4 Precauções a serem consideradas na administração de processos

Nessa seção, são apresentadas algumas precauções que você deve considerar para adequada análise e delineamento da administração de processos nas empresas.

Salienta-se que estas precauções devem ser analisadas em conjunto com as precauções apresentadas na seção 3.2, inerentes à metodologia para desenvolvimento e implementação dos processos administrativos nas empresas.

A ordem de apresentação das precauções para a análise e delineamento da administração de processos nas empresas não representa nenhuma ordem de importância, mas apenas um conjunto de *dicas* que são resultantes da experiência do autor no assunto considerado.

As precauções propostas são:

a) Ter efetivo conhecimento e entendimento do significado do termo, da abordagem e da amplitude de administração de processos nas empresas

Para consolidar a definição do termo *administração de processos*, pode-se partir da conceituação de suas partes:

- **administração** é o sistema estruturado e intuitivo que consolida um conjunto de princípios, normas e funções para alavancar, harmoniosamente, o processo de planejamento de situações futuras desejadas e seu posterior controle e avaliação de eficiência, eficácia e efetividade de cada atividade, bem como a organização e a direção dos recursos empresariais para os resultados esperados, com a minimização de conflitos interpessoais; e
- **processo** é o conjunto estruturado de atividades sequenciais que apresentam relação lógica entre si, com a finalidade de atender e, preferencialmente, suplantar as necessidades e expectativas dos clientes externos e internos das empresas.

Portanto, pode-se conceituar administração de processos como apresentado a seguir.

Administração de processos é o conjunto estruturado e intuitivo das funções de planejamento, organização, direção e avaliação das atividades sequenciais, que apresentam relação lógica entre si, com a finalidade de atender e, preferencialmente, suplantar, com minimização dos conflitos interpessoais, as necessidades e expectativas dos clientes externos e internos das empresas.

Pode-se considerar que o entendimento e a incorporação desse conceito ampliado de administração de processos podem proporcionar interessante sustentação para um otimizado modelo de gestão nas empresas.

b) Começar agora a administração de processos na empresa

Não perca tempo. Nesse momento atual, seus concorrentes podem estar bem mais avançados do que sua empresa. A administração de processos aplicada de maneira adequada pode consolidar uma situação de vantagem competitiva real, sustentada e duradoura para sua empresa.

c) Ter amplitude global em nível de empresa

A administração de processos não deve ser um assunto apenas das atividades produtivas ou operacionais ou de atividades-fim da empresa. Você deve sempre lembrar que a administração de processos acarreta mudanças abrangentes em uma empresa.

Quando os procedimentos operacionais de uma empresa são repensados a partir da base, ou os aspectos estratégicos são delineados a partir do topo da empresa, virtualmente todos os outros aspectos da empresa são questionados, tais como os cargos e funções, a estrutura organizacional, os mecanismos de recompensa e, mesmo, as normas que orientam o comportamento da e na empresa.

Tudo isso deve enquadrar-se nas formas com as quais a empresa funciona e como as mudanças refletirão sobre todas essas outras atividades, funções, negócios e áreas de atuação da referida empresa.

d) Ter a administração de processos sustentada por outros instrumentos administrativos da empresa

Esta situação está apresentada, de forma detalhada, no Capítulo 4.

Pode ficar evidente que a consequência desta interação global é o menor custo e as maiores facilidade e qualidade no trabalho de administração de processos nas empresas.

e) Ter uma metodologia de desenvolvimento e implementação da administração de processos nas empresas

Esse pode ser considerado um dos aspectos mais importantes para o adequado desenvolvimento e implementação da administração de processos nas empresas. Parece que muitos livros e artigos se preocupam com "o que" sem se preocupar com o "como", ou seja, a metodologia.

O entendimento de uma metodologia de desenvolvimento e implementação de administração de processos nas empresas pode ser consolidado a partir da leitura da seção 3.1. Naturalmente, não é possível apresentar todos os detalhes da administração de processos nas empresas, mas a leitura da referida seção vai possibilitar o entendimento de um esquema geral de trabalho com os processos nas empresas.

f) Ter definições claras e entendidas dos resultados esperados

Quando da análise e delineamento básico da administração de processos nas empresas, é válida, neste momento inicial dos trabalhos, a definição, pela alta administração, dos resultados esperados.

Esses resultados ou objetivos podem ser, individual ou conjuntamente, os seguintes:

- melhorar os resultados da empresa;
- repensar os negócios atuais;

60 | Administração de Processos • *Rebouças*

- desenvolver novos negócios;
- otimizar o ambiente de trabalho;
- aumentar a produtividade; e
- reduzir os custos.

Os resultados definidos devem ser suficientemente claros e entendidos por todos os profissionais da empresa envolvidos na administração de processos.

g) Deixar os clientes direcionarem as mudanças inerentes ao desenvolvimento dos processos na empresa

Ao longo da leitura deste livro, deve ficar clara uma mensagem básica:"quem manda na empresa é o cliente". Independentemente das diferentes interpretações que essa frase pode proporcionar, o importante é o entendimento de que toda a administração de processos deve estar voltada para a otimização da interação da empresa para com seus clientes atuais e potenciais.

Lembre-se de que esses clientes potenciais podem tanto ser não clientes, que nunca compraram nossos produtos ou serviços, quanto ex-clientes, que deixaram, por alguma razão, de comprar nossos produtos e serviços. Portanto, os clientes atuais e potenciais devem ser considerados os focos básicos dos trabalhos inerentes à administração de processos.

Esse redirecionamento da estrutura de poder – de dentro para fora da empresa – provoca alterações em todo o estilo administrativo das empresas. E os executivos que entendem e operacionalizam essa nova realidade certamente consolidam vantagens competitivas importantes para os resultados das empresas.

h) A administração de processos deve estar focada também na construção dos negócios do futuro

Isso porque a administração de processos, principalmente em sua abordagem mais forte, que é a reengenharia, louvada como a *destruição criadora*, teria concretizado apenas metade de seus objetivos; justamente a parte da destruição (Prahalad; Hamel, 1995, p. 17). É importante que duas coisas aconteçam ao mesmo tempo: o aprimoramento da estrutura organizacional e a busca de novos negócios.

A curto prazo, o fechamento de unidades organizacionais deficitárias, o redesenho de processos e o corte de grande número de empregos podem dar aos executivos a impressão de ter retomado o rumo do crescimento e da otimização das atividades da empresa. Poucos, no entanto, são capazes de medir a relação custos *versus* benefícios desses processos. O que aconteceria se todo esse dinheiro e esses cérebros *supérfluos* fossem alocados na criação de produtos e serviços, bem como no desenvolvimento de mercados futuros para as empresas?

Para os referidos autores, boa parte da ênfase atual no *enxugamento* das empresas é decorrência de um estilo de administração em voga nos Estados Unidos e na Europa. É o que eles chamam de *administradores do denominador*. Numa empresa, o numerador é constituído pelas receitas. O denominador pode ser composto pelos ativos ou pelo valor da folha de pagamentos. Pressionada pelos acionistas, a maior parte dos executivos ocidentais busca melhorar os resultados, atacando furiosamente o denominador, em vez de *engordar* o numerador. Isto é, em vez de criar atividades, negócios, produtos e serviços capazes de aumentar a receita da empresa, eles simplesmente reduzem os gastos.

i) Ter efetivo envolvimento e patrocínio da alta administração

Essa afirmação não deve ser considerada ou utilizada como *bengala* para a incompetência de alguns executivos e demais profissionais da empresa que podem ter afirmações como "eu não posso fazer isto porque a alta administração não está me apoiando".

De qualquer forma, deve-se lembrar que, se por um lado, a administração de processos realmente começa com uma análise para reformulação da realidade da empresa, por outro lado ela não termina aí; os *efeitos em cascata* são provocados em todos os níveis e atividades da empresa.

Uma mudança multidimensional desse tipo somente pode ser efetuada a partir da alta administração. Apenas os executivos de primeiro escalão têm autoridade para instituir fortes mudanças, que podem exigir ações como transferir pessoas, reelaborar sistemas e indicadores de desempenho e de avaliação, instituir novas estruturas organizacionais e criar condições para atrair a participação daqueles que não se demonstram interessados.

Com referência aos patronos da administração de processos, pode-se usar o princípio de alocar a coordenação de cada uma das partes da metodologia de desenvolvimento e implementação dos processos – conforme apresentada na seção 3.1 – para diferentes profissionais da empresa, os quais têm a responsabilidade de aprimorar cada uma das partes e contribuir para a otimização total da administração de processos.

j) Estar sustentada pelo *espírito de bem servir*

Pelo simples fato de a administração de processos necessitar de adequada estruturação da cadeia de valor na interação entre fornecedores *versus* clientes, é importante que os diversos profissionais da empresa envolvidos nessa situação interativa apresentem *espírito de bem servir*.

Esta humildade das pessoas é importante, pois os clientes de seus trabalhos podem estar sentados em mesas ao lado.

Resumo

Neste capítulo, foi apresentado um modelo geral para a estruturação da abordagem e da amplitude da administração de processos nas empresas, focando, principalmente, sua interligação em nível macro com os aspectos estratégicos, estruturais, tecnológicos e comportamentais. Este modelo proporciona o *guarda-chuva* para o delineamento da metodologia de desenvolvimento e implementação da administração de processos (seção 3.1) e da interligação com outros instrumentos administrativos de elevada importância para as empresas (Capítulo 4).

Foram apresentados comentários a respeito da aplicação da administração de processos nas instituições governamentais, sendo que o ideal será o momento em que o governo, em seus diversos níveis – federal, estadual e municipal –, e as empresas públicas tenham estilo e postura de atuação profissional, o que permitirá a apresentação de resultados efetivos e, portanto, a administração de processos possa ser considerada uma ferramenta adequada para otimizar a qualidade administrativa dessas instituições.

Verificou-se que algumas das precauções para a adequada análise e delineamento da administração de processos nas empresas são conhecer o significado do termo, da abordagem e da amplitude da administração de processos, começar hoje a administração de processos, atuar em nível global da empresa, sustentar e interligar os processos com outros instrumentos administrativos da empresa, ter metodologia para seu desenvolvimento e implementação, definir bem os resultados esperados, deixar os clientes direcionarem o processo, focar também a construção de novos negócios, ter envolvimento da alta administração, bem como ter a administração de processos sustentada pelo *espírito de bem servir*.

Questões para debate

1. Debater a amplitude e as diversas interações do modelo apresentado para análise global da administração de processos.

2. Decompor e detalhar, no limite de seu conhecimento, cada uma das partes do modelo apresentado para análise global da administração de processos.

3. Estabelecer, para uma empresa de seu conhecimento, a amplitude ideal e as interações que devem ser consideradas para a análise global da administração de processos.

4. Apresentar outras questões que devem ser consideradas para que a administração de processos nas instituições do governo seja viável.

5. Identificar e debater outras precauções para a adequada análise e delineamento da administração de processos nas empresas.

6. Hierarquizar, com justificativas e exemplos, as precauções elencadas na questão anterior.

 Caso:
O Sr. Patriarca quer analisar e aprimorar a situação geral de sua empresa

O Sr. Patriarca é fundador e presidente de uma empresa atacadista de papéis com faturamento anual de R$ 260 milhões e 340 funcionários. Ele quer entender o que é administração de processos e, principalmente, sua amplitude de aplicação e a interligação com os outros instrumentos administrativos de sua empresa.

Em uma análise inicial na empresa atacadista de papéis do Sr. Patriarca foram identificados os seguintes instrumentos administrativos que podem ter interligação com a administração de processos, a qual deverá ser desenvolvida e implementada na empresa:

a) Planejamento estratégico

Embora não exista um sistema estruturado, o Sr. Patriarca é muito preocupado e envolvido com as questões estratégicas da empresa e do segmento de atuação.

b) Estrutura organizacional

A atual estrutura organizacional está muito *inchada*, inclusive com excesso de unidades organizacionais, bem como totalmente ocupada, na alta e parte da média administração, por familiares, tanto competentes como incompetentes.

c) Qualidade total

Alguns amigos do Sr. Patriarca consolidaram a qualidade total em suas empresas com excelentes resultados.

A partir dessas informações, o Sr. Patriarca pretende implementar a qualidade total em sua empresa, inclusive para não "ficar fora" do atual contexto das empresas.

d) Marketing total

O Sr. Patriarca pretende consolidar forte abordagem mercadológica para as atividades de sua empresa. Ele quer aplicar o marketing total, mas não tem suficiente conhecimento sobre o assunto e muito menos sabe se é possível interligar o marketing com a administração de processos que vai desenvolver em sua empresa.

e) Sistema de informações gerenciais

A empresa do Sr. Patriarca é muito carente em informações e relatórios gerenciais.

f) Logística

Atuando no segmento atacadista de papéis, a empresa do Sr. Patriarca tem elevada dependência de um adequado sistema de logística para alavancar seus resultados. Embora o sistema de logística não seja ruim, ele quer aproveitar o desenvolvimento dos processos para melhorar a sua administração e, inclusive, os resultados da empresa.

Nessa situação, o Sr. Patriarca gostaria que você, sem entrar em detalhes a respeito de cada um dos instrumentos administrativos considerados, elabore, em seu nível de conhecimento, uma estruturação geral da interligação entre os seis instrumentos administrativos considerados e a administração de processos.

Para tanto, você pode complementar a apresentação deste caso com as informações que julgar necessárias para aprimorar o relatório que você vai apresentar ao Sr. Patriarca.

Verifica-se que este caso é a sua preparação para trabalhar, respeitando o seu nível de conhecimento, os diversos assuntos abordados no Capítulo 3 e, principalmente, no Capítulo 4.

Capítulo 3

"O fracasso é a oportunidade de começar tudo de novo – inteligentemente."

Henry Ford

O principal problema que a administração de processos tem apresentado para se consolidar como instrumento administrativo de elevada qualidade é a falta de metodologias estruturadas para seu desenvolvimento e operacionalização nas empresas. Para auxiliar na solução desse problema, é apresentado, na seção 3.1, o resumo de uma metodologia para o desenvolvimento e operacionalização da administração de processos nas empresas.

Essa metodologia representa o resultado da experiência do autor no assunto considerado, a partir da realização de serviços de consultoria em diversas empresas e de debates com outros profissionais da área.

Naturalmente, em um livro não são apresentados todos os detalhes da metodologia, e nem poderia ser, pois devem ocorrer adaptações para a realidade de cada uma das empresas consideradas.

Também não são apresentadas as técnicas administrativas que podem ser aplicadas em cada uma das etapas e fases da metodologia, pois este livro ficaria com mais de mil páginas.

De qualquer forma, se você tiver conhecimento de algumas das várias técnicas administrativas que proporcionam sustentação à metodologia apresentada, poderá efetuar todas as adaptações necessárias e aplicar a administração de processos de maneira adequada em sua empresa.

Normalmente, surge uma pergunta básica quando você analisa a hipótese de aplicar a administração de processos na empresa: "A administração de processos é realmente necessária?"

Neste livro, já foi abordado que a administração de processos é necessária para as empresas quando ocorre uma ou mais das seguintes situações:

- seus concorrentes estão ganhando espaço em relação a sua empresa;
- sua empresa está empregando mais recursos que os concorrentes para fazer as mesmas coisas;
- sua empresa está oferecendo os mesmos produtos e serviços que os concorrentes, mas a preços mais elevados;
- sua empresa precisa alavancar o nível de produtividade para consolidar resultados adequados;

- seus clientes estão exigindo melhor atendimento e agilidade, sendo que sua empresa tem dificuldade de responder a essa demanda;
- sua empresa não consegue oferecer e consolidar adequado nível de qualidade a custo compatível;
- suas tendências de aumentar a produtividade e os resultados da empresa não têm apresentado os resultados esperados; e
- sua empresa não tem conseguido suficiente flexibilidade para interagir com as mudanças do ambiente empresarial.

Ao final da leitura deste capítulo, você poderá responder às seguintes perguntas:

- Qual a importância de uma metodologia estruturada para o desenvolvimento e implementação de processos nas empresas?
- Como pode ser desenvolvida e implementada a administração de processos em uma empresa?
- Quais são algumas das precauções que você deve considerar quando do desenvolvimento e da implementação dos processos administrativos em uma empresa?
- Quais são os indicadores de desempenho que podem ser utilizados para uma adequada avaliação e aprimoramento de processos nas empresas?

3.1 Metodologia para o desenvolvimento e implementação dos processos administrativos nas empresas

A seguir, são apresentadas as principais etapas que você deve considerar para o desenvolvimento da administração de processos nas empresas.

A referida metodologia também serve para as abordagens da reengenharia em níveis de processo, organizacional e de negócios, conforme enfoque administrativo apresentado na seção 2.2.

De maneira geral, podem-se considerar cinco fases básicas, com as necessárias adequações à realidade de cada empresa: comprometimento, estruturação, análise, desenvolvimento e implementação, conforme apresentado na Figura 3.1:

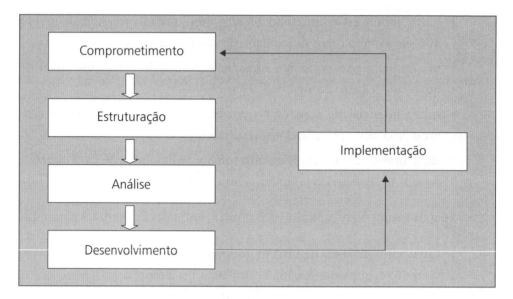

Figura 3.1 Fases do desenvolvimento e implementação dos processos administrativos.

A seguir, são apresentados os aspectos básicos de cada uma das cinco fases da metodologia de desenvolvimento e implementação dos processos administrativos nas empresas.

FASE 1: COMPROMETIMENTO

A finalidade dessa fase é a apresentação, o debate, a estruturação geral, o entendimento e o consequente comprometimento, por todos os profissionais, direta ou indiretamente envolvidos, para o adequado desenvolvimento dos trabalhos de administração de processos nas empresas.

A questão do comprometimento é uma das mais complexas na administração, sendo que muitos trabalhos deixam de apresentar resultados adequados porque as pessoas não se comprometem com o seu desenvolvimento e implementação. Portanto, devemos tomar muito cuidado com essa questão e, preferencialmente, abordar o seu contexto e conteúdo no início do desenvolvimento da administração de processos.

A partir da existência na empresa ou da contratação de um especialista em administração de processos, podem ser desenvolvidas cinco etapas apresentadas na Figura 3.2:

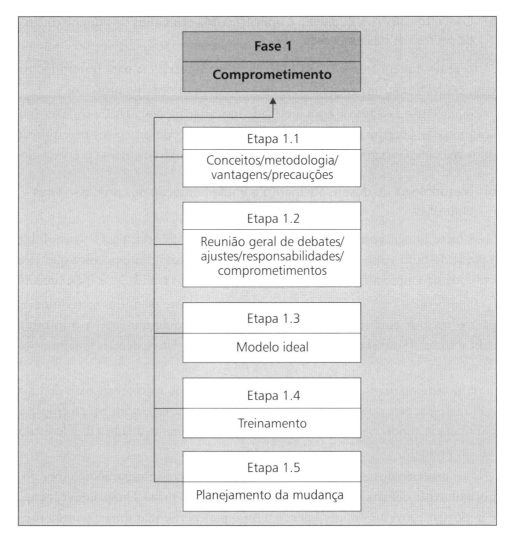

Figura 3.2 Etapas da fase de comprometimento.

Os aspectos básicos de cada uma das etapas da fase de comprometimento para com o desenvolvimento e a implementação dos processos nas empresas são:

ETAPA 1.1 Apresentação e debate da realidade da empresa, bem como dos conceitos, das propostas de metodologia e das vantagens e precauções no uso inerentes à administração de processos pelas empresas.

A principal finalidade desta fase é a apresentação, por um especialista em administração de processos, dos seguintes aspectos básicos:

a) Conceitos básicos, evolução e aplicação dos princípios de administração de processos nas empresas

O entendimento desse item é de elevada importância para que todos na empresa *falem a mesma língua* em termos de administração de processos.

Se você não concordar com a elevada importância desta fase, é só fazer um conjunto de perguntas a respeito de administração de processos na empresa onde trabalha. Certamente as respostas irão deixá-lo extremamente preocupado.

b) Metodologia de desenvolvimento e implementação dos processos nas empresas

A metodologia apresentada deve ser amplamente debatida para se consolidar, a partir do bom senso e consenso, a estrutura metodológica específica que será utilizada na empresa considerada, tendo em vista suas realidades e expectativas.

Conforme o caso, é válida a apresentação e o debate de outras metodologias para o melhor entendimento do assunto e, consequentemente, a otimizada aplicação da administração de processos pelos executivos e demais funcionários da empresa.

É muito importante essa sistemática de apresentação e debate de mais de uma metodologia, para que se consolide uma metodologia específica para a empresa considerada, tendo em vista sua realidade, principalmente a cultural e do estilo administrativo.

Esse processo de consolidação da metodologia de administração de processos normalmente demanda período de tempo de médio prazo. De qualquer forma, é importante investir em paciência e tempo para consolidar uma estrutura metodológica que, naturalmente, alavanque a empresa e seus resultados.

c) Análise e debate das vantagens da administração de processos para a empresa

A administração de processos, desde que bem aplicada, proporciona uma série de vantagens para a empresa.

O entendimento destas vantagens pelos diversos executivos e demais funcionários da empresa consolida sustentação conceitual e, consequentemente, maior nível de participação e comprometimento para com o desenvolvimento e a aplicação dos processos na empresa.

Algumas das vantagens que adequados processos administrativos proporcionam para as empresas são:

- eliminação de atividades e tarefas desnecessárias na busca de se agregar maior valor para o produto ou serviço oferecido ao cliente;
- foco de interação direcionada para o cliente do produto ou serviço, ou seja, quem efetivamente paga pelo resultado;
- questionamento otimizado sobre as maneiras e formas de realizar as tarefas e atividades na empresa; e
- consolidação de novo e melhor estilo de administração na empresa. Essa é a vantagem com maior amplitude para as empresas.

d) Análise e debate das precauções que devem ser consideradas no desenvolvimento e na implementação da administração de processos nas empresas

Para que o desenvolvimento e a implementação dos processos administrativos nas empresas sejam realizados de maneira otimizada, são necessárias determinadas precauções por parte dos executivos, como:

- ter bom senso de consolidar a administração de processos como estilo de administração voltado para os resultados, a sobrevivência e o crescimento da empresa;
- procurar efetivar a administração de processos como instrumento administrativo que considera toda a empresa; e
- interligar a administração de processos com os outros instrumentos administrativos da empresa, principalmente os que apresentam abordagem para toda a empresa (ver Capítulo 4).

Salienta-se que, tanto as vantagens como as precauções apresentadas, bem como outras enfocadas ao longo dos diversos capítulos, são explicadas de forma mais detalhada em momentos específicos deste livro.

Essa forma de apresentação está correlacionada ao fato de que a administração de processos tem elevada amplitude e sua análise e aplicação devem estar interagentes com outros sistemas e instrumentos administrativos da empresa.

Normalmente, a etapa 1.1 é realizada junto aos principais executivos da empresa, o que permite um delineamento geral da abordagem e da amplitude da

72 | Administração de Processos • Rebouças

administração dos processos a serem estabelecidos para a otimização do processo decisório e dos resultados da empresa.

Após este trabalho básico, o debate deve ser ampliado aos demais executivos e funcionários da empresa, bem como aprofundado o debate de questões básicas correlacionadas à administração de processos. Este momento corresponde à etapa 1.2, apresentada a seguir.

Entretanto, se for o caso, essas duas etapas podem ser agrupadas em uma só. Na realidade, o aglutinamento de etapas é possível – e pode ser interessante – para várias das etapas apresentadas a seguir.

Neste livro, procurou-se detalhar mais as etapas dentro das fases da metodologia para o desenvolvimento e a implementação dos processos administrativos, única e exclusivamente, para facilitar seu entendimento.

Em minhas atividades de consultor empresarial, tenho realizado uma série de agrupamentos de etapas. Mas lembre-se: isso só é possível se houver o conhecimento prévio de todas as partes – fases e etapas –, do conteúdo dessas partes e, principalmente, de como essas partes se interligam. Aliás, a interligação dessas partes é de suma importância para o otimizado desenvolvimento e implementação de todo e qualquer sistema ou instrumento administrativo, como é o caso da administração de processos.

Essa interligação deve ser consolidada em nível mais amplo, tendo os processos administrativos interligação com todos os outros instrumentos administrativos da empresa, como o planejamento estratégico e outros planejamentos – marketing, produção, orçamento etc. –, estrutura organizacional, processo decisório, avaliação de desempenho e de potencial, entre outros.

ETAPA 1.2 Desenvolvimento de reunião de trabalho com ampla participação de executivos-chave da empresa e debate de algumas questões essenciais para o melhor desenvolvimento dos processos na empresa

Algumas das questões a serem debatidas são:

a) Quais são as expectativas dos executivos e os objetivos da empresa?

Essa questão deve ser correlacionada com o processo de planejamento estratégico da empresa. Na realidade, os processos administrativos devem existir como sustentação e como facilitadores para que a empresa alcance seus objetivos, operacionalize as estratégias e consolide as políticas que foram anteriormente estabelecidas no planejamento estratégico.

b) Quais devem ser os objetivos do projeto de administração de processos na empresa?

Alguns dos objetivos do projeto de administração de processos que os executivos das empresas devem considerar e sobre os quais deve efetuar amplo debate são:

- aumento da produtividade da empresa;
- contribuição efetiva para o desenvolvimento e consolidação dos sistemas de qualidade na empresa;
- aumento da interação e agilidade com os clientes;
- aumento da flexibilidade estratégica, organizacional e operacional; e
- melhoria contínua dos resultados gerais e parciais da empresa.

c) Quais executivos e profissionais da empresa devem colaborar diretamente com o projeto de administração de processos? E de forma indireta? E quais as capacitações, habilidades e atitudes de cada um?

Esse pode ser um momento delicado, pois muitas pessoas podem querer participar do projeto de administração de processos na empresa, o que pode provocar algumas dúvidas:

- como distribuir os participantes em equipes multidisciplinares de trabalho?
- como identificar lideranças nessas equipes multidisciplinares?
- como identificar a real possibilidade de contribuição dos participantes?
- como estimular a otimizada participação de todos os membros das equipes multidisciplinares?
- como interligar e consolidar as diversas contribuições e pontos de vista de grande número de pessoas?
- como administrar a não incorporação de algumas contribuições que não sejam consideradas válidas?

Na prática, tem-se observado que existe forte resistência nas pessoas em serem avaliadas por seus colegas de trabalho, bem como de realizarem uma autoavaliação na frente de outras pessoas que as conhecem em suas atividades profissionais.

De qualquer forma, não se pode esquecer de que o aprendizado realizado a partir de contribuições dos colegas de trabalho é de elevada valia para o otimizado processo de evolução pessoal e profissional dos funcionários das empresas.

Uma ideia que pode facilitar essa análise, bem como contribuir para outros estudos, pode ser o formulário conforme apresentado na Figura 3.3:

Planos	Seleção para atuação no projeto de administração de processos		Data __/__/__	Nº
Assunto	Peso	Autoavaliação	Avaliação dos colegas	
Planejamento				
Visão dos negócios				
Inovação				
Estilo empreendedor				
Negociação				
Ação				
Postura para resultados				
Atuação para o mercado				
Organização				
Competência tecnológica				
Liderança				
Avaliação				

Figura 3.3 Seleção de candidatos para atuação no projeto de administração de processos.

Nesse formulário o candidato deve efetuar uma autoavaliação para o cargo ou função e os colegas que estejam mais envolvidos no projeto de administração de processos devem efetuar a avaliação do candidato, sendo que, mais importante que as notas – de 1 a 10 – são as justificativas das avaliações.

É fundamental que o processo seja realizado pelo menos mais uma vez, tendo em vista consolidar situação de relativo consenso.

Este projeto deve representar o bom senso e o consenso da equipe participante, formado por candidatos e não candidatos aos cargos e funções correlacionados ao projeto de administração de processos. Para cada um dos assuntos considerados no processo de seleção, devem ser estabelecidos os correspondentes pesos, de 6 a 10, por exemplo.

A seguir, são apresentadas as conceituações de cada um dos doze assuntos considerados na seleção de candidatos à atuação no projeto de administração de processos na empresa:

- **Planejamento** é a capacidade de diagnosticar e analisar situações atuais, de articular objetivos de forma integrada aos da empresa e de delinear estratégias – inclusive alternativas – para alcançar esses objetivos, bem como políticas que servem de sustentação a esse processo.

- **Visão dos negócios** é a capacidade de dominar e manusear informações relativas à situação e à missão da empresa, bem como de planejar de forma coerente com essa visão.

- **Inovação** é a capacidade de perceber, idealizar, estruturar e operacionalizar situações novas. É tornar o processo mais capaz, inserindo recursos atualmente não existentes na empresa.

- **Estilo empreendedor** é a capacidade de administrar situações novas e de assumir os riscos decorrentes das decisões tomadas.

- **Negociação** é a capacidade de concluir, oportunamente, situações desejadas e necessárias aos resultados da empresa, de forma interativa, com a consequente otimização das relações interpessoais.

- **Ação** é a capacidade de tomar e implementar as decisões necessárias para a solução das situações diagnosticadas, otimizando os recursos disponíveis.

- **Postura para resultados** é a capacidade de orientar-se e direcionar os recursos disponíveis para o alcance e a melhoria dos resultados previamente estabelecidos.

- **Atuação para o mercado** é a capacidade de alcançar resultados que melhorem e perenizem, harmoniosamente, a satisfação dos diversos públicos da empresa (clientes, fornecedores, comunidade, acionistas, funcionários etc.).

- **Organização** é a capacidade de ordenação, estruturação e apresentação de um processo, de um sistema, de um projeto, de um trabalho e dos recursos alocados.

76 | Administração de Processos • Rebouças

- **Competência tecnológica** é a capacidade de obter e deter o conjunto de conhecimentos e instrumentos administrativos que se aplicam a uma área de atuação.

- **Liderança** é a capacidade de obter o engajamento e a participação das pessoas no desenvolvimento e implantação dos trabalhos necessários ao alcance de metas, desafios e objetivos da empresa.

- **Avaliação** é a capacidade de comparar, objetiva e oportunamente, resultados obtidos a resultados previamente acordados entre as partes envolvidas e de estabelecer suas causas e consequências.

Verifica-se que existe sobreposição proposital entre alguns dos assuntos considerados na sistemática de seleção de candidatos e participantes no projeto de administração de processos, o que pode proporcionar maior segurança ao executivo catalisador da análise.

Na realidade, essa sistemática de identificação tem amplitude muito maior, pois possibilita, inclusive, a indicação dos coordenadores de cada um dos processos administrativos a serem considerados, tanto em nível estratégico como tático e operacional, o que permite *fechar* todo o sistema.

Lembre-se de que, mais importante que o resultado final da indicação estruturada dos participantes e dos coordenadores, é a própria sistemática de debate entre os diversos executivos e demais funcionários da empresa.

Essa sistemática consolida efetivo entendimento de *quem é quem* na empresa perante a administração de processos. No Capítulo 5, são apresentadas considerações a respeito do *perfil* básico do executivo realizador da moderna administração de processos nas empresas.

d) Quais devem ser os *papéis* dos diversos executivos envolvidos na administração de processos da empresa?

Atualmente, o delineamento da estrutura organizacional, além da definição das responsabilidades, das autoridades, do sistema de comunicações e do processo decisório, também considera o estabelecimento dos *papéis* e dos compromissos dos executivos e demais funcionários da empresa.

A adequada definição dos *papéis* não é um processo muito simples, mas proporciona situações para uma série de considerações a respeito das atividades e da forma de atuação dos diversos profissionais das empresas.

Somente para entendimento do que significa a análise, a negociação e o estabelecimento dos *papéis* dos executivos e demais funcionários de uma empresa, podem-se considerar três exemplos:

- Cargo: Gerente de Recursos Humanos
  - *Papel* em um momento atual: responsável pela catalisação e a administração dos profissionais da empresa, a partir de políticas e procedimentos estabelecidos e divulgados.
  - *Papel* em momento futuro: responsável pela catalisação e pela consolidação dos processos de mudanças na empresa.
- Cargo: Gerente de Auditoria Interna
  - *Papel* em um momento atual: responsável pela avaliação do cumprimento das políticas, normas e procedimentos da empresa.
  - *Papel* em um momento futuro: responsável pela consolidação e interação dos critérios e parâmetros de avaliação dos produtos, serviços e negócios atuais e potenciais.
- Cargo: Gerente de Planejamento Estratégico
  - *Papel* em um momento atual: responsável pelo desenvolvimento e implementação do planejamento estratégico da empresa.
  - *Papel* em um momento futuro: responsável pelo desenvolvimento dos negócios atuais e a consolidação de novos negócios.

Verifica-se, a partir dos três exemplos apresentados, que, dependendo do *papel* principal exercido pelo executivo da empresa, sua amplitude, forma de atuação, interação, responsabilidades e compromissos podem mudar, e muito, consolidando situações completamente novas na empresa, inclusive ocupando uma série de *espaços vazios* e proporcionando situação de enriquecimento do cargo e função do executivo ou funcionário da empresa.

O processo de estabelecimento de *papéis* deve ser adequadamente negociado entre os envolvidos, bem como deve ser desenvolvido de cima para baixo, enfocando o *papel* que o superior enxerga para o subordinado e qual o *papel* que o subordinado visualiza para si como ideal, para contribuir, direta ou indiretamente, para a alavancagem dos resultados da empresa.

e) Como conseguir o efetivo comprometimento dos diversos executivos e funcionários da empresa?

O comprometimento representa o outro *lado da moeda* da participação e pode ser o principal problema a ser administrado em todo e qualquer processo de mudança nas empresas. Isto porque os processos participativos têm proporcionado momentos interessantes para as empresas, inclusive em situações de maior amplitude, gerando focos de motivação que realmente *mexem* com as empresas.

Entretanto, não se tem observado, de maneira geral, o mesmo nível de comprometimento para com os resultados negociados e estabelecidos a partir do processo participativo.

Essa situação tem provocado dicotomia entre duas realidades que deveriam estar perfeitamente interagentes, tendo em vista consolidar estrutura e filosofia administrativa otimizadas para alavancar os resultados da empresa.

De qualquer forma, o comprometimento dos executivos e demais funcionários para com os resultados estabelecidos tem sido uma das principais preocupações das empresas. E quando se trabalha com estruturas metodológicas que interligam todas as partes e atividades da empresa, bem como todos os processos administrativos considerados na realidade da empresa, torna-se, pelo menos, um pouco mais fácil e lógico conseguir o efetivo comprometimento das pessoas para com os resultados esperados. Essa é a forma de trabalhar que o conteúdo deste livro procura levar e consolidar junto às empresas.

Quando a administração de processos é adequadamente planejada, leva em consideração as mudanças que podem ocorrer com as pessoas e procura minimizar esse impacto, para tornar essa nova situação agradável a todos os envolvidos na administração de processos da empresa. Embora essa seja uma situação relativamente difícil, devem-se envidar esforços para se consolidar essa nova realidade para a empresa.

Para Senge (1995, p. 11), as situações de aprendizagem baseiam-se na mudança e na evolução do pensar e agir do pessoal da empresa e de suas lideranças, de modo a melhorar o desempenho empresarial, permitindo adequada sustentação de mudanças.

f) O que deve ser comunicado, de maneira geral, aos funcionários da empresa para se conseguir o efetivo apoio e a confiança deles?

Em princípio, a resposta a essa pergunta só pode ser uma: "deve ser comunicado tudo".

Entretanto, esse "tudo" deve ser debatido – mas não questionado – pelas seguintes razões:

- os funcionários devem ser bem informados, pois somente dessa maneira podem assumir responsabilidades;
- o sistema de informações e seu processo disseminativo têm um custo para a empresa e, portanto, devem ser muito bem aplicados e utilizados; e
- existem formas simples e tradicionais de decompor e interagir subsistemas de informações, de tal maneira que deve ocorrer adequado direcionamento das informações para os focos decisórios, sem perder o contexto global do sistema de informações da empresa.

g) Quais são os principais aspectos da administração de processos que devem ser enfocados para que o projeto tenha sucesso?

Essa pergunta só pode ser respondida pela própria empresa considerada, pois deve respeitar sua realidade mercadológica, tecnológica, operacional, econômica, financeira e, principalmente, cultural.

É muito importante que a resposta surja do bom senso e consenso de todos os executivos e demais profissionais da empresa envolvidos na administração de processos.

h) Qual deve ser a amplitude da análise externa e interna da empresa?

A identificação dessa amplitude deve ser bem estabelecida, principalmente para o melhor delineamento da amplitude do negócio – ver seção 2.2.3 – e a interligação com o planejamento estratégico – ver seção 4.1 –, quando se devem considerar, no mínimo, as mudanças no mercado e nas tecnologias.

Quanto aos fatores internos da empresa, devem ser identificados os diversos processos e instrumentos administrativos a serem considerados para se otimizar a qualidade decisória na empresa.

Os fatores e os subfatores externos e internos identificados no diagnóstico estratégico – parte do processo de planejamento estratégico nas empresas – são importantes referências para a determinação dos focos básicos para o desenvolvimento dos processos administrativos nas empresas.

Portanto, uma ideia válida é considerar todos os fatores e subfatores externos e internos identificados no processo de planejamento estratégico, tal como parcialmente exemplificado a seguir.

Os fatores e subfatores externos ou não controláveis pela empresa podem ser:

I – Mercado:
- tendências de mercado;
- busca de novos negócios;
- ampliação dos negócios atuais; e
- segmentação de mercado.

II – Novos mercados:
- sistema de identificação e avaliação; e
- desenvolvimento e consolidação.

III – Concorrência:
- vantagens competitivas; e
- sistema de informações.

IV – Evolução tecnológica:
- tendências;
- identificação de tecnologias; e
- contratação de tecnologias.

V – Políticas governamentais:
- política ambiental;
- política fiscal/tributária/econômica;
- política trabalhista;
- política social e relações com a comunidade; e
- política externa.

VI – Fornecedores:
- parcerias;
- programas de melhoria de qualidade;
- preços; e
- segmentação.

VII – Mercado de mão de obra:

- qualidade;
- disponibilidade; e
- custo.

VIII – Associações de classe:
- informações; e
- interações.

IX – Mudanças conjunturais:
- abertura do mercado; e
- cenários (internacional, nacional e setorial).

Os fatores e subfatores internos ou controláveis pela empresa podem ser os seguintes:

I – Produtos e serviços atuais:
- diferencial competitivo;
- ciclo de vida; e
- tendências.

Obs.: Listar os produtos e os serviços que a empresa oferece ao mercado.

II – Novos produtos, serviços e negócios:
- diferencial competitivo;
- identificação de oportunidades; e
- tendências.

III – Sistemas de informações mercadológicas:
- pesquisas de mercado;
- qualidade das informações;
- tratamento e disseminação das informações; e
- utilização das informações.

IV – Processo decisório:
- sistema de informações gerenciais;
- relatórios gerenciais;
- estrutura de reuniões; e
- gestão dos negócios.

V – Vendas:

- estrutura de vendas;
- atendimento das expectativas dos clientes; e
- capacitação e treinamento.

VI – Logística:

- compras;
- importação;
- programação da produção;
- distribuição;
- entrega;
- movimentações;
- estoques;
- transportes;
- embalagem; e
- exportação.

VII – Assistência técnica:

- amplitude e forma de atuação (pós-venda); e
- aplicação do Código de Defesa do Consumidor.

VIII – Promoção:

- propaganda;
- publicidade;
- promoções; e
- eventos.

IX – Preços:

- formação de preços;
- margens; e
- referencial de mercado.

X – Custos:

- estrutura de custos;
- absorção e rateio de custos; e
- custeio por atividade.

XI – Imagem:

- perante os clientes;
- perante os fornecedores;
- perante os concorrentes;
- perante os funcionários;
- perante outras instituições; e
- avaliação da imagem.

XII – Tecnologia:

- pesquisa e análise de tecnologias;
- tecnologia adquirida;
- tecnologia absorvida;
- tecnologia do produto;
- tecnologia do serviço;
- tecnologia do processo;
- desenvolvimento tecnológico; e
- venda de tecnologia.

XIII – Qualidade total:

- programa de melhoria da qualidade;
- não conformidade;
- qualidade assegurada;
- qualidade certificada;
- resultado da qualidade e nível de satisfação do cliente; e
- assistência pós-venda.

XIV – Parque fabril:

- localização;
- modernização;
- processo produtivo;
- arranjo físico;
- instalações;
- segurança industrial; e
- manutenção.

XV – Estrutura organizacional:

- estilo administrativo;

84 | Administração de Processos • *Rebouças*

- responsabilidades;
- autoridades;
- sistema de comunicações;
- processo decisório; e
- estrutura para resultados.

XVI – Clima organizacional:

- flexibilidade para mudanças;
- participação com comprometimento; e
- sistemas de informações.

XVII – *Benchmarking*:

- pesquisa e identificação de referências;
- critérios e parâmetros; e
- análises.

XVIII – Recursos humanos:

- programas de formação profissional;
- relações trabalhistas e sindicais;
- sistema de capacitação e avaliação;
- qualidade de vida no trabalho;
- sistema de remuneração; e
- *endomarketing*.

XIX – Estrutura de capital:

- investimentos;
- imobilizado;
- capital de giro; e
- endividamento.

XX – Resultados econômico-financeiros:

- lucratividade da empresa;
- rentabilidade do produto ou serviço;
- remuneração por resultados;
- fluxo de caixa; e
- indicadores de desempenho.

Com base nesse exemplo de lista de fatores e subfatores externos e internos identificados, e considerando a realidade da empresa, deve-se desenvolver o diagnóstico estratégico, tendo em vista consolidar perfeita interação dos processos administrativos com o planejamento estratégico da empresa (mais detalhes são apresentados na seção 4.1).

O diagnóstico estratégico corresponde à primeira fase do desenvolvimento do planejamento estratégico e procura responder à pergunta básica "qual a real situação da empresa quanto a seus aspectos internos e externos?", verificando o que a empresa tem de bom, de regular ou de ruim em seu processo administrativo.

O diagnóstico deve ser interno e externo à empresa. Pode-se afirmar que as projeções completam o diagnóstico, uma vez que, combinando-se os dois, obtém-se a projeção-base, que corresponde a uma estimativa futura, com base na situação atual.

Salienta-se que as projeções simplesmente proporcionam estimativas do futuro, enquanto, através do planejamento estratégico, a empresa procura, efetiva e deliberadamente, alterar os estados futuros.

O diagnóstico, que corresponde a uma análise estratégica, apresenta algumas premissas básicas, a saber:

- deve-se considerar o ambiente e suas variáveis relevantes no qual está inserida a empresa;
- esse ambiente proporciona à empresa oportunidades que devem ser usufruídas e ameaças que devem ser evitadas;
- para enfrentar essa situação do ambiente externo, a empresa deve ter pleno conhecimento de seus pontos fortes e fracos internos; e
- esse processo de análise interna e externa deve ser integrado, contínuo, evolutivo, sistêmico e avaliado.

O diagnóstico estratégico apresenta determinados componentes, que são apresentados a seguir:

- **pontos fortes** são as variáveis internas e controláveis que propiciam uma condição favorável para a empresa em relação a seu ambiente, onde estão as oportunidades e as ameaças não controláveis;
- **pontos fracos** são as variáveis internas e controláveis que provocam uma situação desfavorável para a empresa em relação a seu ambiente;

86 | Administração de Processos • *Rebouças*

- **oportunidades** são as variáveis externas e não controláveis pela empresa que podem criar condições favoráveis para a empresa, desde que ela tenha condições e/ou interesse de usufruí-las; e

- **ameaças** são as variáveis externas e não controláveis pela empresa que podem criar condições desfavoráveis para ela.

Os pontos fortes e fracos compõem a análise interna da empresa, enquanto as oportunidades e ameaças compõem sua análise externa.

Os pontos fortes e fracos representam as variáveis controláveis, enquanto as oportunidades e as ameaças representam as variáveis não controláveis pelas empresas. Fica evidente que o problema maior são as variáveis sobre as quais não se tem controle.

Se existir algum fator ou subfator do diagnóstico estratégico, para o qual exista dificuldade para classificá-lo, no momento, como ponto forte ou ponto fraco, e lembrando que não se pode jogar nenhum fator para fora da análise, o mesmo deve ser classificado como ponto neutro.

Ponto neutro é o fator identificado pela empresa, mas não existem, no momento, critérios para alocar o mesmo em uma situação como forte ou fraco. Essa adequação será realizada assim que existir algum critério para análise.

Para a execução do diagnóstico estratégico é necessário ter acesso a uma série de informações, estar preparado para fazê-lo, saber que informações são desejadas, quais as informações pertinentes e como obtê-las. Essas fontes de informações podem ser internas e externas à empresa.

O conjunto das informações externas e internas à empresa forma o sistema de informações global da empresa. Naturalmente, desse total você deverá saber extrair as informações gerenciais, das quais a empresa realmente precisa para ser eficaz em seu processo decisório. Mais detalhes sobre a interação entre processos administrativos e os relatórios gerenciais são apresentados na seção 4.6.

ETAPA 1.3 Estruturar o modelo ideal de administração de processos tendo em vista a realidade da empresa.

Esse pode representar um dos momentos mais importantes para o adequado desenvolvimento e implementação dos processos nas empresas. Isto porque esse modelo ideal deve representar a efetiva possibilidade de alterar, para melhor, a atual realidade da empresa.

Sem querer induzir você, é apresentada, a seguir, a continuação de uma série de fases e etapas da metodologia de desenvolvimento e implementação dos processos administrativos na empresa.

Portanto, a partir desse momento o conjunto de fases e etapas deve ser considerado exclusivamente orientativo para debate da questão e facilitador para o delineamento da estrutura metodológica ideal para a empresa considerada.

ETAPA 1.4 Treinar todos os envolvidos.

Essa pode ser considerada uma premissa para o adequado desenvolvimento e consolidação da administração de processos nas empresas.

O treinamento deve ser tanto conceitual como operacional, enfocando, nesse caso, principalmente o treinamento *na tarefa*. O treinamento também deve considerar a interligação dos processos com outros instrumentos administrativos da empresa, conforme apresentado no Capítulo 4.

ETAPA 1.5 Elaborar o planejamento estruturado de todo o processo de mudanças.

Nesse momento, a administração de processos deve utilizar a técnica de **desenvolvimento organizacional**, que representa uma metodologia administrativa para consolidar e otimizar mudanças a longo prazo através da minimização das resistências e a otimização das interações interpessoais.

Também efetiva a consolidação dos agentes de mudanças e consultores – externos e/ou internos à empresa –, incluindo o delineamento de sua forma de atuação.

O tratamento da administração do processo de mudanças é abordado na seção 4.8.1.

FASE 2: ESTRUTURAÇÃO

A finalidade desta fase é a identificação de todos os aspectos a serem considerados para os adequados desenvolvimento e implementação dos processos administrativos, bem como a estruturação básica de todas as fases, etapas e atividades a serem realizadas, respeitando a realidade da empresa.

A premissa básica dessa fase é de que todo este trabalho esteja orientado aos clientes da empresa, o que representa a principal sustentação para a consolidação da abordagem estratégica dos processos.

As principais etapas que fazem parte da fase 2 da metodologia de desenvolvimento e implementação dos processos administrativos nas empresas são apresentadas na Figura 3.4:

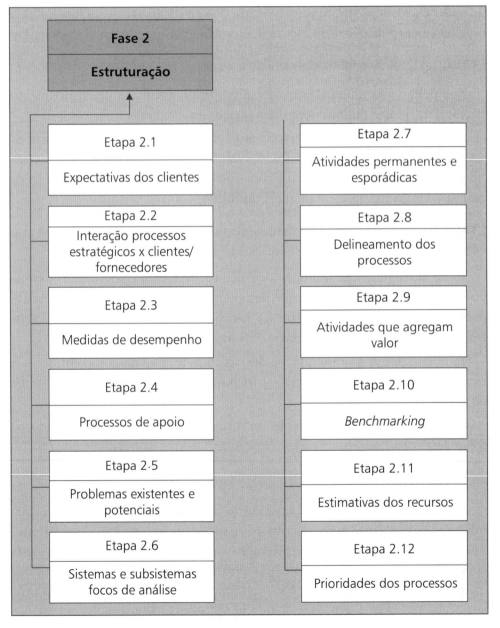

Figura 3.4 Etapas da fase de estruturação.

Os aspectos básicos de cada uma das doze etapas da fase 2 da metodologia de desenvolvimento e implementação dos processos nas empresas são:

ETAPA 2.1 Identificar as expectativas dos clientes.

O foco básico dessa etapa é a consolidação da empresa com postura de atuação voltada para as necessidades e expectativas dos clientes e do mercado.

Essa tem sido uma postura de atuação básica para toda e qualquer empresa que pretende se manter no mercado; entretanto, apesar de seu aspecto óbvio, não se encontra essa situação em toda e qualquer empresa.

Essa situação tem levado ao aprimoramento e à disseminação dos processos de marketing total – ver seção 4.5 –, cuja finalidade maior é consolidar interação ativa de todas as atividades e unidades organizacionais da empresa para com as necessidades e expectativas dos clientes e mercados.

ETAPA 2.2 Identificar os processos estratégicos da empresa que interagem com os processos dos clientes e dos fornecedores.

A partir do planejamento estratégico, é possível o delineamento das várias estratégias empresariais que otimizam a interação da empresa para com o ambiente empresarial, onde estão as variáveis e os fatores não controláveis pela empresa.

Dentro da amplitude total do ambiente empresarial, podem ser enfocados os fornecedores e os clientes, tendo em vista, principalmente, cortar transversalmente a empresa desde seus insumos básicos – proporcionados pelos fornecedores –, passando por seu sistema de logística e chegando até o final do processo representado pelos clientes.

Naturalmente, a avaliação desse corte transversal deve ser efetuada no sentido inverso, ou seja, parte-se dos clientes – com suas necessidades e expectativas –, passa-se pela logística da empresa e chega-se aos fornecedores.

Esse enfoque através do corte transversal na empresa é de elevada importância para o posterior delineamento dos vários processos da empresa, tudo de acordo com as relações fornecedores *versus* clientes, tanto externos como internos da empresa.

ETAPA 2.3 Estabelecer e aplicar medidas de desempenho para os processos da empresa interagentes com os clientes e fornecedores.

As medidas de desempenho devem ser resultantes do processo de planejamento estratégico desenvolvido de forma interligada com todos os outros sistemas e

90 | Administração de Processos • *Rebouças*

instrumentos administrativos da empresa, tais como qualidade total, produtividade total, marketing total, avaliação de desempenho.

Somente como exemplos são apresentados, na seção 4.3, alguns indicadores de desempenho que as empresas podem utilizar em seu processo decisório, quando consideram o assunto da qualidade total. Naturalmente, os indicadores devem ser específicos para cada assunto considerado; entretanto, também devem permitir uma análise interativa e conjunta dos diversos assuntos e indicadores da empresa.

Na seção 3.3 são apresentados indicadores de desempenho para avaliação e aprimoramento de processos administrativos.

ETAPA 2.4 Identificar os processos de apoio aos delineamentos estratégicos da empresa.

Existe um princípio básico em administração, o qual, infelizmente, apenas algumas empresas respeitam. Esse princípio afirma que as atividades-fim devem ser estruturadas para atender às necessidades e expectativas do mercado; e as atividades de apoio devem ser estruturadas para atender às necessidades das atividades-fim.

Com base neste inquestionável princípio, a empresa deve estabelecer, a partir de seu planejamento estratégico, os vários processos estratégicos que estejam contribuindo para a sustentação e/ou a alavancagem dos resultados da empresa.

Como exemplos de processos estratégicos, podem-se citar:

- lançamento – ou retirada – de um produto ou serviço;
- consolidação de uma vantagem competitiva;
- entrada – ou saída – em um novo mercado;
- compra ou venda de um negócio ou empresa; e
- desenvolvimento ou compra de uma tecnologia.

A partir da definição dos processos estratégicos, podem ser identificados seus processos de apoio, os quais devem ter um tratamento diferente dos processos estratégicos.

Como exemplos de processos de apoio, têm-se:

- desenvolvimento de sistemas de produtividade;
- desenvolvimento de sistema de avaliação de desempenho; e
- desenvolvimento de sistemas de controle.

ETAPA 2.5 Identificar os problemas e estruturar o processo de atuação sobre eles.

Para cada um dos focos de análise identificados, por exemplo, a partir dos fatores e subfatores externos e internos do planejamento estratégico – ver item *h* da etapa 1.2 – são identificados os problemas existentes, bem como os potenciais.

Com base em debates junto às equipes multidisciplinares envolvidas, direta ou indiretamente, com cada assunto, são estabelecidas as formas e os processos de atuação dos diversos profissionais.

É importante também fazer interagir este processo com o resultado do estudo do planejamento da mudança conforme estabelecido na etapa 1.5.

ETAPA 2.6 Identificar os sistemas e os subsistemas focos de análise.

Sistema já foi definido como um conjunto de partes interagentes e interdependentes que, conjuntamente, formam um todo unitário com determinado objetivo e efetuam determinada função na empresa.

Os sistemas apresentam alguns componentes, a saber:

- os objetivos, que se referem tanto aos objetivos dos usuários do sistema, quanto aos do próprio sistema. O objetivo é a própria razão da existência do sistema, ou seja, é a finalidade para a qual o sistema foi criado;
- as entradas do sistema, cuja função caracteriza as forças que fornecem ao sistema os materiais, as energias e as informações para operação ou processo, o qual gera determinadas saídas do sistema que devem estar em sintonia com os objetivos anteriormente estabelecidos;
- o processo de transformação do sistema, que é definido como a função que possibilita a transformação de um insumo (entrada) em um produto, serviço ou resultado (saída). Esse processador é a maneira pela qual os elementos componentes interagem no sentido de produzir as saídas desejadas;
- as saídas do sistema, que correspondem aos resultados do processo de transformação. As saídas podem ser definidas como as finalidades para as quais se uniram objetivos, atributos e relações do sistema. As saídas devem ser, portanto, coerentes com os objetivos do sistema; e, tendo em vista o processo de controle e avaliação, as saídas devem ser quantificáveis, de acordo com critérios e parâmetros previamente fixados;

- os controles e as avaliações do sistema, principalmente para verificar se as saídas estão coerentes com os objetivos estabelecidos. Para realizar de maneira adequada, é necessária uma medida do desempenho do sistema, chamada padrão; e
- a retroalimentação, ou realimentação, ou *feedback* do sistema, que pode ser considerado como a introdução de uma saída sob a forma de informação. A realimentação é um processo de comunicação que reage a cada entrada de informação, incorporando o resultado da ação-resposta desencadeada por meio de nova informação, a qual afetará seu comportamento subsequente, e assim sucessivamente. Essa realimentação é um instrumento de regulação retroativa ou de controle, em que as informações realimentadas são resultados das divergências verificadas entre as respostas de um sistema e os parâmetros previamente estabelecidos. Portanto, o objetivo do controle é reduzir as discrepâncias ao mínimo, bem como propiciar uma situação em que esse sistema se torna autorregulador.

Os componentes de um sistema podem ser visualizados na Figura 3.5:

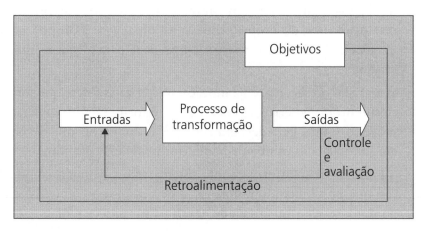

Figura 3.5 Componentes de um sistema.

Ambiente de um sistema é o conjunto de elementos que não pertencem ao sistema, mas qualquer alteração no sistema pode mudar ou alterar seus elementos e qualquer de seus elementos pode mudar ou alterar o sistema.

A segunda situação – atuação dos elementos do ambiente para com o sistema – é mais fácil de ocorrer que a primeira situação – atuação do sistema para com os elementos do ambiente.

Existem dois conceitos que facilitam o entendimento do sistema considerado e sua integração com o ambiente (Von Bertalanffy, 1972, p. 94):

- **equifinalidade**, segundo a qual um mesmo estado final pode ser alcançado, partindo de diferentes condições iniciais e por maneiras diferentes; e
- **entropia negativa**, que mostra o empenho dos sistemas para se organizarem para a sobrevivência, através de maior ordenação.

O processo entrópico decorre de uma lei universal da natureza, na qual todas as formas de organização se movem para a desorganização e morte. Entretanto, os sistemas abertos, como é o caso das empresas, podem gerar entropia negativa, por intermédio da maximização da energia importada, o que pode ser obtido via maximização da eficiência com que o sistema processa essa energia.

Quando do estudo do processo entrópico, normalmente se considera esse processo em sua forma negativa. Mas a entropia também pode estar em sua forma positiva, ou seja, na afirmação da desorganização e do desgaste.

O executivo catalisador da administração de processos sabe que a realidade das empresas é extremamente dinâmica, alterando-se a cada instante, por intermédio de modificações ocorridas nos níveis de abrangência e influência e nos elementos condicionantes e componentes da estrutura organizacional. Desse modo, as constantes microalterações podem determinar, ao longo do tempo, total desorganização dos sistemas, levando-os a promover elevada entropia e consequente desaparecimento, desde que não sejam ajustados à nova realidade existente.

As microalterações, quando se considera a administração de processos, são muito piores do que as macroalterações, pois enquanto estas alertam os executivos para os clamorosos desajustes existentes entre os sistemas e a realidade que os mesmos tratam, aquelas só serão percebidas após certo período de tempo, durante o qual as pequenas alterações podem ter gerado grande dose de ineficiência e entropia positiva.

O conceito de adaptação de um sistema é definido por Ackoff (1974, p. 12) como resposta a uma mudança – estímulo – que reduz, de fato ou potencialmente, a eficiência do comportamento de um sistema; e uma resposta pode ser interna – dentro do sistema – ou externa – em seu ambiente.

Portanto, o referido autor admite que possa haver mudanças no próprio sistema, refletindo-se no ambiente ou no próprio sistema e, consequentemente, nos processos administrativos. Assim, adaptação é a habilidade do sistema para se modificar ou modificar seu ambiente quando algum deles sofreu mudança.

Resultariam, então, de acordo com o referido autor, quatro tipos de adaptação, para os quais o executivo catalisador da administração de processos deveria estar atento:

- adaptação ambiente *versus* ambiente: ocorre quando um sistema reage a uma mudança ambiental, modificando o ambiente;
- adaptação ambiente *versus* sistema: ocorre quando um sistema se modifica para reagir a uma mudança ambiental;
- adaptação sistema *versus* ambiente: ocorre quando um sistema reage a uma mudança interna, modificando o ambiente; e
- adaptação sistema *versus* sistema: ocorre quando um sistema reage a uma mudança interna, modificando a si mesmo.

O comportamento intencional dos envolvidos também afeta o processo de adaptação dos sistemas, visto que pode ter certas finalidades, entre as quais podem estar a manutenção dos valores de determinadas variáveis do sistema ou o encaminhamento a objetivos almejados. Esse comportamento pode estar baseado na preservação da forma de atuação do sistema, na natureza das transformações ou na tendência para sistemas mais complexos e diferenciados.

A preservação do processo de atuação do sistema estabelece que o ciclo de eventos de um sistema pode conduzi-lo a um estado firme ou a um processo entrópico. A eficiência com que o sistema trabalha pode conduzir a uma relação saídas *versus* entradas cada vez maior ou menor, o que corresponde a uma entropia negativa ou positiva.

O estado firme caracteriza a constância da relação saídas *versus* entradas, isto é, caracteriza a constância no intercâmbio de energia com o ambiente. Conquanto a tendência de um estado firme em sua forma mais simples seja homeostática, ou seja, apresenta equilíbrio, o princípio básico é o da preservação do processo de atuação do sistema, com intenção de fazer com que o mesmo continue a ser coerente com os objetivos a serem alcançados.

Entretanto, é desejável que tanto o estado homeostático como a preservação do processo de atuação do sistema sejam levados a efeito de forma dinâmica, isto é, de modo que ocorram contínuos ganhos de eficiência do processador, que podem ser expressos pela relação saídas *versus* entradas.

Pela natureza das transformações, o processador de um sistema, que é o conjunto de elementos inter-relacionados e interagentes que transformam as entradas em saídas, pode apresentar-se de forma bastante clara ou substancialmente obscura.

Apesar de o processador ser entendido como uma forma particular de processar as transformações das entradas, as quais podem ser facilmente identificadas e compreendidas, mesmo de outra forma de difícil identificação e entendimento, mediante a ocorrência de certas entradas, podem-se prever as saídas, por intermédio de uma correlação entre ambos, representados pelas entradas e saídas.

Portanto, por intermédio de previsões existe a possibilidade de estabelecer a trajetória dos sistemas e subsistemas ao longo do tempo. Pode-se, ainda, por intermédio de adequada utilização de instrumentos de planejamento, organização, direção e controle, determinar a trajetória desejada.

Essa abordagem pode auxiliar você a identificar os sistemas e subsistemas que devem ser focos de análise na administração de processos nas empresas.

Um aspecto que muito auxilia na alavancagem dos processos administrativos é o nível de qualidade das informações. A tendência para sistemas mais complexos e diferenciados estabelece que os sistemas são particularmente dinâmicos, variando, entretanto, a velocidade e as maneiras pelas quais vão tornando-se complexos e diferenciados ao longo do tempo.

O avanço tecnológico, o crescimento dos mercados, o aumento da concorrência, o aumento da complexidade e da efervescência dos aspectos econômicos, políticos e sociais levam os sistemas mais simples a se transformar em complexos, caracterizando-se, em consequência, por um volume maior de entropia positiva e desagregação, e exigindo técnicas mais avançadas para evitar o envelhecimento e a morte.

Essa é uma realidade que está acontecendo no mundo atual e esse processo de mudança global se intensificará ao longo das próximas décadas, e as empresas – as quais são sistemas – que não estiverem atentas a isso estão fadadas à entropia positiva, ao envelhecimento e à morte.

A homeostase, que é obtida através de realimentação, procura manter os valores de variáveis dentro de uma faixa estabelecida, mesmo na ocorrência de estímulos, para que ultrapassem os limites desejados. É o caso de uma empresa estabelecer determinados mecanismos para que os custos dos produtos e serviços se mantenham sempre dentro de determinados níveis.

Um sistema pode sair de uma homeostase para outra homeostase bastante diferente. Esse processo denomina-se heterostase, que pode explicar para os sistemas empresariais os processos de crescimento, diversificação, entropia negativa e outros. Nesse caso, como novos níveis de equilíbrio são estabelecidos, consequentemente o sistema passará a ter novos objetivos. A administração de processos utiliza constantemente o princípio da heterostase.

Existe o conceito de estado quase estacionário, pelo qual a permanente adaptação dos sistemas nem sempre os traz de volta a seu nível primitivo. Isso se deve ao fato de que sistemas vivos buscam importar mais do que o estritamente necessário para que permaneçam no estado estacionário, esforçando-se para garantir sua sobrevivência por meio de acúmulo de uma reserva de segurança. Esse conceito é importante para entender a validade de as empresas consolidarem evoluções contínuas nos processos administrativos em cada uma de suas revisões, bem como o processo evolutivo das empresas em seu ambiente.

Outro aspecto importante é o da informação, que está correlacionado à redução de incerteza que existe quanto ao ambiente do sistema. O intercâmbio de um sistema aberto com seu ambiente processa-se através de matéria, de energia e de informação, sendo que o fluxo desses componentes entre dois sistemas processa-se através de seus canais de comunicação, que correspondem às interfaces dos sistemas.

Todos esses conceitos básicos de sistemas empresariais devem ser debatidos e utilizados na administração de processos nas empresas.

ETAPA 2.7 Identificar as atividades permanentes e as esporádicas para cada sistema e subsistema estabelecido.

Também é muito importante que o executivo catalisador do desenvolvimento e da implementação dos processos na empresa identifique o conjunto de atividades de cada sistema e subsistema anteriormente estabelecido.

A seguir, deve separar as atividades permanentes e as atividades esporádicas para os processos analisados. Isso porque o tratamento a cada um desses dois conjuntos de atividades deve ser bem diferenciado.

As atividades permanentes devem ser analisadas quanto à sua efetiva necessidade para a consolidação dos produtos ou serviços oferecidos aos clientes e ao mercado em geral.

As atividades esporádicas devem ter o início de sua análise dentro de uma estrutura de administração por projetos. Salienta-se que essa análise dentro de uma estrutura de administração por projetos vai ganhando consistência ao longo do desenvolvimento de outras etapas dessa metodologia de desenvolvimento e implementação de processos, até chegar ao ponto em que o processo decisório pelos executivos da empresa fique em situação otimizada.

ETAPA 2.8 Estabelecer os processos para os sistemas e subsistemas identificados.

Nessa etapa, que representa, na prática, a operacionalização da etapa 2.6, devem ser considerados, no mínimo, os seguintes itens:

- estabelecimento do objetivo do processo principal;
- identificação das entradas e saídas do processo principal; e
- identificação de interação com outros processos identificados.

Verifica-se que essa etapa representa o maior dispêndio de tempo entre as várias etapas da fase 2 da metodologia. Portanto, a equipe de trabalho em processos deve consolidar elevado nível de esforços para efetivar situação com otimizado detalhamento para facilitar o desenvolvimento das próximas etapas da metodologia.

Os processos ocorrem de maneira natural e sistemática na operação diária de uma empresa e, nesse contexto, tomam determinado insumo e o transformam para criar e consolidar um resultado, o qual deve ter sido identificado antes do início do desenvolvimento do processo.

A qualidade no delineamento dos processos, principalmente do processo básico da empresa – decorrente da estratégia principal da empresa – se torna cada vez mais importante, geralmente quando se lembra de que os projetos de reengenharia (ver seção 2.2) – que representam a parte mais forte dos processos –, baseados exclusivamente no corte de pessoal, não apresentaram resultados satisfatórios, principalmente quando a análise é realizada em médio ou longo prazo.

ETAPA 2.9 Identificar as atividades principais que agregam valor.

A partir da definição dos processos interagentes com as questões estratégicas e as questões de apoio, identificadas com foco nos clientes e com base nos diversos processos definidos, é possível identificar as atividades principais que agregam valor. Naturalmente, essas atividades devem ser o foco da empresa, pois elas é que contribuem diretamente para alavancar os resultados da empresa analisada.

A administração de processos deve criar valor agregado tanto para a própria empresa quanto para os seus clientes; e, preferencialmente, de maneira forte para os dois lados.

Do ponto de vista da empresa, o principal aspecto é o valor agregado acionário da empresa, resultante do valor agregado de seus produtos e serviços oferecidos aos clientes e ao mercado em geral.

Esse valor agregado acionário da empresa, também denominado valor econômico agregado, é uma importante questão estratégica a ser debatida pelas empresas. Mais informações a respeito de valor agregado são apresentadas na seção 4.1.1.

Nesse processo de análise, o principal fator é o estabelecimento de medidas de desempenho reais, efetivas e duradouras que permitam à empresa medir o quanto de valor está sendo criado – ou destruído – pela empresa, principalmente quando se considera a administração de processos em sua abordagem de reengenharia, seja em nível de processos, organizacional e, principalmente, em nível estratégico ou de negócios.

Uma forma simplificada de calcular o valor econômico agregado de uma empresa é considerar, por exemplo, que seu capital é de R$ 70 milhões, o custo deste capital é de 10% e, se essa empresa tiver um resultado global positivo de R$ 20 milhões no ano, pode-se considerar, de maneira genérica, que o valor econômico agregado ou adicional da empresa foi de R$ 13 milhões (R$ 20 milhões menos 10% de R$ 70 milhões). Mas essa é uma forma muito simplista que pode conduzir o processo decisório da empresa a situações de difícil administração.

Para fazer o cálculo do valor agregado, pode-se considerar o acréscimo de outros instrumentos administrativos, tais como o retorno do fluxo de caixa sobre o investimento, auxiliado por alguma técnica de delineamento estratégico, para facilitar a análise comparativa com outras empresas. No livro *Estratégia empresarial e vantagem competitiva*, dos mesmos autor e editora, são apresentadas algumas técnicas estratégicas.

O retorno do fluxo de caixa sobre o investimento compara os fluxos de caixa da empresa perante o capital, com valor atualizado, que está sendo utilizado para produzir esses fluxos de caixa. Portanto, evita o tradicional cálculo pelo lucro contábil ajustado sendo, consequentemente, uma medida muito próxima do montante de dinheiro no caixa da empresa.

Como essas duas formas de análise consideram situações passadas, o que não é o mais adequado, tendo em vista o cálculo do valor agregado, pode-se considerar o cálculo do valor de mercado agregado, que é resultante do capital acionário e das dívidas da empresa menos o capital total da empresa (ações, empréstimos, lucros retidos).

De qualquer forma, o ideal é não considerar apenas os dados contábeis, tais como o retorno sobre o capital empregado ou os ganhos por ação.

E não se deve esquecer de se consolidar uma situação em que outros diversos aspectos sejam considerados, tais como a depreciação, as avaliações das marcas da empresa e dos seus produtos e serviços, bem como outros assuntos que sejam tratados de forma diferente, de acordo com a estruturação contábil adotada pela empresa.

Inclusive, quando se considera o foco de análise do capital no estudo do valor agregado, sempre se deve ter em mente que as estratégias e os processos de inovação – tecnologia, processos, produtos, serviços, administração – são de elevada importância em um contexto de análise mais adequada para a empresa.

ETAPA 2.10 Mapear a empresa e aplicar *benchmarking*.

As diversas análises anteriormente realizadas permitem mapear a empresa com seus vários sistemas e subsistemas, atividades e processos, bem como estabelecer indicadores de desempenho.

Nesse momento, devemos iniciar um processo de *benchmarking* para identificar, conhecer e aplicar as várias realidades boas de outras empresas que tenham uma situação comparável com a nossa empresa.

Benchmarking corresponde à identificação de um ponto de referência ou padrão externo, pelo qual nossas atividades podem ser medidas ou avaliadas, dentro de um processo de melhoria contínua.

Esses padrões de referência devem ser, preferencialmente, os nossos mais fortes concorrentes ou empresas reconhecidas como líderes do setor de atuação.

Mais detalhes a respeito do *benchmarking*, principalmente quanto à sua operacionalização, são apresentados na seção 4.5, quando do tratamento das questões mercadológicas.

ETAPA 2.11 Estimar os recursos necessários para os processos estabelecidos.

Nessa etapa, você deve realizar algumas estimativas, como:

- o valor esperado em cada atividade principal do processo;
- os volumes de transações; e
- as frequências das transações.

Essas análises permitem que você estime os recursos necessários para cada um dos processos estabelecidos. Esses recursos estimados devem ser em termos de pessoas, máquinas e equipamentos, espaço, tempo e dinheiro.

Verifica-se que essa análise é de suma importância para uma das informações básicas da administração por projetos, que é representada pelos recursos necessá-

100 | Administração de Processos • *Rebouças*

rios, tendo em vista uma posterior análise da relação de custos *versus* benefícios, bem como das negociações e da definição de quanto os clientes externos e internos da empresa pagam pelos produtos e serviços oferecidos em cada um dos momentos dos processos delineados na empresa.

Você deve se lembrar de que os projetos são aplicados em análise de atividades esporádicas ou em início de verificação de validade; e os processos são aplicados em atividades que estão se tornando – ou já se tornaram – rotineiras na empresa.

ETAPA 2.12 Priorizar os processos.

A última etapa da fase 2 da metodologia de desenvolvimento e implementação dos processos nas empresas pode ser considerada a priorização dos diversos processos administrativos.

A prioridade pode ser estabelecida de três maneiras:

- de forma não estruturada, em que a experiência e a vivência dos executivos estabelecem a ordem de importância dos assuntos;
- de forma estruturada, a partir da administração por projetos, a qual vai se consolidando ao longo da metodologia apresentada neste livro; e
- de forma semiestruturada, em que os executivos debatem alguns aspectos gerais do processo.

Nesta última situação, pode-se adotar a técnica GUT – Gravidade/Urgência/Tendência –, que aborda, de forma resumida, os aspectos apresentados a seguir.

Considera-se de gravidade todo o processo ou atividade que afeta profundamente a essência, o objetivo ou o resultado da empresa, ou da unidade organizacional, quando interagente com as necessidades e expectativas dos clientes da empresa. Sua avaliação decorre do nível de dano ou prejuízo decorrente dessa situação. Para tanto, são feitas as seguintes perguntas básicas, com a correspondente escala de pontos:

Perguntas	Escala
O dano é extremamente importante?	5
O dano é muito importante?	4
O dano é importante?	3
O dano é relativamente importante?	2
O dano é pouco importante?	1

Considera-se urgência o resultado da pressão do tempo que o sistema, subsistema, processo ou atividade sofre ou sente. Sua avaliação decorre do tempo de que se dispõe para atacar a situação ou para resolver a situação provocada pelo fato considerado. Para tanto, são feitas as seguintes perguntas básicas, com a correspondente escala de pontos:

Perguntas	Escala
Tenho de tomar uma ação bastante urgente?	5
Tenho de tomar uma ação urgente?	4
Tenho de tomar uma ação relativamente urgente?	3
Posso aguardar?	2
Não há pressa?	1

Considera-se tendência o padrão de desenvolvimento da situação, e sua avaliação está correlacionada ao estado que a situação apresentará, caso você não aloque esforços e recursos adicionais, visando melhorar os processos para otimizar a interação da empresa para com as necessidades e expectativas dos clientes. Para tanto, deve-se responder às seguintes perguntas:

Perguntas	Escala
Se mantiver a mesma forma e intensidade de atuação, a situação vai piorar (crescer) muito?	5
Se mantiver a mesma forma e intensidade de atuação, a situação vai piorar (crescer)?	4
Se mantiver a mesma forma e intensidade de atuação, a situação vai permanecer?	3
Se mantiver a mesma forma e intensidade de atuação, a situação vai melhorar (desaparecer)?	2
Se mantiver a mesma forma e intensidade de atuação, a situação vai melhorar (desaparecer) completamente?	1

O fechamento das prioridades é realizado pela multiplicação dos pontos obtidos no GUT por cada um dos processos, assuntos ou sistemas considerados, sendo prioritários os que obtiverem maior pontuação.

O estabelecimento de prioridades também facilita ao executivo da empresa estabelecer os momentos e situações em que os processos identificados devem receber um tratamento mais forte, representado pela reengenharia, inclusive em seu contexto mais estratégico. Isso porque alguns processos podem estar no programa de curto prazo – três meses, por exemplo –, enquanto outros processos podem estar alocados nos programas de longo prazo – dois a três anos.

FASE 3: ANÁLISE

A finalidade básica dessa fase é a estruturação final da sistemática da administração de processos para sua efetiva aplicação na próxima fase da metodologia.

Portanto, neste momento, deve-se decompor e detalhar algumas das etapas apresentadas na fase anterior.

Algumas das perguntas a serem respondidas por você nesta fase são:

- Qual o sistema que agrega o processo principal, inerente ao negócio básico da empresa?

- Quais os principais processos, atividades e passos que são partes integrantes dos sistemas selecionados? Em que ordem eles são executados? Por quê?

- Como os recursos, as informações e os trabalhos fluem através de cada processo identificado e selecionado na fase anterior?

- Por que são feitas atividades, tarefas e procedimentos do jeito atual? Por que não são alteradas? Que questionamentos há em relação à validade e à qualidade do fluxo de trabalho, políticas e processos atuais?

- Quais ações e estratégias melhorariam significativamente os negócios atuais? Quais mudanças de processos trariam resultados interessantes? Como esses novos processos podem consolidar novos negócios?

- Quais os pontos fortes e pontos fracos de cada processo selecionado? Quais os indicadores de desempenho utilizados nessa avaliação?

- Como outras empresas do mesmo setor de atuação lidam com os processos e complexidades afins?

- Que medidas devem ser usadas ao aplicar o *benchmarking* em relação a empresas melhores, considerando o atual setor de atuação? E se os negócios futuros estiverem direcionados a outros setores de atuação?

- O que está ocasionando as diferenças entre nosso desempenho e o de empresas com resultados melhores? O que é possível aprender com essas empresas?

- Como as análises através de um *benchmarking* podem ser usadas para otimizar nossos processos?

- Quais os objetivos, desafios e metas de aperfeiçoamento para os processos atuais? E para os processos delineados para o futuro?

- Qual é a visão quanto ao futuro da empresa e as estratégias necessárias para as mudanças? Como podem ser comunicadas para todos os executivos e demais funcionários da empresa?

As respostas a essas várias perguntas – bem como a outras – devem ser detalhadas, analisadas e interligadas ao longo do desenvolvimento da fase 3 da metodologia.

Naturalmente, os debates inerentes a essas perguntas devem ser realizados por equipes multidisciplinares.

Essa fase tem nove etapas, conforme pode ser visualizado na Figura 3.6:

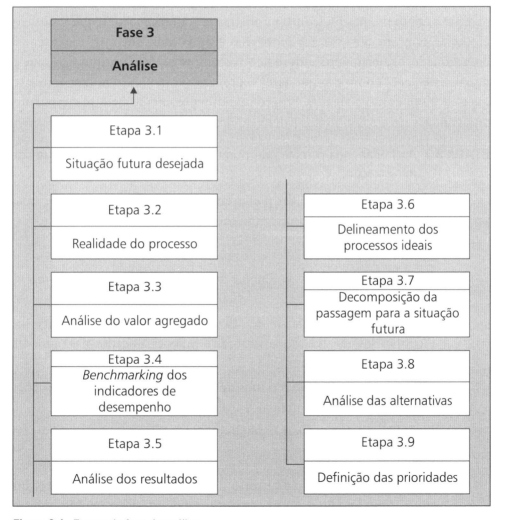

Figura 3.6 Etapas da fase de análise.

104 | Administração de Processos • *Rebouças*

Os principais aspectos das etapas dessa fase são:

ETAPA 3.1 Estabelecer a situação futura desejada que alavanque os resultados da empresa a partir da otimização dos processos.

Essa etapa é consolidada através do desenvolvimento e da implementação de uma sistemática de planejamento estratégico perfeitamente interligada com os processos administrativos, conforme apresentado na seção 4.1. Mais detalhes a respeito do desenvolvimento do planejamento estratégico são apresentados no livro *Planejamento estratégico: conceitos, metodologia e práticas*, dos mesmos autor e editora.

Esse é um momento básico para a adequada administração de processos nas empresas, pois um dos maiores problemas é provocado por uma inexistência de adequado planejamento estratégico nas empresas. Isso porque fica muito difícil estabelecer como e o que fazer – processos – se não se souber aonde se quer chegar e como chegar lá, procedimento representado pelo planejamento estratégico.

ETAPA 3.2 Assimilar toda a realidade otimizada dos processos e de sua administração.

Nesse momento, você deve ter pleno entendimento da estrutura de cada processo considerado, enfocando, no mínimo, os seguintes aspectos:

- identificação das atividades e dos passos de cada etapa do processo;
- identificação de todas as funções básicas do processo, bem como as estruturações envolvidas;
- estabelecimento da matriz de atividades e dos passos dos processos identificados, em relação aos cargos e funções alocados nas unidades organizacionais da empresa;
- identificação dos sistemas e subsistemas da empresa e suas correlações com os processos, bem como das tecnologias utilizadas; e
- identificação das políticas explícitas e implícitas aplicáveis aos processos considerados.

Verifica-se que nessa etapa existe forte decomposição e detalhamento dos vários assuntos considerados em cada processo, tendo em vista perfeito debate e entendimento das questões enfocadas.

Nessa etapa, você também já deve ter pleno conhecimento do fluxo do processo considerado, abordando alguns itens, como:

- a estruturação de todas as entradas e saídas dos sistemas de decisões dentro dos processos considerados;
- a identificação de interação entre os vários estímulos identificados em contraponto às diversas atividades e passos dentro dos processos delineados; e
- a identificação de possíveis variações – positivas e negativas – no fluxo dos processos considerados.

ETAPA 3.3 Aprimorar a análise do valor agregado.

As análises e o pleno entendimento dos itens anteriores permitem ao executivo a perfeita identificação das atividades que agregam valor, quando o profissional responsável pela administração de processos deve enfocar:

- a matriz de atividades e passos dos processos identificados em relação às medidas de desempenho, através de adequado *benchmarking* (ver etapa 2.10);
- a identificação das atividades de controle e avaliação; e
- a identificação das atividades e dos passos que agregam e não agregam valor, considerando-se cada um dos processos estabelecidos pela empresa (ver etapa 2.9).

Com a efetivação dessa etapa, é possível você estabelecer a real situação do valor agregado ao longo dos processos estabelecidos, o que permitirá a identificação de atividades essenciais e atividades não essenciais ao longo dos processos estabelecidos e estruturados na empresa.

ETAPA 3.4 Aplicar o *benchmarking* no processo e aprimorar o estabelecimento dos indicadores de desempenho.

No delineamento de um *benchmarking*, você pode considerar alguns aspectos, como:

- identificação de aspectos relevantes em empresas comparáveis ou em empresas líderes, sejam ou não do mesmo setor de atuação;

106 | Administração de Processos • *Rebouças*

- determinação de ações e estratégias para consolidar nível de desempenho igual, ou melhor, ao das empresas comparadas;
- identificação de diferenças básicas em processos iguais; e
- avaliação da aplicabilidade das diferenças do processo, tendo em vista consolidar a alavancagem dos resultados da empresa.

Para facilitar o estabelecimento de indicadores de desempenho, você pode considerar os seguintes aspectos principais:

- identificação das fontes de problemas e de erros relevantes no processo considerado;
- identificação dos facilitadores e dos inibidores do desempenho do processo analisado;
- identificação de disfunções e incongruências no processo e em suas atividades; e
- identificação de disfunções no sistema de informações que vai proporcionar a sustentação ao processo considerado.

ETAPA 3.5 Analisar os resultados esperados.

Essa é uma etapa de elevada importância, pois a equipe de desenvolvimento e implementação dos processos administrativos na empresa deve debater uma série de questões básicas.

Nesse contexto, o executivo responsável pelos trabalhos deve preocupar-se em responder a algumas perguntas, como:

a) Qual é efetivamente o nível de mudança necessária e suficiente para que a empresa se consolide em uma situação ideal de atuação?

Essa é uma pergunta cuja resposta normalmente não é muito simples, pois não se quer fazer uma mudança mais forte do que a efetivamente necessária, nem uma mudança que não atenda às expectativas e necessidades para consolidar a empresa em uma situação ideal de atuação.

Nesse caso, o ideal é ocorrer, desde o início do desenvolvimento da administração de processos, perfeita interligação com os processos de planejamento estratégico e de qualidade total, entre outros. Para tanto, ver detalhes no Capítulo 4.

b) Qual o nível de dificuldade que a empresa pode esperar para consolidar esse processo de mudança?

É muito importante a empresa responder a essa pergunta com o *pé no chão*; caso contrário, pode surgir uma série de dificuldades – desnecessárias – ao longo do desenvolvimento e da implementação dos processos administrativos na empresa.

c) Qual a efetiva relação de benefícios *versus* custos do processo de mudança que se visualiza como necessário?

Essa pergunta deve ser respondida com base em adequada estrutura de administração de projetos de mudanças na empresa. Mais detalhes são apresentados na seção 4.8.1.

Como detalhamento dessa questão, você também deve analisar os riscos que a mudança pode provocar para a empresa. E, naturalmente, também deve debater como serão administrados os riscos provocados pelas mudanças provenientes da implementação dos processos administrativos na empresa.

d) Qual a amplitude de apoio interno e externo à empresa, necessário para a efetiva e otimizada consolidação do processo de mudança?

No caso do apoio interno, sua avaliação pode ser efetuada a partir do estabelecimento de equipes multidisciplinares de trabalho com abrangência de cada processo básico estabelecido. Essas equipes podem ser subdivididas entre as atividades-fim e as atividades de apoio.

Uma interação gradativa e acumulativa entre todas as equipes estabelecidas pode facilitar o estabelecimento da amplitude de apoio interno à empresa, necessário para a efetiva consolidação das mudanças a partir da implementação dos processos administrativos. Essa também pode ser aprimorada com base no conjunto de fatores e subfatores internos estabelecidos na fase do diagnóstico do processo de planejamento estratégico da empresa.

Com relação à análise da amplitude de apoio externo à empresa, essa também pode ser realizada com base no conjunto de fatores e subfatores externos do diagnóstico inerente ao processo de planejamento estratégico da empresa.

Alguns exemplos de fatores e subfatores externos e internos foram apresentados no item *h* da etapa 1.2 da metodologia de desenvolvimento e implementação de processos nas empresas.

108 | Administração de Processos • *Rebouças*

ETAPA 3.6 Delinear os processos ideais.

Essa etapa é o foco básico da fase 3 e representa a questão fundamental para a análise a ser realizada pelos executivos da empresa, tendo em vista a consolidação dos processos administrativos.

O delineamento dos processos ideais deve ser amplamente questionado e aprimorado pelos executivos da empresa. Salienta-se que, no delineamento dos processos ideais, você deve considerar tanto as medidas de desempenho internas quanto, principalmente, as externas à empresa, proporcionadas pelo *benchmarking*.

Outro aspecto é que você deve considerar a interação otimizada entre os processos ideais com as interligações externas e internas, pois essa análise permitirá a identificação de eventuais dicotomias e conflitos entre essas duas situações (interna e externa à empresa).

Nessa etapa, você também não deve esquecer de equalizar as capacidades da empresa para fazer frente a essa nova realidade idealizada. Não se está afirmando que deve aumentar seu quadro de pessoal e outros recursos da empresa, mas que essas capacidades estejam compatíveis imediatamente ou em um prazo planejado, de acordo com as necessidades identificadas, visando ao melhor atendimento das necessidades e expectativas dos clientes da empresa e do mercado em geral.

ETAPA 3.7 Decompor a passagem da situação atual para a situação futura desejada em momentos intermediários perfeitamente interligados.

Da mesma forma que o foco das mudanças são os processos da empresa, deve-se considerar que o desenvolvimento e a implementação dos processos nas empresas também são um processo em si; ou seja, o desenvolvimento e a implementação dos processos nas empresas devem ser decompostos em momentos intermediários perfeitamente interligados, tendo em vista consolidar o resultado final esperado.

Para cada um desses momentos intermediários, você deve identificar o responsável, o prazo, os recursos envolvidos, bem como o resultado final e os parâmetros de avaliação, ou seja, deve administrar como sendo um projeto.

Essa decomposição da passagem da situação atual para a situação futura também é muito importante para a efetivação de um processo de desenvolvimento organizacional, que corresponde ao planejamento das mudanças a médio e longo prazos na empresa, tendo em vista minimizar as resistências e otimizar as interações interpessoais.

A técnica de desenvolvimento organizacional deve ser aplicada em cada um dos momentos da metodologia, de tal forma que se consolide na fase final, representada pela adequada implementação dos processos administrativos na empresa.

ETAPA 3.8 Analisar as alternativas.

Essa deve ser uma verdade em toda e qualquer situação que considere o processo de mudança e de delineamento de uma situação futura desejada, como é o caso dos processos administrativos.

Nesse contexto, você sempre deve estabelecer situações alternativas para suas decisões básicas, tendo em vista:

- amenizar os efeitos de possíveis erros de decisão;
- saber *pular* de uma situação para outra de forma estruturada e inteligente; e
- otimizar o nível de criatividade das pessoas envolvidas no processo decisório.

A análise de alternativas pode estar correlacionada a alguns aspectos, como:

- organizacionais, como, por exemplo, analisar se os processos devem ser centralizados ou descentralizados;
- tempo, tal como a análise de implementação a curto, médio ou longo prazo; e
- modular, como, por exemplo, analisar desenvolvimento em série, por células etc.

Essa análise de alternativas deve ser interativa com o delineamento das estratégias alternativas do processo de planejamento estratégico, inclusive para possibilitar à empresa alavancar os negócios atuais e a desenvolver novos negócios.

ETAPA 3.9 Definir as prioridades.

Talvez esse seja o grande momento de todo e qualquer executivo. Só que para a existência de adequado processo de definição de prioridades é necessária, entre outros, a ocorrência dos seguintes assuntos:

- delineamento estruturado das várias alternativas possíveis;

simulações para análise dos resultados de cada uma das alternativas identificadas; e

adequada postura para riscos por parte do executivo decisor.

Como sustentação desse processo deve existir otimizado sistema de informações, pois se deve lembrar que a qualidade de uma decisão depende de três itens básicos:

- da qualidade da estruturação do processo decisório;
- da qualidade das informações inerentes ao assunto foco da decisão; e
- da *qualidade* do executivo decisor, quanto a seu nível de conhecimento e postura decisória.

No estabelecimento das prioridades, você deve considerar duas situações específicas que podem ser complementares entre si:

a) Situações em que alterações nos processos identificados é que provocam efetiva melhoria no desempenho operacional da empresa

Essas situações representam focos de contribuições diretas da administração de processos. Normalmente, pode proporcionar situações de mudanças mais rápidas, pois o enfoque principal é estrutural, metodológico ou de processo e não comportamental, embora este último enfoque seja uma realidade em toda e qualquer questão empresarial.

b) Situações em que alterações na coordenação dos processos identificados é que proporcionam efetiva alavancagem de resultados

Se a abordagem tiver uma situação de incapacidade administrativa, a atuação da administração de processos pode ser mais rápida, visto que pode ser resolvida pela substituição do responsável ou por um programa de treinamento.

Infelizmente, muitas vezes, o problema está focado no centro do poder de determinada unidade organizacional ou atividade e, neste caso, a administração de processos pode se complicar.

De qualquer forma, em toda e qualquer administração de processos é necessário entrar pela abordagem estrutural/metodológica/processo, bem como pela abordagem comportamental.

Embora seja difícil fazer afirmação a esse respeito, parece que a adequada entrada pela abordagem comportamental é de maior peso que a abordagem estrutural/metodológica/processo.

Essa conclusão parece ser realidade para todo e qualquer instrumento administrativo de amplitude global da empresa, tais como planejamento estratégico, qualidade total, logística, entre outros.

Independentemente da situação, uma das formas que você pode utilizar no estabelecimento das prioridades é o sistema GUT, conforme apresentado na etapa 2.12 desta metodologia.

FASE 4: DESENVOLVIMENTO

Essa é a fase de consolidação da administração de processos na empresa, e quando os executivos terminam essa fase, já deve existir o consenso sobre a *nova* realidade administrativa a ser consolidada na empresa.

Portanto, é importante reforçar, principalmente nesta e na fase 1, a importância de efetuar amplo debate e efetivo entendimento entre os diversos profissionais envolvidos na administração de processos nas empresas.

Algumas das questões que devem ser respondidas nesta fase são:

- Quais recursos são necessários para otimizar o processo selecionado como o principal para o negócio da empresa?
- Quais são as pessoas envolvidas? De forma direta? De forma indireta? Qual o perfil de atuação dessas pessoas? E seus *papéis* neste contexto?
- Que oportunidades imediatas foram identificadas? E a médio prazo? E a longo prazo?
- Como essas oportunidades identificadas serão usufruídas? Através de quais estratégias?
- Quais objetivos e metas devem ser estabelecidos?
- Por quais atividades do processo cada membro da equipe de trabalho será responsável?
- Que prioridades e competências existem para cada uma das atividades do processo principal? E para as atividades dos processos secundários?
- Quais as medidas de desempenho que devem ser utilizadas? Como devem ser aplicadas e avaliadas?

112 | Administração de Processos • Rebouças

- Como as responsabilidades serão alocadas e administradas ao longo do desenvolvimento e implementação dos processos?
- Quais programas de treinamento serão necessários?
- Quais resistências às mudanças podem ocorrer? Como administrar essas resistências?
- Como será a *nova* empresa idealizada e planejada a partir do novo processo principal e dos outros processos?

Essa fase é de suma importância porque consolida os seguintes aspectos básicos para alavancar os resultados da empresa:

a) Estabelecimento das tecnologias, padrões, procedimentos, sistemas e avaliações a serem utilizados

Esses vários itens devem ser estabelecidos e consolidados de maneira negociada tendo em vista, principalmente, maior nível de comprometimento para com os resultados por parte dos diversos profissionais envolvidos nos vários processos identificados como importantes para os resultados da empresa.

De qualquer forma, é importante que esses vários itens sejam focados e consolidados em indicadores de avaliação em níveis de empresa/negócio/unidade organizacional/equipe multidisciplinar/funcionário.

b) Plano para a adequação organizacional à nova realidade da empresa

Esse é um momento básico da interligação dos processos administrativos com a estrutura organizacional.

A maneira ideal de realizar essa interligação é um processo de *dupla-mão*:

- o processo de planejamento estratégico deve estruturar uma rede escalar de objetivos alocados às diversas unidades organizacionais da empresa, consolidando uma estrutura organizacional que realmente sirva de sustentação para a empresa alcançar os seus objetivos estabelecidos no plano estratégico; e
- os processos administrativos devem proporcionar um repensar na empresa quanto à interação das unidades organizacionais com as funções e as atividades, sendo que estas proporcionam a sustentação interativa para as referidas unidades organizacionais.

c) Possibilidade de trabalhar com o delineamento otimizado dos negócios identificados, dentro de uma identificação estruturada pelo tripé produtos e serviços *versus* tecnologias *versus* mercados

Esse tripé que interliga os produtos, serviços e os negócios com as tecnologias e os mercados serve, na maior parte das vezes, de sustentação para o delineamento básico dos processos das empresas.

O tripé interativo deve considerar tanto a situação atual como a situação futura desejada pela empresa, a qual é delineada pelo processo de planejamento estratégico.

d) Plano de treinamento e desenvolvimento dos executivos e demais profissionais envolvidos, direta e indiretamente, com a administração de processos

A administração de processos está, cada vez mais, interagente com os aspectos comportamentais da moderna administração, que é muito focada nas pessoas.

Nesse contexto, o efetivo treinamento e desenvolvimento dos executivos e demais profissionais envolvidos, direta e indiretamente, com a administração e os processos é de suma importância.

Na realidade, esse treinamento é, ou deveria ser, *na tarefa*, pois os profissionais da empresa devem receber os conceitos básicos, bem como as metodologias e técnicas, as quais devem ser aplicadas imediatamente, efetuando os devidos acertos no processo considerado e no seu raciocínio pessoal.

Talvez se possa afirmar que, em administração, quando se consideram os instrumentos administrativos, o processo de treinamento *na tarefa* é o que tem apresentado os melhores resultados, até porque a administração é aprendida pelas pessoas *administrando*, ou seja, fazendo e aplicando.

Entretanto, para que o plano de treinamento e desenvolvimento dos executivos e demais profissionais envolvidos, direta ou indiretamente, com a administração de processos, proporcione os resultados esperados pelas empresas, é necessário que esse plano esteja muito bem estruturado e detalhado, antes do início de sua aplicação. Isso porque, se não houver essa precaução, podem ocorrer erros no início dos trabalhos que podem comprometer a qualidade de todos os trabalhos subsequentes, inclusive com perda de credibilidade para com os mesmos.

A prática tem demonstrado que, nos trabalhos inerentes à administração de processos, a realização de acertos de erros cometidos por inadequadas estruturação e programação das atividades obriga as empresas a efetuarem retrabalhos que geram custos que não deveriam ocorrer, se a administração de processos fosse planejada de maneira adequada.

Em alguns casos, os custos totais desses retrabalhos têm sido maiores do que os custos totais de desenvolvimento dos processos em condições planejadas, estruturadas e adequadas.

A fase 4 tem sete etapas, conforme apresentado na Figura 3.7:

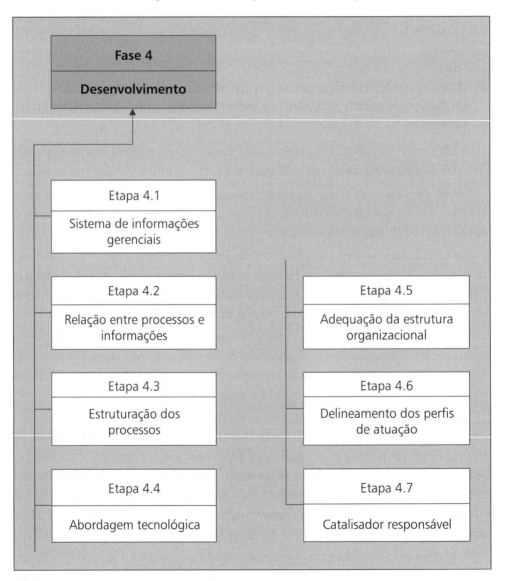

Figura 3.7 Etapas da fase de desenvolvimento.

Os principais aspectos de cada uma das etapas são apresentados a seguir:

ETAPA 4.1 Delinear o sistema de informações gerenciais.

A atual realidade das empresas pode ser resumida em crescentes níveis de turbulência ambiental, de elevada posição competitiva geral, de pressão sobre a rentabilidade, a lucratividade e a produtividade, bem como de necessidade de informações mais depuradas.

Parece ter ficado claro para você que não adianta a empresa ter um processo decisório interessante, se faltar um sistema estruturado de informações gerenciais que alimente esse processo decisório, bem como o desenvolvimento, a implementação e a avaliação das decisões e ações correlacionadas. Para tanto, é válido você debater as fases básicas do desenvolvimento e implementação do Sistema de Informações Gerenciais (SIG).

O conhecimento dessas fases básicas proporciona a sustentação para que você possa operacionalizar adequado SIG em sua empresa.

Estas fases básicas são:

i) Estruturação. Corresponde à identificação e definição das necessidades de informações estratégicas, táticas e operacionais.

ii) Geração e arquivamento de informações. Consiste na identificação, interação e tratamento das informações gerais da empresa, considerando-se tanto as fontes internas como externas à empresa.

iii) Análise e avaliação. Consiste na análise dos dados e informações obtidas para verificar sua relevância, consistência, urgência, confiabilidade e precisão, bem como em interpretar e transformar esses dados em informações gerenciais, facilitando o processo decisório.

iv) Disseminação dos dados e informações. Corresponde à operacionalização de uma sistemática de distribuição das informações, de acordo com o perfil de interesse e necessidade de cada executivo da empresa.

v) Utilização das informações da empresa. Consiste na sistemática incorporação das informações no processo decisório da empresa, seja em nível estratégico, tático ou operacional.

vi) Retroalimentação das informações. Consiste na sistemática e estruturada adaptação do processo decisório, de acordo com os resultados obtidos pela empresa, para atender cada vez melhor às necessidades de informações dos executivos.

116 | Administração de Processos • *Rebouças*

Na verdade, você deve considerar que o SIG, com seus dados e informações externas e internas à empresa, apresenta dificuldade muito maior no que se refere aos dados e informações externas ou ambientais, pois essas são provenientes de fatores não controláveis, enquanto as provenientes de fatores internos são controláveis pelos executivos das empresas. Exemplos de fatores externos e internos foram apresentados no item *h* da etapa 1.2 da metodologia de desenvolvimento e implementação de processos administrativos nas empresas.

A incerteza ambiental é uma constante na vida empresarial, seja em um país desenvolvido, em desenvolvimento ou subdesenvolvido. Portanto, a análise e o acompanhamento do ambiente em que a empresa atua é uma condição essencial para sua própria sobrevivência.

Você deve considerar que as mutações rápidas no cenário econômico, social e político e seu caráter independente imobilizam o amadorismo, o falso profissionalismo, a improvisação e a decisão na base de *cara ou coroa*. Portanto, um adequado SIG será sempre de alta valia para o processo decisório dos executivos, diminuindo o nível de risco, que é a parte integrante e inseparável das decisões estratégicas, táticas e operacionais nas empresas, as quais influenciam e recebem influência direta da administração de processos nas empresas.

ETAPA 4.2 Otimizar a relação entre os processos e as informações necessárias

Essa etapa também é de elevada importância, pois é necessário alocar as diversas informações aos diferentes processos estabelecidos. Essa situação proporciona o início da análise de *quem é quem* em termos do que cada profissional faz e qual sua efetiva importância para a empresa, inclusive quanto ao processo decisório.

Embora essa relação entre os processos e as informações necessárias seja analisada em significativa parte das empresas, o que muitas vezes ocorre é uma atuação superficial sobre esse real problema, oficializando, por consequência, uma série de atividades e informações desnecessárias nas empresas.

ETAPA 4.3 Estruturar os processos

Esta etapa pode ser considerada o foco básico da fase 4, no sentido de representar a consolidação do estudo e da estruturação dos processos administrativos.

Alguns dos aspectos básicos para a adequada estruturação dos processos são:

a) Rever as atividades em série ou paralelamente

Como nesta etapa os profissionais envolvidos na administração de processos já têm a visão do todo, é válido realizar, com os devidos detalhes, as diversas atividades estabelecidas anteriormente, separadas quanto ao desenvolvimento em série ou paralelamente.

Nessa análise, também são identificadas:

- atividades que apresentam dependência para com outras e, nesse caso, pode-se aplicar, por exemplo, a técnica PERT-CPM de programação de atividades; e
- tempo dedicado às atividades, o que representa uma análise de situação em que, muitas vezes, a empresa está *jogando fora* um de seus principais recursos e um dos mais escassos. Na realidade, a administração do tempo deve estar presente em cada uma das fases e etapas do desenvolvimento e implementação dos processos nas empresas.

b) Criar uma situação para a consolidação da qualidade total

Um dos instrumentos administrativos das empresas que é mais interagente com a administração de processos é o sistema de qualidade total, cujo padrão é a situação de *zero erro*.

Na realidade, conforme apresentado na seção 4.3, o ideal é que os processos administrativos sejam desenvolvidos e implementados em parceria com o sistema de qualidade total das empresas. Embora essa possa ser considerada uma situação evidente, não é o que normalmente se encontra dentro da realidade das empresas.

De qualquer forma, a simples evolução administrativa das empresas acertará, de maneira natural, essa situação nas empresas. Pode-se afirmar que não existe um otimizado sistema de qualidade sem a sustentação de adequada estruturação e administração de processos; e parece que a administração de processos, sem a abordagem de qualidade total, fica numa situação *capenga*.

c) Rever ou eliminar controles e atividades que não agregam valor

Esta é uma premissa para a adequada administração de processos; ou seja, atividades e controles que não agregam valor para os produtos ou serviços oferecidos ao mercado não apresentam maiores interesses para as empresas.

Como essa análise e conclusão deve ter sido resultante natural do trabalho da equipe multidisciplinar da administração de processos, normalmente não existe erro na interpretação da análise de valor e, consequentemente, do plano de ação para consolidar os processos na empresa.

ETAPA 4.4 Identificar, obter e aplicar tecnologias

Nesse enfoque, está-se considerando tecnologia em seu contexto mais amplo, ou seja, como conhecimento. Portanto, a tecnologia não deve ser considerada apenas em seu contexto mais comum, como as referências à tecnologia da informática ou do produto e serviço.

Esse processo de identificar, obter e aplicar tecnologias tem muito de *benchmarking*, conforme já apresentado nas etapas 2.10 e 3.4 da metodologia.

ETAPA 4.5 Adequar a estrutura organizacional

O ideal é que esta adequação seja realizada com base no resultado de duas frentes de trabalho:

i) a adequação da estrutura organizacional com base no estabelecimento da rede escalar de objetivos resultantes do processo de planejamento estratégico, conforme apresentado na seção 4.1; e

ii) a adequação da estrutura organizacional com base no estabelecimento dos processos administrativos da empresa (ver seção 4.2).

Nesta última abordagem, a identificação das unidades organizacionais deve considerar o agrupamento de atividades com a amplitude mais elevada possível, bem como a melhor situação de valor agregado em cada processo estruturado.

A combinação dessas duas frentes de trabalho, para se realizar a otimizada adequação da estrutura organizacional da empresa, representa um dos resultados mais interessantes da administração de processos.

ETAPA 4.6 Delinear os perfis de atuação

A empresa deve delinear o perfil de atuação das equipes multidisciplinares de trabalho, bem como dos principais envolvidos, como:

- coordenador da equipe;
- disseminador ou multiplicador do treinamento para as diversas áreas e profissionais da empresa;

- delineador de processos;
- analista de informações; e
- analista de valor agregado.

Verifica-se que não existe o cargo para todas essas funções, e nem é o caso de existir.

O importante é que essas atividades, bem como outras, devem existir na empresa quando da estruturação dos processos administrativos. No item *d* da etapa 1.2 desta metodologia, foram apresentados alguns exemplos de diferentes perfis de atuação para um mesmo cargo ou função. Não deve ser necessário entrar em mais detalhes sobre as sérias e danosas consequências para a empresa quando ela não está atenta à questão dos diferentes *papéis* desempenhados pelos executivos e demais profissionais da empresa.

Esta etapa também permite à empresa realizar adequada análise de cargos, verificando:

- habilidades atuais e necessárias;
- conhecimentos atuais e necessários; e
- capacitação atual e necessária.

Naturalmente, essa análise também deve ser efetuada tendo em vista a situação futura desejada estabelecida a partir do processo de planejamento estratégico da empresa.

Essa análise também tem a vantagem de facilitar o delineamento dos processos administrativos para o momento futuro. Essa pode ser considerada uma afirmativa estranha quanto aos conceitos clássicos da administração de processos, mas é possível – e válido – trabalhar também com o delineamento de futuros focos e processos administrativos e, neste caso, os processos também se enquadram como uma filosofia de atuação administrativa, o que pode ser importante diferencial para a empresa.

ETAPA 4.7 Identificar o catalisador responsável pelos processos

Todo e qualquer sistema global de empresa deve ter um profissional catalisador responsável, e não uma unidade organizacional. Isto porque estes sistemas globais envolvem várias atividades multidisciplinares e fica complicado e difícil uma unidade organizacional cuidar dos vários assuntos envolvidos no sistema global considerado.

Portanto, esse catalisador responsável pela administração de processos deve coordenar, com base em plano de trabalho consensado pelos diversos profissionais envolvidos, que podem trabalhar em várias unidades organizacionais da empresa, o adequado desenvolvimento e a implementação dos processos na empresa.

Naturalmente, esse catalisador dos processos administrativos deve ter uma série de características comportamentais, de conhecimentos e de habilidades, conforme apresentado na seção 5.1.

FASE 5: IMPLEMENTAÇÃO

Esta última fase não deve ser considerada como o término da aplicação da administração de processos na empresa.

Conforme evidenciado anteriormente, a própria administração de processos deve ser considerada, em si, um processo administrativo e nunca deve terminar, sendo, inclusive, uma postura e filosofia de atuação da empresa.

De qualquer forma, dentro de um contexto de metodologia de trabalho, esta fase representa o momento da operacionalização de tudo o que foi anteriormente idealizado e estruturado.

Algumas perguntas a serem respondidas nesta fase são:

- Quando começar a monitorar a aplicação da administração de processos?
- Como saber se a empresa está no caminho certo?
- Como estabelecer indicadores de desempenho e de evolução dos trabalhos?
- Que mecanismos utilizar para solucionar os problemas que surgirem ao longo da administração de processos?
- Como atuar para que a mudança seja otimizada?
- Como otimizar as atividades de treinamento e capacitação dos profissionais envolvidos nos trabalhos?
- Como conseguir maior nível de motivação e de participação dos profissionais da empresa?
- Como alavancar ainda mais os resultados globais da empresa?

Essa fase é decomposta em quatro etapas, conforme apresentado na Figura 3.8:

Como desenvolver e implementar os processos administrativos nas empresas | 121

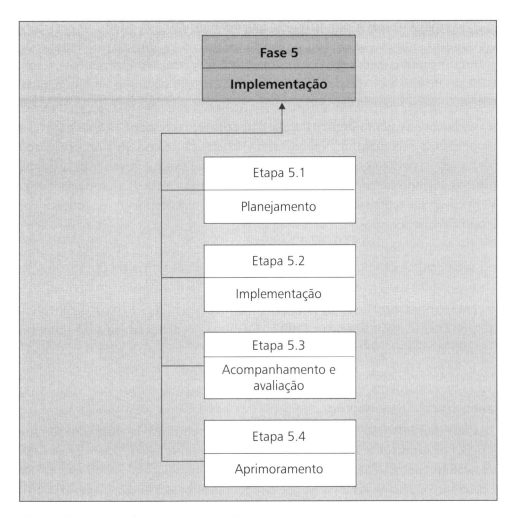

Figura 3.8 Etapas da fase de implementação.

Os principais aspectos de cada uma das quatro etapas da fase de implementação dos processos nas empresas são:

ETAPA 5.1 Planejar a implementação.

Na realidade, essa etapa começa muito antes, preferencialmente quando a empresa decide ter toda a sua realidade atual repensada.

Portanto, a administração de processos deve ter elevada sustentação da técnica de desenvolvimento organizacional, tendo em vista seus impactos sobre a cultura organizacional.

Desenvolvimento organizacional é a metodologia administrativa para consolidar e otimizar as mudanças planejadas, com engajamento e adequação da cultura organizacional, bem como otimização das relações interpessoais, resultante do processo de delineamento e implementação das questões estratégicas, táticas e operacionais na empresa.

O desenvolvimento organizacional é um processo contínuo de mudanças nas empresas e o executivo inteligente trata essa situação como uma oportunidade para a empresa, bem como considera que a mesma pode e deve ser bem administrada, visando maximizar os resultados empresariais e as relações interpessoais. Verifica-se que o núcleo básico do processo de desenvolvimento organizacional é o ser humano.

Também se deve considerar que o processo de mudanças pode ser esperado ou inesperado, bem como deve ser tratado em nível acima do óbvio, ou seja, você deve debater a amplitude de mudança com o máximo de criatividade.

Nesse momento, é válido lembrar o princípio da força motriz desenvolvido por Tregoe e Zimmerman (1982, p. 17) para o delineamento do processo estratégico nas empresas. Quando se coloca essa abordagem para o indivíduo, pode-se ter a força motriz humana, que corresponde à energia total e estruturada que movimenta o indivíduo para novas situações, otimizando o nível de competitividade da empresa.

Para consolidar esse processo, é necessário identificar os talentos atuais e potenciais da empresa; e, inclusive, onde e por que existem carências de talentos. Entretanto, esse não é um processo fácil, pois existem dúvidas de como identificar e de como operacionalizar talentos; e também quanto às atitudes das pessoas, pois algumas têm talento mas são inativas, enquanto outras se antecipam ao processo, ou seja, são pessoas interativas.

Para ter talentos na empresa, também é preciso ter recrutamento e seleção de alta qualidade, com perfeita interação ao indivíduo candidato, não se transferindo, de forma simples, os critérios e os parâmetros para um selecionador da área de recursos humanos da empresa.

Na abordagem do desenvolvimento organizacional na administração de processos, pode-se considerar o indivíduo foco de análise como um executivo – cargo de chefia – ou como um subordinado. Neste contexto, existem executivos que administram sistemas e processos, bem como controles; e executivos que lideram indivíduos e otimizam a força motriz humana ao longo das atividades dos processos estabelecidos.

A empresa do futuro precisa de líderes e não de chefes. O líder enfoca a educação, o desenvolvimento, a orientação, o estímulo, o talento, a inovação, a confiança, *o fazer as coisas certas*. O chefe enfoca o mando, a disciplina, a supervisão, a coordenação, o controle, a estrutura, o sistema, o *fazer as coisas de maneira certa*.

Os líderes utilizam, de maneira adequada, todo o potencial de suas capacidades, considerando tanto as lógicas, análises e técnicas quanto as capacidades intuitivas, conceituais e de sentimentos. Aprendem com outras pessoas, mas não *são feitos* pelas outras pessoas. Isso não é um jogo de palavras, mas a representação de uma situação em que o executivo deve fazer uma autoanálise e pensar muito sobre a abordagem de atitudes das pessoas.

Para consolidar uma situação de desenvolvimento organizacional na administração de processos, deve-se ter adequado nível participativo. Entretanto, o processo participativo não deve estar atrelado, única e exclusivamente, a resultados; mas é altamente interessante ter resultados com a sustentação de um processo participativo. Isso não representa um jogo de conceitos, mas uma abordagem para a qual os executivos das empresas devem estar atentos.

O processo participativo deve ser consolidado independentemente do nível de alavancagem para os resultados da empresa que a qualidade participativa proporciona.

A todo processo diretivo e de mudanças, você deve conseguir um equilíbrio adequado entre seu nível de percepção e o de ação correspondente.

A capacidade de perceber, analisar e entender as mudanças e seus efeitos sobre o executivo, a estratégia empresarial e a empresa; e de adaptar-se às exigências de novas realidades e, se possível, antecipar-se à chegada das mudanças e dos novos fatos são aspectos de suma importância para a alta administração da empresa quando se considera a administração de processos.

Um aspecto que deve ser analisado é o do processo de condicionamento do comportamento humano, que parte da cultura organizacional e chega aos comportamentos, passando pelas percepções. O resultado desse processo é o indivíduo apresentando diferentes atitudes perante as pessoas e o sistema ou processo considerado.

Você deve procurar conhecer os aspectos invisíveis da empresa – correlacionados à cultura organizacional –, tendo em vista o processo de transação indivíduo *versus* empresa. A identificação dos aspectos invisíveis é básica para você efetuar o estudo da cultura organizacional.

124 | Administração de Processos • *Rebouças*

Cultura organizacional é a situação composta de padrões prevalentes de valores, crenças, sentimentos, atitudes, normas, interações, tecnologias, processos, métodos e procedimentos de execução de atividades e suas influências sobre as pessoas da empresa. Inclui-se ainda na cultura organizacional a estrutura informal, ou seja, todo o sistema de relações informais, com seus sentimentos, ações e interações, grupos de pressão, valores e normas grupais etc.

Assim, o desenvolvimento organizacional enfoca os dois sistemas, o formal e o informal, mas a estratégia de intervenção que você deve usar, normalmente, inicia-se pelo sistema informal, porque as atitudes e os sentimentos das pessoas são, usualmente, as primeiras informações a serem confrontadas.

O desempenho de cada executivo depende de um processo de mediação ou regulação entre ele e a empresa. Neste caso, a empresa é o meio pelo qual o executivo pode ou não satisfazer a suas necessidades; sendo dessa satisfação ou insatisfação de necessidades que dependerá sua motivação na tarefa, sua dedicação ao trabalho, sua produtividade, eficiência e eficácia (Mello, 1978, p. 79).

A cultura ou sistema de valores pode ser a maior força da empresa quando for consistente com sua estratégia. No entanto, a cultura que a impede de enfrentar ameaças competitivas, ou de adaptar-se às mudanças econômicas ou sociais do ambiente, pode levá-la à estagnação ou, até mesmo, ao desaparecimento, caso não faça um esforço consciente de mudar.

A primeira preocupação do executivo deve ser identificar o sistema de valores da empresa e, em seguida, adotar uma metodologia de planejamento consistente com esses valores, com a necessidade de mudá-los para enfrentar uma nova realidade empresarial.

Nesse ponto, devem ser feitas algumas considerações sobre o agente de mudanças ou agente de desenvolvimento organizacional.

Agente de desenvolvimento organizacional é aquele profissional capaz de desenvolver comportamentos, atitudes e processos que possibilitem a empresa transacionar, proativa e interativamente, com os diversos fatores e variáveis do ambiente empresarial.

Esse agente deve apresentar requisitos, entre os quais podem ser citados autoconhecimento, conhecimento da empresa, conhecimento do sistema ou processo considerado, bom relacionamento, bem como flexibilidade de ação. Se o agente tiver essas qualificações, tal fato tornará o processo de mudança planejada muito mais fácil e viável.

É importante que você saiba contratar o agente ideal, pois só assim a empresa terá possibilidade de usufruir todas as vantagens do processo de desenvolvimento organizacional. Pode-se afirmar que o agente ideal de desenvolvimento organizacional é aquele que, entre outros aspectos, trabalha *com* o cliente e não *para* o cliente.

O agente de desenvolvimento organizacional pode atuar como consultor externo ou consultor interno à empresa. Por outro lado, as mudanças organizacionais podem provocar uma série de efeitos sobre os executivos da empresa e, a partir dessas situações, pode-se ter o início de um processo de resistência a essas mudanças.

Muitas mudanças não chegam a provocar o real efeito sobre os executivos e demais profissionais da empresa, mas a simples expectativa deste efeito pode ocasionar resistências.

Alguns desses efeitos são:

- econômicos, como mudanças nos salários e nos benefícios;
- organizacionais, como mudanças no poder, no *status*, nos processos, bem como na carga de trabalho; e
- sociais, como mudanças nos relacionamentos com o chefe, com os subordinados, com os pares e com o ambiente externo da empresa.

Entretanto, os efeitos pessoais sofrem influência de duas variáveis, a saber: características pessoais e grau de poder do indivíduo.

A partir dessa situação, o executivo pode enquadrar-se numa das três situações perante as mudanças na empresa: situação de aceitação, situação de alienação – ignorar ou acomodar –, ou ainda situação de resistência.

Você deve estar atento a essa realidade para evitar quantidade maior de situações que fujam de seu controle e prejudiquem o desenvolvimento e implementação dos processos com a devida qualidade.

Entre as causas e resistências às mudanças na empresa, podem-se relacionar:

- o medo do desconhecido;
- o não aceitar aquilo que incomoda;
- a tendência a só perceber aquilo que convém;
- a desconfiança;
- o receio de perder *coisas boas* atuais;

- a insegurança pessoal, provocada por desconhecimento do assunto ou por falta de controle;
- a dependência de ação para com outra pessoa;
- a necessidade de reagir *contra*;
- a alteração na estrutura de poder;
- o processo afiançado no passado e que leva a uma situação conservadora e de comodismo;
- a incapacidade de análise dos fatores e variáveis externas ou não controláveis pela empresa;
- os compromissos psicológicos e sociais para com produtos, serviços, pessoas, processos e organizações existentes;
- os vultosos investimentos de capital em instalações duradouras;
- as normas ou associações de cartéis que perpetuam o modo de pensar ligado ao setor;
- a atitude inadequada da cúpula administrativa, que olha mais para dentro do que para fora da empresa, com senso de compromisso e interesse investido nas decisões do passado;
- a baixa tolerância natural para as mudanças, pela falta de interesse para ampliar a capacitação profissional dos que trabalham na empresa;
- a não identificação dos pontos abstratos das mudanças, pelo esquecimento de pequenos aspectos que causam grandes impactos;
- o não trabalho nas fases psicológicas da mudança; e
- a pouca preocupação em identificar as forças de resistências, os modos, os comportamentos e o pensamento previamente programados ou bloqueio perceptivo da realidade – mente bloqueada às inovações –, bem como a identificação inadequada da natureza e da magnitude da mudança.

Entretanto, tendo em vista as causas de resistências às mudanças nas empresas, devem-se estabelecer alguns processos que podem reduzir a resistência a essas mudanças, como informar os fatos, objetivos e prováveis efeitos da mudança, orientar a respeito dos fatores que levaram à decisão da mudança, bem como solicitar colaboração no diagnóstico, decisão e planejamento de ações decorrentes (Mello, 1978, p. 47).

Existe a impressão de que a mudança é boa e de que a resistência é má. Entretanto, nem sempre é assim. A resistência a certas mudanças pode estar baseada em razões até que muito sólidas. Quando as razões subjacentes à resistência são identificadas, às vezes a alta administração descobre que a mudança proposta pode não atender aos melhores interesses da empresa. Assim, a resistência pode esclarecer os motivos para a mudança, gerar novas alternativas e, portanto, ser benéfica para a empresa.

Quando o executivo catalisador da administração de processos decide implementar o desenvolvimento organizacional na empresa, deve estar atento a algumas condições que podem levar tanto ao fracasso quanto ao êxito dessa metodologia administrativa.

Alguns dos aspectos a serem considerados e avaliados nesta etapa de planejamento da implementação da administração de processos nas empresas são:

a) Os trabalhos serão realizados pela equipe própria da empresa, ou será contratado um consultor especialista em metodologias e técnicas de administração de processos?

De qualquer forma, a empresa deve ter serviços de consultoria nesse momento; e o responsável por essa consultoria pode ser externo ou interno à empresa, sendo que suas principais características são apresentadas a seguir:

- Consultor externo

Suas principais vantagens são maior experiência, maior aceitação nos escalões superiores, poder aceitar determinados riscos – dizer e fazer coisas –, bem como ser mais imparcial.

Suas principais desvantagens são ter menor conhecimento dos aspectos informais, não ter poder formal, ter menor acesso a pessoas e equipes e, geralmente, não ter presença diária.

- Consultor interno (executivo ou funcionário da empresa)

Suas principais vantagens são o maior conhecimento dos aspectos informais, presença diária, maior acesso a pessoas e equipes, participação/avaliação e o controle do processo, bem como ter poder formal.

Suas principais desvantagens são a menor aceitação nos escalões superiores e, geralmente, tem menos experiência e menor liberdade de dizer e fazer as coisas.

Analisando os vários aspectos, pode-se concluir que o ideal é a empresa conseguir trabalhar, simultaneamente, com o consultor ou agente externo e o executivo ou agente interno, procurando melhor usufruir as vantagens de atuação de cada um deles.

Quando se considera o consultor externo, é necessário que a empresa saiba efetuar esta contratação; caso contrário, poderá comprar *gato por lebre*.

Existem muitos consultores *momentâneos* que, em determinado momento de desemprego, aventuram-se a atuar neste segmento; mas, tão logo arrumam novo emprego, deixam o cliente *na mão*.

Talvez pior que esses são os *pseudoconsultores*, na maior parte das vezes professores que conhecem apenas a parte teórica da questão; e quando vão entrar na operacionalização do projeto considerado, *quebram a própria cara*, bem como a do cliente.

Mais detalhes são apresentados no livro *Manual de consultoria empresarial*, dos mesmos autor e editora.

b) Haverá ou não a realização de testes?

Algumas vezes, surgem dúvidas quanto à efetiva necessidade de realização de testes preliminares quanto à validade do modelo de administração de processos proposto. Quando essa dúvida surge, geralmente é sugerida a realização de testes para verificar até onde a administração de processos proporcionará efetivos benefícios para a empresa.

Entretanto, este autor é de opinião de que o surgimento desse tipo de dúvida não deve gerar a realização de testes, mas sim de novo plano alternativo para otimizar o modelo de administração de processos proposto. Até porque testes preliminares podem provocar ajustes problemáticos para a aplicação da administração de processos.

De qualquer forma, podem ser propostos alguns testes localizados em sistemas e subsistemas específicos, tendo em vista estruturar melhor o processo proposto, mas sem perder o contexto global da mudança pela administração de processos. O lema é "pode-se até ir com calma... mas nem tanto!".

c) Como será efetuado o acompanhamento e a avaliação de cada fase e etapa da administração de processos na empresa?

Talvez uma das melhores formas de realizar o acompanhamento e a avaliação de cada fase e etapa da administração de processos seja através de uma equipe de

Como desenvolver e implementar os processos administrativos nas empresas | 129

trabalho, preferencialmente multidisciplinar, a qual congregue as várias funções e atividades da empresa.

As reuniões dessa equipe devem ser bem estruturadas, inclusive com agendas e atas, bem como sistemas de acompanhamento de ações.

Algumas vezes, podem surgir resistências – ainda que sem qualquer sustentação – quanto a esse tipo de acompanhamento e avaliação das ações programadas e realizadas ou não; mas os profissionais das empresas devem entender que esse controle proporciona prestígio e importância às tarefas avaliadas. Lembre-se: se você realiza algo que ninguém controla e avalia, seguramente este trabalho não serve para nada!

Esta estrutura de acompanhamento de ações é apresentada na Figura 3.9:

Planos	Acompanhamento das ações do colegiado de administração de processos		Data ___/___/___	Nº
Nome do processo/sistema/subsistema:				
Datas de conclusão		Assunto	Decisão	Resultado final	Fonte de referência		Obs.
Prevista	Real				Equipe de trabalho	Data reunião	

Figura 3.9 Acompanhamento das ações do colegiado de administração de processos.

É importante que o conteúdo desse acompanhamento das ações do colegiado da administração de processos seja adequadamente disseminado por toda a empresa, para democratizar o processo e acabar com os *feudos* e o corporativismo na sistemática de acompanhamento, controle e avaliação.

O colegiado da administração de processos pode ser constituído de um coordenador, que desempenha a função de catalisador de todo o desenvolvimento e implementação dos processos na empresa, bem como de diversos membros, com as seguintes responsabilidades básicas:

- Coordenador (catalisador):
  - preparar agenda e distribuí-la alguns dias antes da reunião;

- consolidar mecanismos de acompanhamento dos debates de assuntos e da operacionalização de atividades;
- consolidar e dimensionar informações inerentes aos debates e propostas efetuadas;
- orientar o estabelecimento do projeto global de desenvolvimento dos processos da empresa;
- manter o debate no nível *qualitativo*; e
- coordenar a preparação dos processos – detalhados ou não – para apresentação e debate junto aos diversos profissionais interessados nos assuntos.

Salienta-se que pode ser interessante fazer rodízio de coordenação do colegiado de administração de processos, sendo que, para assuntos específicos, a coordenação deve ser do executivo que melhor conhece o referido assunto.

- Membros:
    - preparar todo o material de apoio para debate das questões agendadas;
    - negociar, antecipadamente, propostas de decisões com os outros profissionais envolvidos em cada assunto;
    - consolidar o desenvolvimento dos processos;
    - dimensionar as decisões do colegiado; e
    - operacionalizar as decisões do colegiado.

É importante que os diversos participantes estejam o mais próximo possível da ação, tendo em vista otimizar o processo decisório.

d) Como será otimizada a relação custos *versus* benefícios?

Uma otimizada relação custos *versus* benefícios pode ser considerada uma das premissas básicas para o desenvolvimento e a implementação de um projeto de administração de processos nas empresas.

A partir de uma análise preliminar, desde que bem realizada, torna-se relativamente simples a identificação dos grandes números dessa relação custos *versus* benefícios, a qual pode ser mais bem detalhada, se for o caso, conforme necessidades e as expectativas quanto a determinados sistemas e processos enfocados no plano geral de administração de processos.

e) Como serão efetuadas as diversas comunicações aos direta e indiretamente envolvidos na administração de processos?

O processo de disseminação das informações deve ser o mais amplo possível. Lembre-se: só pode assumir responsabilidade quem tem as informações básicas para o processo decisório ou de ação.

Nesse contexto, é importante que a administração de processos seja efetivamente considerada um sistema global da empresa e deve ter a participação – e o comprometimento – de todos os executivos e demais profissionais da empresa.

f) Como serão trabalhadas as resistências à administração de processos?

A administração de processos, como todo e qualquer instrumento de mudança, provoca uma série de resistências, as quais podem prejudicar diretamente a qualidade dos resultados das atividades empresariais, em particular, e da empresa.

Conforme já apresentado, a empresa deve trabalhar com agentes de mudanças, tanto internos como externos, que realmente consolidem nova realidade administrativa para a empresa, bem como fortaleçam as relações interpessoais.

Naturalmente, esse não é um trabalho fácil nem simples, mas uma ampla e sustentada técnica do desenvolvimento organizacional pode auxiliar, em muito, a qualidade e os resultados da administração de processos na empresa.

g) Como serão efetuados os treinamentos?

Pode-se considerar, como ideal, a seguinte situação:

- um planejamento geral de treinamento conceitual e de análise de capacitação; e
- um processo de treinamento *na tarefa*.

Isso porque o treinamento *na tarefa*, com base em um treinamento conceitual básico, representa, para os executivos das empresas, principalmente para os que *querem ver para crer*, uma situação otimizada para desenvolver e alavancar nova realidade administrativa na empresa.

h) Como serão definidos os incentivos?

É importante definir os incentivos para os resultados e alavancagem proporcionados pela administração de processos, principalmente para consolidar

132 | Administração de Processos • *Rebouças*

efetiva participação e comprometimento de todos os envolvidos nos processos, de maneira direta ou indireta.

Os incentivos estabelecidos podem estar correlacionados a:

- interação com os objetivos, desafios e metas delineados a partir do planejamento estratégico da empresa;
- processos de transição para a passagem de uma situação anterior para nova situação, em que a administração de processos ocupa importante *espaço* na empresa;
- indicadores de desempenho dos processos (ver seção 3.3);
- indicadores de melhorias contínuas; e
- medidas e informações necessárias para formalizar os incentivos.

i) Como serão consolidadas as conversões e os períodos de transição para a nova realidade?

Normalmente, o ideal é a conversão para a nova realidade administrativa da empresa, a partir da administração de processos, se consolidar com base em um plano enfocando subsistemas – partes menores de um processo – dentro de um mesmo sistema ou processo considerado.

Como exemplo, podem-se citar os subsistemas de programação e controle da produção, suprimentos, recebimentos, estoques, movimentações internas e expedição dentro de um sistema ou processo de logística.

Da mesma forma, o processo de logística deve estar interagente com todos os outros processos da empresa, como o planejamento estratégico, a qualidade total etc., consolidando o processo global da empresa.

Verifica-se que o plano de conversão, incluindo o treinamento, deve partir do particular para o geral e, depois, o fechamento global deve ser efetuado do geral para o particular.

j) Como serão estabelecidos os períodos de tempo para a consolidação das novas realidades?

A partir da interação dos sistemas e subsistemas identificados no item anterior, devem ser estabelecidos os períodos de tempo para a consolidação das novas realidades com base na administração de processos na empresa.

A experiência tem demonstrado ser altamente válida a consolidação de alguns processos básicos em curto período de tempo para sustentar algumas *bandeiras* da administração de processos.

Esse procedimento tem algumas vantagens, como exemplificar situações, tirar dúvidas, identificar catalisadores dos processos, facilitar a motivação, bem como criar instrumentos facilitadores para a consolidação do comprometimento por parte dos envolvidos nos trabalhos.

A partir dessa situação, os tempos inerentes aos outros processos normalmente são acelerados pelas próprias equipes multidisciplinares envolvidas.

k) Como serão validados os novos processos?

A validação dos novos processos deve estar correlacionada em dois momentos:

- inicialmente, devem receber uma validação provisória os vários processos consolidados em sua nova realidade pela equipe de administração de processos; e
- finalmente, devem receber a validação definitiva os processos consolidados a partir da interação global e efetiva de todos os processos que são partes integrantes daqueles, dentro de um sistema global de processos administrativos.

l) Como serão avaliados os impactos dos novos processos?

Para que a empresa possa realizar a avaliação dos impactos proporcionados pelos novos processos estruturados e consolidados, é necessário que existam, antecipadamente, critérios e parâmetros estabelecidos para esse procedimento de avaliação.

Embora essa seja uma afirmação evidente, deve-se lembrar de que poucas são as empresas que têm indicadores para avaliação de seus processos administrativos.

Portanto, a administração de processos, ao obrigar a empresa a ter esses indicadores, está proporcionando mais uma contribuição para a melhoria dos processos administrativos e, também, do modelo de gestão da empresa. Na seção 3.3 são apresentados alguns indicadores para avaliação e aprimoramento de processos.

134 | Administração de Processos • *Rebouças*

m) Como serão estabelecidos e aplicados planos de contingência e de retrocesso para os casos de imprevistos na implementação dos novos processos delineados pela empresa?

Embora não devam ocorrer maiores imprevistos, principalmente quando se considera a reestruturação empresarial em nível de processos, é válido os executivos da empresa efetuarem amplo debate a respeito de ações a serem desenvolvidas no caso de os resultados esperados não estarem se consolidando, mesmo porque essa situação de debate proporciona um aprimoramento natural de todos os participantes.

Quando se considera a administração de processos em nível organizacional, a possibilidade de alguns imprevistos pode ser um pouco maior; entretanto, nada que seja em nível de alguma preocupação.

Apenas quando a administração de processos está em nível estratégico ou de negócios é que podem ocorrer alguns imprevistos de maior impacto e a empresa deve se preocupar com um plano de contingência.

Na realidade, essa maior necessidade de plano de contingência para a administração de processos em nível de negócios é uma resultante do fato de esse tipo ou nível de estruturação de processos estar perfeitamente interligado com o planejamento estratégico da empresa.

ETAPA 5.2 Implementar.

Essa etapa representa a consolidação da administração de processos na empresa. A empresa pode utilizar, se for o caso, teste-piloto em determinados processos identificados, conforme já apresentado.

Dependendo da cultura da empresa, é muito importante, nessa etapa, a documentação dos vários processos.

Essa documentação deve ser consolidada em manuais administrativos que devem ser adequadamente atualizados e disseminados na empresa, servindo, inclusive, como importante instrumento de treinamento para todos os envolvidos direta ou indiretamente com a administração de processos na empresa.

ETAPA 5.3 Acompanhar e avaliar.

O processo de acompanhamento, controle e avaliação deve ser em *tempo real* quanto aos resultados apresentados. O papel desempenhado pela função de acompanhamento e avaliação na administração de processos é controlar o desempenho do sistema ou processo, através da comparação das situações alcançadas com as previstas, principalmente quanto aos objetivos e metas, e da avaliação das estratégias, ações e políticas adotadas pela empresa.

Nesse sentido, a função *acompanhamento e avaliação* é destinada a assegurar que o desempenho real possibilite o alcance dos padrões que foram anteriormente estabelecidos, quanto aos processos identificados, quer sejam considerados de forma isolada, quer de forma integrada com outros processos administrativos.

Acompanhamento e avaliação é uma função do processo administrativo que, mediante a comparação com padrões previamente estabelecidos, procura medir e avaliar o desempenho e o resultado das ações, com a finalidade de realimentar os tomadores de decisões, de forma que possam corrigir ou reforçar esse desempenho ou interferir em funções do processo administrativo, para assegurar que os resultados satisfaçam às metas, aos desafios e aos objetivos anteriormente estabelecidos.

O resultado final do processo de acompanhamento e avaliação é a informação. Portanto, você deve procurar estabelecer um sistema de informação que permita constante e efetiva avaliação de cada um dos itens da administração de processos.

Antes de iniciar o acompanhamento e a avaliação dos itens da administração de processos, deve-se estar atento a determinados aspectos de motivação, capacidade, informação e tempo.

Com referência à motivação, deve-se verificar se o nível de motivação está adequado para o desenvolvimento e a operacionalização dos processos na empresa. Para tanto, verifica-se, entre outros aspectos, se os objetivos, os desafios e as metas foram devidamente entendidos e aceitos, bem como se o sistema de premiação e de punição está baseado no desempenho e resultados apresentados.

Quanto à capacidade, deve-se verificar se a empresa e, consequentemente, seus executivos e demais funcionários, estão habilitados para realizar o processo de acompanhamento e avaliação.

Com referência à informação, deve-se verificar se existem e estão disponíveis todos os dados e informações necessários ao controle e se eles foram devidamente comunicados a todos os interessados na administração de processos.

Quanto ao tempo, é necessário verificar se todos os funcionários da empresa, em seus diferentes níveis, têm o tempo adequado para se dedicarem à função de acompanhamento e avaliação da administração de processos.

Entretanto, deve-se estar ciente de que existe dificuldade natural na avaliação dos resultados efetivos da administração de processos, ou seja, o que realmente mudou e em que a empresa realmente melhorou a partir da adoção da administração de processos, principalmente quando se está trabalhando em nível estratégico ou de negócios.

A função de acompanhamento e avaliação em uma administração de processos tem algumas finalidades, mencionadas a seguir:

- identificar problemas, falhas e erros que se transformam em desvios do planejado, com a finalidade de corrigi-los e de evitar sua reincidência;
- fazer com que os resultados obtidos com a realização das operações estejam, tanto quanto possível, próximos dos resultados esperados e possibilitem o alcance das metas e a consecução dos objetivos;
- verificar se as estratégias e as políticas estão proporcionando os resultados esperados dentro das situações existentes e previstas;
- verificar se a estruturação da empresa está delineada de forma interagente com seus objetivos e metas;
- criar condições para que o processo diretivo seja otimizado;
- consolidar uma situação de adequadas relações interpessoais; e
- proporcionar informações gerenciais periódicas, para que seja rápida a intervenção no desempenho do processo administrativo que está sendo avaliado.

Um aspecto a ser evidenciado é o nível de interação da função *acompanhamento e avaliação* em relação a eficiência, eficácia e efetividade de cada um dos processos considerados.

Eficiência é a otimização dos recursos utilizados em cada processo administrativo.

Eficácia é a contribuição dos resultados obtidos por cada processo administrativo para o alcance dos objetivos da empresa.

Efetividade é a relação entre os resultados alcançados e os objetivos propostos ao longo do tempo pelo processo administrativo considerado.

Normalmente, é difícil avaliar a eficiência, visto que podem ocorrer diferenças de opiniões a respeito da maneira com que os recursos foram utilizados.

Existem alguns aspectos que podem prejudicar a eficiência, a eficácia e a efetividade do acompanhamento e avaliação, como a lentidão, a deficiência e a insuficiência de informações, os sistemas de controle complicados, os planos mal elaborados e implantados, bem como a falta de capacitação e habilidade dos executivos e demais funcionários da empresa.

Foi verificado que o resultado final do acompanhamento e avaliação da administração de processos é a informação. Na consideração das informações que são necessárias ao acompanhamento e avaliação da administração de processos, devem-se analisar alguns aspectos, como os tipos, a frequência, a qualidade, bem como as fontes das informações.

A seguir, são apresentados breves comentários sobre cada um desses aspectos:

a) Tipos de informações

Os tipos de informações necessárias ao acompanhamento e avaliação dos processos administrativos são os mais variados possíveis, abrangendo, entre outros, a quantificação temporal de atividades; as datas de ocorrências de eventos, como relatórios de progresso, de objetivos, objetivos funcionais e metas; os valores de liberações financeiras, de custos realizados, de custos compromissados, de mão de obra aplicada; o relacionamento entre as pessoas da empresa, bem como a qualificação profissional existente na empresa.

b) Frequência das informações

Não é muito fácil estabelecer a frequência das informações, mas pode-se considerar, através de experiência própria, que pode ser julgada válida, que em nível de controle global ou da empresa – estratégico – pode ser de dois ou três a seis ou sete meses; em nível de controle setorial – organizacional – pode-se ter uma situação de um a dois ou três meses; e em nível de processo – operacional – pode ser de uma ou duas semanas a um mês.

c) Qualidade das informações

Você deve dispensar muita atenção ao conteúdo, forma, canais, periodicidade, velocidade e precisão das informações para avaliação e controle dos processos administrativos.

De maneira geral, pode-se considerar que, em nível de controle global e da empresa – estratégico –, pode-se ter baixo grau de detalhamento e alto grau de consolidação de informações analisadas; em nível de controle setorial – organizacional –, pode-se ter baixo grau de detalhamento e alto grau de sínteses; e em nível de processo – operacional –, pode-se ter alto grau de detalhamento.

138 | Administração de Processos • *Rebouças*

d) Fontes das informações

São duas as fontes de informações a respeito do desenvolvimento da administração de processos, a saber: coordenadores de desenvolvimento e usuários do processo.

É necessário considerar os usuários do processo, principalmente para uma autoavaliação. Como podem ocorrer inadequações quanto a essas informações, é necessário *cruzá-las* com as informações dos usuários do processo.

As possíveis divergências de informações devem ser analisadas e equacionadas. Entretanto, as fontes básicas de informações podem ser dos seguintes tipos, de maneira acumulativa: fontes internas à empresa, fontes externas à empresa, fontes passadas, fontes presentes e fontes futuras.

Um aspecto de elevada importância é o estabelecimento de fases no processo de acompanhamento e avaliação da administração de processos. As fases apresentadas a seguir são bastante simplificadas, mas o importante é que você saiba decompor esse procedimento de acordo com as realidades e necessidades específicas de cada empresa.

São quatro as fases gerais do procedimento de acompanhamento e avaliação da administração de processos nas empresas:

Fase A: Estabelecimento de padrões de medida e de avaliação.

Estes padrões são decorrentes dos objetivos, dos desafios, das metas, das estratégias, das políticas e dos projetos, bem como da estrutura organizacional e dos processos administrativos, não se esquecendo da cultura organizacional da empresa.

Portanto, os padrões são a base para a composição dos resultados esperados. Podem ser tangíveis ou intangíveis, vagos ou específicos, explícitos ou implícitos, bem como se referem a quantidade, qualidade e tempo. Entretanto, os padrões focos de análise devem ser de avaliação facilmente entendida por todos os envolvidos na administração de processos.

Alguns indicadores de desempenho que podem ser utilizados como padrões de medida e de avaliação de processos são apresentados na seção 3.3.

Fase B: Medida dos desempenhos apresentados.

A sistemática de medir e avaliar desempenhos significa estabelecer o que medir, bem como selecionar como medir, mediante critérios de qualidade, quantidade e tempo.

Esses critérios podem variar entre os executivos, mas uma empresa deve ter homogeneidade e integração entre seus critérios de medição de desempenho; caso contrário, o controle da administração de processos – que pode considerar toda a empresa – fica prejudicado.

Fase C: Comparação do realizado com o esperado.

O resultado dessa comparação pode servir a vários usuários, como a alta administração, os chefes das unidades organizacionais, os funcionários etc. Entretanto, os principais usuários são os executivos catalisadores da administração dos processos, pois esses processos devem cortar transversalmente a empresa em direção às necessidades e às expectativas dos clientes externos.

Portanto, devem-se identificar, dentro de um critério de coerência, os vários usuários das comparações estabelecidas.

As comparações das situações realizadas com as planejadas podem apresentar algumas situações:

- se o desvio apresentado estiver dentro das fronteiras do que for esperado, você não deve se preocupar;
- se o desvio exceder um pouco as fronteiras do que era esperado, você deve continuar a sua ação, mas com alguns ajustes que possibilitem retornar à situação adequada, ou seja, estar dentro da fronteira que delineava o que era esperado ou possível de ser esperado acontecer; e
- se o desvio exceder em muito as fronteiras do que era esperado, você deve interromper as ações até que as causas sejam identificadas, analisadas e eliminadas.

Fase D: Ação corretiva.

Essa ação corresponde às medidas ou providências que são adotadas para eliminar os desvios significativos que você tenha detectado, ou mesmo para reforçar os aspectos positivos que a situação apresenta. Entretanto, qualquer que seja a metodologia de execução do acompanhamento e avaliação da administração de processos na empresa, você deve ter em mente alguns princípios.

Nesse contexto, o sistema de acompanhamento e avaliação da administração de processos deve:

- estar focado em pontos críticos, para evitar perda de tempo e aumento de custos;

140 | Administração de Processos • *Rebouças*

- estar bem explicitado, para facilitar seu conhecimento e aceitação pelos vários executivos e demais profissionais da empresa;

- ser rígido, mas ao mesmo tempo apresentar alguma flexibilidade, pois a empresa está em um ambiente que, normalmente, é incerto, dinâmico e flexível;

- ser realista e operacionalizável, pois deve produzir informações rápidas e corretas para o processo decisório e posterior ação por parte dos executivos, tendo em vista reconduzir o processo ao estado desejável sempre que desvios forem identificados; e

- ser realizado em *tempo real*, ou seja, no momento em que ocorre o problema.

Outro aspecto importante é a avaliação da equipe de executivos e demais profissionais da empresa quanto às habilidades, conhecimentos, orientação, predisposição para mudança e aptidão. Nesse contexto, deve-se efetuar uma comparação com as exigências estabelecidas e ter senso crítico, identificando o que falta, o que é supérfluo, bem como as necessidades de treinamento.

ETAPA 5.4 Aprimorar contínua e acumulativamente.

A administração de processos é uma sistemática que deve estar em contínuo aprimoramento. Na realidade, ela deve ser considerada um estilo de administração. Nesse contexto, é de suma importância a empresa consolidar uma sistemática de melhorias contínuas, em que deve utilizar os dados e as informações do desempenho do processo e avaliar o próximo momento de maneira acumulativa. É, portanto, um processo de "aprender a aprender".

A abordagem deste livro é de que a administração de processos deve ser um projeto de elevado impacto sobre a empresa; ao final desse projeto, a empresa deve consolidar uma sistematização voltada para as melhorias contínuas com base no novo estilo de administração; e quando for necessário, devido a novas realidades de mercado e dificuldades de interação da empresa a essa nova realidade, ela deve implementar novo projeto da administração de processos.

Naturalmente, o intervalo entre esses dois momentos deve ser o mais longo possível – alguns anos –; caso contrário, pode-se afirmar que o projeto inicial de administração de processos *não serviu para nada*.

3.2 Precauções para o adequado desenvolvimento e implementação dos processos administrativos nas empresas

A seguir, é apresentado, sem preocupação de estabelecer prioridades, um conjunto de precauções que você deve considerar nos trabalhos de administração de processos.

Salienta-se que as preocupações inerentes ao desenvolvimento e implementação da metodologia de administração de processos nas empresas devem ser analisadas em conjunto com as precauções apresentadas na seção 2.4, inerentes ao delineamento geral da administração de processos nas empresas.

Essas precauções são:

a) Preparar a empresa para o crescimento e o desenvolvimento

A administração de processos, como instrumento administrativo estruturado, não deve estar preocupada apenas com a sobrevivência da empresa, mas também com seu crescimento e, principalmente, seu sustentado desenvolvimento.

Portanto, a administração de processos não deve preocupar-se apenas com ações que normalmente tornam a empresa menor, como a reestruturação do *portfólio* de produtos e o *downsizing* – redução dos níveis hierárquicos –, mas também com ações que a tornem melhor e, preferencialmente, diferente, a partir da reinvenção das atividades, da regeneração das estratégias e da revitalização dos negócios.

Essa situação não é fácil de ser delineada, pois, muitas vezes, na aplicação de processos administrativos, principalmente na abordagem da reengenharia, podem-se cortar os gastos em excesso e depois a empresa tem dificuldade, e até impossibilidade, de se reerguer e de alavancar os atuais e, principalmente, os novos negócios.

Na decisão de corte de gastos, representados, por exemplo, por desativação de unidades organizacionais, redução de estoques, bem como diminuição do quadro de pessoal, não se pode desconsiderar que a empresa deve procurar a sobrevivência, o crescimento e o desenvolvimento, e não sua extinção.

Devem-se lembrar recentes pesquisas que demonstram pequena elevação da produtividade e do lucro, mas elevada redução do moral – e consequentemente da produtividade – dos funcionários em várias empresas que aplicaram reengenharia em suas atividades e em seus negócios.

142 | Administração de Processos • *Rebouças*

Possivelmente, essas empresas cortaram demais, no todo, e eliminaram atividades importantes para alavancar seus resultados. Portanto, a administração de processos deve ser aplicada com equilíbrio, o que pode significar a necessidade de perfeita interação entre o planejamento estratégico e os processos. A administração de processos deve servir para auxiliar, e não para prejudicar a empresa.

b) Focalizar a totalidade do negócio e não apenas os processos internos

Já foi evidenciado, ao longo deste livro, que a administração de processos deve ser considerada como sistema global e, portanto, abordar toda a empresa.

É lógico que se pode aplicar a estruturação de processos em determinados sistemas e partes específicas da empresa. Entretanto, neste livro procura-se demonstrar que essa não é a melhor maneira de usufruir todas as vantagens que a adequada administração de processos pode proporcionar para as empresas.

Na aplicação da administração de processos, deve-se elevar em nível máximo a atividade operacional, até chegar ao nível estratégico ou de negócios, passando pelo nível organizacional.

c) Ter visão de conjunto do processo de mudanças

Se a administração de processos deve ter um enfoque global na empresa, as mudanças resultantes de sua aplicação devem ser as mais amplas possíveis. É necessário que os executivos catalisadores dos processos tenham visão global de todo o conjunto de mudanças e, consequentemente, devem ter elevada capacidade como agentes de mudanças planejadas a serem operacionalizadas pelas empresas.

Esse enfoque global do processo de mudanças pode provocar situações facilitadoras ou complicadoras para se alcançar a nova realidade desejada para a empresa. Cabe aos executivos planejar e estruturar esse processo de forma otimizada. Mais informações a respeito do processo de mudanças nas empresas são apresentadas na seção 4.8.1.

d) Conhecer e interagir com os diversos grupos de interesse

Os executivos catalisadores da administração de processos nas empresas devem conhecer bem e interagir adequadamente com os diversos grupos de interesse para com os referidos processos e negócios da empresa.

Isso pressupõe atuação sustentada para resultados e por metodologias, bem como postura política de explicação e de acompanhamento dos comportamentos e atitudes dos envolvidos nos processos da empresa. Esse *algo mais* pode trazer uma série de benefícios suplementares para a qualidade dos resultados do desenvolvimento e implementação dos processos administrativos nas empresas.

e) Ter expectativas realísticas dos processos

Os trabalhos de administração de processos, principalmente com abordagem de reengenharia, estão sujeitos a expectativas fora da realidade. Talvez devido à imprecisão que cerca as definições de administração de processos e de reengenharia, vários executivos possuem expectativas não realísticas.

Embora existam exemplos de melhorias bruscas da ordem de 3.000% como resultado da reengenharia, essas são exceções a empresas que nada fizeram em termos de melhorias na produtividade e em seus resultados. Em alguns casos, 30% de melhorias podem representar um destaque, particularmente se o desempenho for amplo, tal como a lucratividade da empresa ou a rentabilidade da principal linha de produtos da empresa.

f) Ter foco em prioridades estabelecidas

Não adianta a empresa ter um conjunto enorme de prioridades no momento, como planejamento estratégico, logística, reengenharia, teoria Z, Kanban etc. e afirmar que todos esses sistemas são prioritários e devem receber a total atenção dos executivos da empresa.

Alguns dos principais problemas nas empresas são causados por:

- falta de ordenação das prioridades; ou
- achar que tudo é prioritário.

Uma proposta de estabelecimento de prioridades é o sistema GUT – Gravidade/Urgência/Tendência –, conforme apresentado na etapa 2.12, aplicado nas fontes de origem do processo decisório global, que pode corresponder aos fatores e subfatores externos e internos do processo de planejamento estratégico (apresentados no item *h* da etapa 1.2).

Como corolário dessa preocupação de prioridade, deve-se lembrar de que a administração de processos não deve ser uma proteladora de decisões, mas uma agilizadora do processo decisório, e sempre com qualidade.

144 | Administração de Processos • Rebouças

g) Ter foco nos processos e não nas funções administrativas

Esta precaução é resultante da própria realidade e da conceituação de processos. Neste livro, processo é definido como um conjunto estruturado de atividades sequenciais que apresentam relação lógica entre si, com o objetivo de atender e, preferencialmente, suplantar as expectativas e necessidades dos clientes internos e externos da empresa.

Na prática, as atividades – partes – dos processos é que são alocadas nas diversas unidades organizacionais da empresa, as quais contemplam as diferentes funções administrativas.

h) Contemplar processos estratégicos que proporcionem valor agregado para os resultados da empresa

Além de a empresa ter como foco principal os diversos processos estratégicos estabelecidos, pois esses abordam toda a empresa e de forma interativa com os fatores ambientais – externos e não controláveis –, é necessário que esses processos, efetivamente, propiciem valor agregado para os resultados globais da empresa.

i) Ter interação entre os processos e as estratégias da empresa

As empresas devem, primeiramente, desenvolver uma estratégia básica e depois aplicar os processos. A estratégia básica deve ser estabelecida a partir do planejamento estratégico. A estratégica básica, bem como as outras estratégias da empresa, devem ser consolidadas em projetos e planos de ação.

O conjunto estruturado de projetos e planos de ação, homogêneos quanto a seu objetivo maior – que no caso específico é o de consolidar uma série de atividades e ações cuja sustentação básica será fornecida pela administração de processos –, representa a essência da estrutura do plano de processos a serem desenvolvidos e implementados na empresa.

j) Ter políticas adequadas

Outro aspecto que facilita o desenvolvimento e a implementação da administração de processos é o estabelecimento de adequadas políticas.

Evidencia-se que as políticas devem ser adequadas, pois muitas vezes elas representam frases bonitas, mas que não conseguem ser operacionalizadas na empresa; e os problemas advindos dessa situação podem ser complicados. Lembre--se: existem leis que pegam e leis que não pegam!

k) Não ter timidez na aplicação dos processos

Pelo fato de a administração de processos ser considerada – ou pelo menos deveria ser – um sistema global para a empresa, é altamente válido que os executivos da empresa *pensem grande* quando forem aplicar os processos em suas empresas. Dessa forma, devem promover efetivas mudanças na empresa e não simplesmente automatizar processos.

Um erro clássico na aplicação da administração de processos é automatizar processos decadentes e inúteis. Isso corresponde a pegar *dinheiro bom* e colocar em processos representativos do caos da empresa.

l) Não gastar muito tempo e energia em levantamentos e análises das operações vigentes na empresa

Não devem ser contratadas empresas de consultoria para ficar simplesmente fazendo levantamentos e análises das operações vigentes na empresa. O trabalho dessas consultorias deve ser focado na solução de problemas e não em ficar identificando novos problemas.

Na realidade, o ideal é, partindo do resultado esperado, debater o melhor e mais rápido processo para se alcançar aquele resultado, realizando apenas atividades efetivamente necessárias que, preferencialmente, agreguem valor ao resultado final dos produtos e serviços oferecidos pela empresa.

m) *Não ir na onda* do fracasso intelectual

O fracasso intelectual ocorre quando os principais executivos de uma empresa simplesmente não sabem o que estão fazendo. O entusiasmo, o desejo de resultados e o processo participativo não são suficientes para produzir e consolidar o sucesso da empresa. É preciso saber a causa do problema e como este deverá ser tratado de maneira eficiente, eficaz e efetiva.

n) Ter administração sobre a *reengenharia do poder*

Um dos efeitos práticos dos programas de reestruturação organizacional mais em moda atualmente é fazer com que os executivos passem a trabalhar no mesmo pé de igualdade de seus subordinados, em equipes multidisciplinares. Esse tipo de alteração na estrutura das empresas não é facilmente aceito por todos os executivos e funcionários, e esse pode ser um ponto-chave para fazer um projeto de reestruturação resultar em sucesso ou em fracasso.

146 | Administração de Processos • *Rebouças*

Portanto, se os projetos de reestruturação organizacional implicam fazer as pessoas mudarem seus comportamentos, é preciso aprender como elas mudam as técnicas que podem ajudá-las a mudar suas formas de atuação.

o) Não ter pensamento *viciado*

A administração de processos, tal como apresentada neste livro, pressupõe uma sistemática constante e evolutiva de repensar a empresa, seus negócios, suas atividades e seus processos. Não se deve aceitar, por exemplo, uma resposta do tipo "eu já tentei e isso não funcionou".

Executivos e profissionais com esse pensamento não têm nada a ver com a aplicação da administração de processos nas empresas.

O pensamento é resultante das atividades das pessoas. É válido apresentar algumas atitudes que os executivos e demais profissionais podem ter perante a administração de processos.

Podem-se identificar quatro atitudes principais – reativa, inativa, proativa e interativa – cujas características são apresentadas a seguir.

Os executivos e profissionais envolvidos na administração de processos não devem ter uma atitude inativa, apresentando estilo conservador de administração e procurando nada mais que a estabilidade e a sobrevivência para si e para a empresa.

Também não devem ter uma atitude reativa, na qual apresentam elevada resistência às mudanças, pois preferem um estado anterior ao atual, nas várias situações pessoais e profissionais que enfrentam.

Uma atitude proativa, embora não seja inadequada, não pode ser considerada como a ideal. Isto porque os executivos e profissionais estariam desenvolvendo a administração de processos para uma situação futura simplesmente projetada do passado e do presente, sem a preocupação de alterar o futuro da empresa.

A atitude ideal dos executivos e demais profissionais envolvidos com a administração de processos é a interativa, em que eles *preparam o futuro* e acreditam que podem concretizar essa situação. Para eles, o futuro só depende do que estão fazendo agora e farão depois. Essa atitude consolida o pensamento estratégico do executivo e do profissional que trabalha com a administração de processos nas empresas.

p) Não acreditar que os projetos de administração de processos simplesmente proporcionem transformações revolucionárias e a curto prazo nos negócios

A expectativa de transformações revolucionárias nas empresas tem sido um dos principais problemas e razão das críticas para a administração de processos.

Na realidade, os resultados correlacionados a grandes mudanças nas empresas podem ser conseguidos ao longo de um período de tempo adequado e, preferencialmente, resultante das decisões definidas a partir do plano estratégico da empresa.

Portanto, os resultados apresentados pela administração de processos podem ser gradualmente evolutivos até se chegar a uma situação que represente e consolide o modelo ideal de gestão da empresa, o que pode levar, em alguns casos, de três a cinco anos.

Entretanto, é necessário que os processos administrativos apresentem alguns resultados tangíveis a curto prazo, até para servir de sustentação ou de *bandeira* para as mudanças maiores que deverão ocorrer na empresa ao longo do tempo.

q) Ter transferência do conhecimento e das tecnologias básicas para consolidar os produtos e os serviços oferecidos ao mercado

Esse processo de treinamento deve ser eficiente, eficaz e efetivo, visto que pode representar o futuro da empresa. Portanto, ninguém deve ficar *escondendo o jogo* durante o desenvolvimento dos trabalhos.

r) Ter padrinhos das competências da empresa

Para cada uma das competências identificadas como existentes ou necessárias, a empresa deve nomear um padrinho ou patrono responsável por seu desenvolvimento e efetivação dentro do processo de alavancagem do valor do negócio. Essa situação pode facilitar a consolidação de otimizada administração de processos nas empresas.

Champ (1995, p. 37) enfoca a importância da liderança, o trabalho em equipe, o poder de decisão e a cultura da empresa como fatores, talvez mais importantes que a administração de processos em si. Isso porque organizar, inspirar, desdobrar, capacitar, medir e recompensar os ganhos adicionais do trabalho operacional representam os grandes obstáculos e quase todas as iniciativas da administração de processos nas empresas.

148 | Administração de Processos • *Rebouças*

s) Ter profissionais com dedicação adequada à administração de processos

Nesse contexto, podem ocorrer duas situações:

Situação 1: ter profissionais atuando em período integral na administração de processos.

Situação 2: ter profissionais com atuação em período parcial na administração de processos.

O autor deste livro, apesar da colocação contrária de vários outros autores, tem preferência por esta última situação, pelo simples fato de que as pessoas não podem ser afastadas de suas realidades no dia a dia para atuar em um sistema global. E como os processos precisam de representantes com efetivo e atualizado conhecimento das várias atividades da empresa, é melhor formar uma equipe multidisciplinar para desenvolver e implementar os processos nas empresas.

Entretanto, deve-se tomar cuidado para que esses profissionais não fiquem defendendo seu trabalho do dia a dia e não aceitem mudanças advindas dos novos processos estabelecidos pela empresa. Mas, normalmente, essa situação é administrável porque os processos nascem interligados a uma estratégia básica da empresa que já foi definida anteriormente pelo planejamento estratégico.

No entanto, se os processos não estiverem sendo desenvolvidos a contento, você não deve titubear: vá direto para a situação 1. E parece ficar claro que a possível redução do quadro de pessoal ao final da consolidação dos processos é maior nessa situação 1, pois, inclusive, a empresa precisa contratar pessoas – de elevado gabarito profissional – para a realização dos serviços resultantes da operacionalização dos novos processos.

É importante salientar que não se devem contratar equipes de consultoria para realizar esse trabalho operacional, pois quem vai ficar conhecendo a *nova* empresa, resultante da aplicação dos processos, vai ser essa equipe de consultores.

A empresa deve contratar um consultor – e não uma equipe inteira – que conheça a teoria e a prática da administração de processos, com suas metodologias e técnicas, e que auxilie nesse forte processo de mudanças na empresa.

t) Ter foco de atuação no processo de geração de valores agregados e não nas unidades organizacionais

Como a administração de processos tem como sustentação os processos da empresa, não pode considerar como foco principal as unidades organizacionais estabelecidas.

Na seção 2.2.2, quando da consideração da reengenharia em nível organizacional, foi evidenciada a reformulação que as empresas são obrigadas a concretizar em seus estilos e formas de organização empresarial. Esses novos desenhos organizacionais necessitam de modernas medidas de avaliação de desempenho, as quais provocam novas interações nas empresas.

Também são necessários níveis salariais equilibrados nos diversos escalões hierárquicos da empresa. E, se for o caso de reduzir salários, deve-se começar pelos níveis hierárquicos mais elevados.

Será necessário entender, e muito bem, a realidade da cultura organizacional, a qual deve consolidar sustentável causa e razão para fortes mudanças nas empresas e em seus processos administrativos, conforme apresentado na seção 4.8.1.

As empresas devem redobrar o desenvolvimento, o envolvimento e a participação dos funcionários da empresa, pois esses devem sentir-se como corresponsáveis pelo desenvolvimento e pela implementação dos processos administrativos, ao menos pela razão básica de que, normalmente, um adequado nível participativo não custa quase nada para a empresa e proporciona resultados interessantes.

Todo esse procedimento deve ser feito com redução de custos e não eliminação de capacidades. Se ocorrer esta última situação, a empresa pode estar cometendo um dos maiores erros na utilização de processos, principalmente em sua abordagem de reengenharia.

O conceito clássico de reengenharia centrado na reestruturação de processos, redução de custos e aumento de eficiência tem de estar voltado para os clientes externos e internos, sendo estes últimos representados pelas várias unidades organizacionais da empresa. Lembre-se: o cliente é a razão da existência e da sobrevivência das empresas.

Nesse momento, é válido apresentar algumas considerações complementares a respeito do cliente interno. Isto porque, em seu sentido mais amplo, os processos administrativos devem considerar um único cliente que é externo, ou seja, o que está no mercado e efetivamente compra o produto ou serviço que a empresa coloca à disposição do mercado.

Nesse contexto, existem dois fluxos:

- o que vem do mercado e dos clientes, com suas expectativas e necessidades, as quais consolidam a razão de ser dos produtos e serviços que a empresa coloca à disposição do mercado; e

- o que vem de dentro da empresa, via processos administrativos, e que procura atender, em sua plenitude, as necessidades e as expectativas dos clientes e do mercado.

Portanto, o que realmente é importante nesse fluxo geral é o cliente externo. Todos os clientes internos, alocados ao longo do processo principal, não apresentam maior representatividade para o desenvolvimento dos trabalhos.

Apenas no delineamento dos processos secundários é que a definição dos clientes internos, os quais estão no processo principal da empresa, podem ter elevado nível de representatividade para a estruturação dos processos na empresa.

Entretanto, existe uma situação em que a identificação dos clientes internos ganha um significado importante: é na reengenharia ou estruturação de processos em nível organizacional, pois através da estruturação geral dos clientes internos de forma interativa com a rede escalar de objetivos – proveniente do planejamento estratégico, conforme apresentado na seção 4.1 – é possível a empresa consolidar uma otimizada reestruturação organizacional.

u) Ter efetivo e ágil processo de comunicação e de disseminação das ideias, propostas e decisões

Nunca se devem esconder informações para os diversos níveis hierárquicos da empresa. A empresa deve ter consciência de que o entendimento e assimilação da administração de processos e organizacional é muito mais importante que todas as *dicas* apresentadas neste livro e em outras obras.

Também não se deve ter medo de assustar as várias pessoas envolvidas no processo. Isso porque o domínio da informação necessária cria uma situação de efetiva responsabilidade e, principalmente, entendimento e compreensão da realidade.

v) Ter efetivo comprometimento dos executivos e demais funcionários da empresa

Esta situação deve ser iniciada com uma liderança comprometida com os resultados estabelecidos. Muitas vezes, ocorrem problemas sérios quando os executivos *fogem da reta*; ou seja, alguns executivos argumentam que querem os resultados dramáticos que a administração de processos promete, mas não querem arcar com as consequências ou relutam em se esforçar com o vigor necessário.

w) Mobilizar os funcionários a aceitar as mudanças que os processos acarretam

Esse pode ser considerado, seguramente, o maior desafio para a administração de processos. E nunca se deve esquecer de que é necessário ter os funcionários da empresa como a sustentação básica para o processo de mudança. Preferencialmente, os funcionários devem ser preparados para realizar a própria administração dos processos da empresa.

A empresa deve solicitar a alguns de seus empregados-chave, geralmente os da média administração, para esquecerem parte de suas atividades durante alguns meses, tendo em vista reestruturarem a empresa de cima para baixo.

x) Ter adequado clima organizacional

Clima organizacional é a percepção coletiva que os profissionais têm da empresa, através da experimentação prática e prolongada de suas políticas, estruturas, sistemas, processos e valores. Portanto, o clima organizacional é, simultaneamente, a percepção que os profissionais têm da empresa e sua reação a essa percepção.

É necessário lembrar que o clima organizacional:

- tem impacto direto na eficiência, eficácia e efetividade da empresa, por ser importante base de informações, decisões e valores;
- é construído ao longo de um período significativo de tempo e, portanto, alterações são também de longa maturação; e
- é resultado de percepção coletiva, sendo, portanto, pouco relevante o estudo de percepções individuais. No entanto, grupos populacionais diversos normalmente mantêm climas organizacionais diferentes, sendo, por isso, interessante o estudo dessas diferenças.

Alguns dos fatores que podem favorecer o adequado clima organizacional nas empresas são:

- clareza de objetivos, representados pelo grau em que a empresa estabelece linhas explícitas de ação expressas por objetivos e planos bem definidos;
- adequação da estrutura organizacional, representada pelo grau em que esta facilita e estimula a consecução dos objetivos da empresa;

- qualidade do processo decisório, representado pela formulação, implantação e revisão sistemática de decisões baseadas em informações adequadas;
- integração e comunicação, representadas pelo grau em que se asseguram comunicações efetivas em toda a empresa e se promovem interações cooperadas entre suas unidades organizacionais;
- estilo administrativo, representado pelo grau de abertura e encorajamento à iniciativa individual direcionada à maior eficácia organizacional;
- orientação para desempenho profissional, representado pelo grau de ênfase dado à responsabilidade individual para resultados claramente definidos e altos níveis de desempenho;
- vitalidade organizacional, representado pelo grau de dinamismo da empresa conforme refletido em sua capacidade de mudar, estabelecer programas e objetivos arrojados, bem como manter ritmo interno desafiante;
- remuneração, representada pelo grau em que a empresa é vista como equitativa, competitiva e relacionada ao desempenho individual;
- desenvolvimento dos recursos humanos, representado pelo grau em que a empresa fornece oportunidades de progresso profissional e as experiências necessárias à preparação dos profissionais para cargos e funções em níveis mais altos; e
- imagem da empresa, representada pela classificação global da empresa em termos de imagem transmitida aos executivos e demais funcionários da empresa, bem como aos públicos externos, tais como clientes, fornecedores, governo, concorrentes e comunidade.

Verifica-se que o clima organizacional contribui diretamente para consolidar a confiança na empresa. E confiança é uma palavra-chave na administração de processos nas empresas.

A partir da leitura e análise das várias propostas e precauções sugeridas neste livro, espera-se estar contribuindo para que esse processo de mudança de abordagem global seja mais facilitado para as empresas. E a principal contribuição deste livro nesse contexto é a apresentação de uma metodologia estruturada para o desenvolvimento e implementação dos processos administrativos nas empresas.

3.3 Indicadores de desempenho para avaliação e aprimoramento de processos

Na seção 4.3, quando da apresentação de interligação dos processos com a qualidade total, são considerados alguns indicadores de desempenho, principalmente no item *j* da referida seção.

Neste momento, são apresentados indicadores de desempenho em seu contexto mais amplo, procurando demonstrar que quase tão importante quanto à metodologia de desenvolvimento e implementação dos processos administrativos são os indicadores de desempenho estabelecidos de forma ampla e estruturada, mas também permitindo otimizadas análises comparativas.

Todo e qualquer trabalho de administração de processos necessita do estabelecimento e da análise de indicadores de desempenho, principalmente para verificar se cada processo alcançou os resultados anteriormente estabelecidos – objetivos e metas –, mas também se cada uma das atividades do processo alcançou os resultados esperados.

Indicador de desempenho é o parâmetro e critério de avaliação previamente estabelecido que permite a verificação da realização, bem como da evolução da atividade ou do processo na empresa ou negócio.

Com referência aos indicadores, pode-se utilizar um resumo correlacionado às abordagens da FPNQ – Fundação Programa Nacional de Qualidade e do BSC – *Balanced Scorecard* desenvolvido por Kaplan e Norton (1998, p. 17).

Portanto, procura-se apresentar algumas abordagens para cada análise, tendo em vista facilitar a realidade específica da administração de processos da empresa ou negócio considerado.

Salienta-se que, para cada indicador apresentado a seguir, é necessário, inicialmente, estabelecer o indicador de desempenho com base em análises globais e específicas e, depois, efetuar a análise comparativa para com os resultados efetivamente alcançados pela empresa, como apresentado a seguir.

Nessa interação do FPNQ e do BSC, pode-se ter um conjunto de oito perspectivas para o estabelecimento dos indicadores de desempenho a serem utilizados na análise e avaliação dos processos administrativos estabelecidos em uma empresa:

a) Perspectiva do mercado e dos clientes, que inclui os seguintes indicadores:

- Participação no mercado: percentual que a empresa detém das vendas totais do setor em que participa. É válido considerar, também, a evolução percentual da participação de mercado.

- Fidelidade: percentual da base de clientes que é cliente regular há mais de três anos da empresa analisada. Salienta-se que a fidelidade pode ser medida de outras formas, tais como a quantidade de transações por cliente ou o percentual de clientes que são exclusivos da empresa, o que torna mais complicada a comparação desse indicador com a situação dos concorrentes.

- Conquista de novos clientes: número de novos clientes por segmento de mercado e as vendas a novos clientes por segmento.

- Insatisfação: percentual de clientes que apontaram um ou mais fatores graves de insatisfação e/ou quantidade de fatores graves de insatisfação que interferem ou poderão interferir na decisão de compra no segmento de clientes da empresa analisada.

- Satisfação: percentual de clientes que se declaram muito ou totalmente satisfeitos para com a empresa analisada, sendo que tal medição é feita através de pesquisas junto aos clientes, cujos resultados são comparados com a concorrência. Salienta-se que os indicadores de satisfação e de insatisfação não são considerados como complementares entre si.

- Informação: mede a intensidade com que o mercado potencial recebe informação positiva sobre a empresa, seus produtos, serviços, marcas e atividades.

- Imagem: percentual de entrevistados que têm uma visão positiva da empresa, através de fatores como seus produtos e serviços, valores culturais, respeito aos clientes e ações de responsabilidade social.

- Conhecimento: percentual de entrevistados que se lembram da marca da empresa e/ou de seus principais produtos e serviços em primeiro lugar.

- Valor relativo do produto ou serviço: através de pesquisas junto aos clientes, são medidos e avaliados atributos do produto ou serviço da empresa, tais como pontualidade, qualidade, atendimento etc., bem como dos concorrentes.

- Manifestações dos clientes: percentual de reclamações procedentes em relação ao total de clientes ou percentual de devoluções em relação ao total vendido.
- Relacionamento: prazo médio para a solução de problemas com os clientes, sendo que a percepção do cliente quanto à qualidade do atendimento está intimamente correlacionada com a velocidade e a qualidade da resposta que a empresa lhe dá.

b) Perspectiva financeira, que normalmente abrange:
- Rentabilidade sobre o patrimônio líquido: lucro líquido dividido pelo patrimônio líquido.
- Valor econômico agregado (EVA): lucro líquido menos o custo de oportunidade do capital empregado, o qual é calculado multiplicando-se o ativo total – imobilizado mais circulante – pela taxa média de remuneração do capital. Portanto, o EVA avalia se realmente é atrativo para se investir capital na empresa ou negócio considerado.
- Liquidez corrente: ativo circulante dividido pelo passivo circulante, o qual mede a capacidade da empresa de saldar seus compromissos imediatos.
- Crescimento da receita: total da receita no período atual dividido pelo total da receita no período anterior, sendo que o total da receita também engloba a receita proveniente de aplicações no mercado financeiro (receitas não operacionais).
- Margem bruta: total das vendas menos o custo dos produtos e serviços vendidos, dividido pelo total das vendas. Mede o equilíbrio entre a receita e a despesa da empresa analisada.
- Geração de caixa: saldo médio de caixa dividido pelo total das vendas. Mede o equilíbrio entre as contas a receber e as contas a pagar, bem como a velocidade do fluxo de caixa.
- Custo unitário do produto ou serviço.
- Vendas: média das vendas reais dos últimos 12 meses dividida pela média das vendas previstas para o mesmo período. Mede a capacidade da empresa de fazer previsões de vendas e de consolidar esforços para concretizar as vendas previstas.

c) Perspectiva dos processos, que deve ser o centro das análises, abrangendo os seguintes indicadores de desempenho:

- Conformidade do produto em relação ao padrão: o padrão tomado como referência para a medição pode abranger uma especificação determinada pelo cliente ou pela empresa ou uma norma imposta pela legislação. Nessa categoria, estão incluídos os seguintes indicadores, que são complementares entre si: percentual de produtos defeituosos em relação ao total produzido e percentual de produtos produzidos dentro do padrão.

- Conformidade do serviço em relação ao padrão: mede o percentual de serviços entregues dentro do prazo prometido ao cliente e na qualidade estabelecida.

- Produtividade: custo real do processo dividido pelo custo ideal. O custo real é a soma do custo médio das atividades e dos insumos diretamente ligados à execução do processo e o custo ideal é obtido através de *benchmarking* junto a outras empresas que sejam consideradas referências de excelência.

- Eficiência operacional: percentual utilizado da capacidade de produção instalada.

- Conformidade do processo crítico: mede o número de não conformidades do processo que é crítico para a empresa ou negócio analisado.

- Desperdício: medido pelo percentual de materiais perdidos em relação ao total utilizado, ou pelo percentual de horas de retrabalho em relação ao total de horas programadas, ou ainda pelo percentual de tempo improdutivo – tempo gasto na preparação ou manutenção de máquinas – em relação ao tempo de ciclo total do processo.

- Qualidade do planejamento: medido pelo percentual realizado da programação de produção ou pela quantidade de alterações não previstas no programa de produção, com aumento nos custos de produção.

- Flexibilidade: mede o prazo médio decorrido entre o pedido e a entrega do produto ou serviço ao cliente.

- Análise do processo de inovação: considera o tempo do ciclo do projeto de produtos e serviços, o custo em pesquisa e desenvolvimento, o retorno dos ativos empregados em projetos de novos produtos, serviços e processos, bem como a receita proveniente de novos produtos e serviços.

- Análise do processo de operações: considera o tempo do ciclo do pedido do cliente, o percentual de não conformidades no processo, o custo do processo e o percentual de produtividade, geralmente estabelecida pela quantidade produzida por funcionário da empresa.
- Análise do serviço pós-venda: considera o prazo médio para solução de reclamações e o custo da assistência pós-venda.

d) Perspectiva de aprendizado, inovação e crescimento que contempla os indicadores que medem a capacidade da empresa em inovar seus produtos ou serviços e processos, a saber:

- Tempo para recuperar o investimento: número de meses necessários, em média, para obter o retorno do investimento feito em um novo produto, serviço ou processo.
- Receita de novos produtos ou serviços: percentual da receita obtida com novos produtos ou serviços lançados há menos de dois anos. No conceito de produto novo, incluem-se modificações significativas de função ou estética nos produtos existentes. Esse indicador mede a capacidade da empresa para transformar inovação em ganhos reais.
- Conformidade do processo: engloba o número de não conformidade por processo ou o número de alterações no processo correlacionado às não conformidades ou o tempo real do processo em relação ao tempo previsto, ou o custo real do processo em relação ao custo anteriormente previsto.
- Conformidade do projeto: engloba o número de não conformidades por projeto ou o número de alterações no projeto correlacionado às não conformidades ou o tempo real do projeto pelo tempo previsto, ou ainda o custo real do projeto dividido pelo custo previsto.
- Geração de ideias: abrange o percentual de ideias de produtos e serviços avaliadas em relação ao total de pessoas envolvidas em desenvolvimento de produtos ou serviços e o percentual de ideias aproveitadas em relação ao total de ideias geradas.

158 | Administração de Processos • *Rebouças*

- Aceitação de novos produtos e serviços: percentual de unidades de novos produtos ou serviços vendidos em relação ao total de unidades da venda prevista para novos produtos e serviços.

Verifica-se que essa perspectiva identifica a infraestrutura necessária para que a empresa obtenha crescimento em longo prazo e melhoria contínua das suas competências, visando entregar maior valor para o cliente e para os investidores e acionistas, sendo que esse processo está sustentado por fatores como a competência e a satisfação dos executivos e funcionários, a infraestrutura de tecnologia da informação e a delegação de poder para os níveis inferiores da estrutura hierárquica (*empowerment*).

e) Perspectiva de responsabilidade social. Nesse caso, podem-se considerar:

- Conformidade social: pontuação que pode ser obtida, por exemplo, de acordo com critérios de avaliação do Instituto Ethos – entidade brasileira voltada para ações de responsabilidade social –, os quais estão englobados em sete temas: valores e transparência, público interno, meio ambiente, fornecedores, consumidores, comunidade e governo. Essa avaliação permite que a empresa possa planejar e implementar as suas ações estratégicas, visando alcançar um nível mais elevado de responsabilidade social.

- Imagem pública: percentual de entrevistados em pesquisa que têm uma imagem favorável a respeito da responsabilidade social da empresa ou o número de inserções espontâneas e positivas na mídia.

- Conformidade ambiental: percentual de requisitos atendidos em relação ao total de requisitos aplicáveis, sendo que estes últimos são baseados na legislação e nos compromissos ambientais assumidos pela empresa, tal como uma Organização Não Governamental (ONG).

- Custo ambiental: custo dos danos causados ao meio ambiente em um ano dividido pela receita no mesmo período. Esse custo inclui multas, indenizações, correções de danos e interrupções das atividades da empresa.

- Benefícios dos processos: benefício social obtido dividido pelo benefício almejado, considerando-se processos como o de redução da emissão de poluentes ou o de recuperação de viciados em drogas em uma comunidade.

- Investimento em responsabilidade social: percentual da receita investido em programas de responsabilidade social. Salienta-se que esse indicador inclui o tempo disponibilizado pelo pessoal interno para esses programas.
- Investimento em gestão ambiental: percentual da receita investido em gestão ambiental.
- Divulgação: valor despendido na divulgação das ações sociais e ambientais.
- Risco ambiental: considera o número de não conformidades ambientais e o número de aspectos ambientais inaceitáveis.
- Passivo ambiental: mede o custo estimado para o tratamento de resíduos, pagamento de multas e indenizações.

f) Perspectiva das pessoas, em que estão contemplados os indicadores que se seguem:
- Retenção de pessoas-chave: número de pessoas-chave com elevado conhecimento que se desligaram espontaneamente nos últimos 12 meses dividido pelo total de pessoas-chave da empresa analisada.
- Conhecimento e habilidade: medido através do percentual médio cumprido do ideal estabelecido para a função, ou seja, quanto cada pessoa é capaz de cumprir em relação às habilidades exigidas para a função e do percentual de pessoas que têm capacitação adequada, ou seja, pessoas que se encaixam no perfil dos conhecimentos e habilidades exigidos para o cargo ou função.
- Satisfação: percentual das pessoas que se declararam suficientemente motivadas e satisfeitas. Esse indicador é obtido por meio de pesquisa junto aos executivos e demais funcionários da empresa.
- Comprometimento: percentual das pessoas que, efetivamente, estão envolvidas e engajadas em atividades vinculadas às estratégias da empresa e o percentual das pessoas que conhecem os objetivos e os valores da empresa considerada.
- Competência: percentual das pessoas que não necessitam de supervisão direta, percentual de pessoas que se sentem com autoridade e delegação suficientes, o que pode ser medido através de pesquisa do clima organizacional.

- Melhoria contínua e produtividade: medidas do valor econômico agregado por pessoa; por exemplo, receita total dividida pelo número de funcionários e o percentual realizado das metas individuais e das equipes de trabalho.
- Eficácia de treinamento: mede o percentual de pessoas treinadas que utilizam, na prática, os conhecimentos e as habilidades adquiridos no treinamento.
- Volume de treinamento: percentual da receita investido em treinamento, o percentual de horas de treinamento em relação às horas disponíveis e o percentual cumprido do plano de treinamento.
- Avanço na carreira: percentual de oportunidades preenchidas internamente – mede o aproveitamento do pessoal interno no preenchimento de vagas – e o percentual de pessoas que avançaram na carreira nos últimos 12 meses.
- Equidade de remuneração: percentual de funções que mantêm equivalência salarial com o mercado.
- Bem-estar: percentual de pessoas com doença ocupacional – pessoas que apresentam problemas de saúde correlacionados às atividades que executam – e o percentual de pessoas satisfeitas com os benefícios que a empresa oferece.
- Segurança: frequência e gravidade de acidentes – indicador obrigatório por lei –, a frequência de quase-acidentes – situação em que poderia ter ocorrido um acidente com afastamento –, o número de perigos cujo risco e efeito combinados tornam obrigatória a tomada de ações de correções e o número de pessoas treinadas com as horas de treinamento em segurança do trabalho.
- Participação: número de sugestões implementadas dividido pelo total de funcionários e o percentual de pessoas que participam de projetos de melhoria.

g) Perspectiva de aquisição e dos fornecedores, que engloba os seguintes indicadores de desempenho:

- Qualidade dos produtos e serviços adquiridos: conformidade do produto e serviço às especificações, a pontualidade de entrega, o prazo de entrega e o percentual de valor do total das compras, referente a fornecedores com qualidade assegurada.

- Produtividade de aquisição: economia realizada no período de um ano, descontadas as despesas com o desenvolvimento de fornecedores, o giro de estoque (365 dias divididos pelo número médio de dias de estoque).
- Eficácia da garantia da qualidade: número de não conformidades maiores por auditoria de fornecedor (não conformidade maior é um desvio em relação à norma contratual aplicável ao sistema da qualidade do fornecedor, detectado em auditoria, que traz riscos significativos à empresa), o número de não conformidades por unidade adquirida (volume de suprimento não conforme dividido pelo total de suprimento comprado em valores).
- Relacionamento: percentual de ações corretivas respondidas a contento pelos fornecedores, que mede a eficácia das ações corretivas solicitadas aos fornecedores, e o percentual de negociações bem--sucedidas, que mede a capacidade de se obter negociações do tipo "ganha-ganha".

h) Perspectiva do ambiente organizacional, que abrange os seguintes indicadores de desempenho:

- Satisfação com a liderança: percentual de pessoas que se declaram satisfeitas ou muito satisfeitas com o estilo de liderança e que sentem que os líderes são capazes de levar a empresa ao sucesso.
- Capital intelectual: valor agregado aos produtos e serviços através do conhecimento acumulado na empresa, o qual engloba o número de tecnologias dominadas dividido pelo total de tecnologias necessárias, o percentual de conhecimentos críticos para o sucesso da empresa e dominados por mais de uma pessoa (mede o risco de empresa perder conhecimento com o desligamento de pessoas que detêm tal conhecimento), o percentual de conhecimentos críticos documentados e disseminados (verifica se os conhecimentos críticos estão acessíveis através de meios que permitam sua utilização por toda a empresa).
- Habilidade dos líderes: sistemática estruturada para desenvolver e avaliar líderes, a qual pode abranger atributos como capacidade de estabelecer prioridades, capacidade de delegar, capacidade de avaliar, capacidade de comunicar e capacidade de desenvolver pessoas.

162 | Administração de Processos • *Rebouças*

- Qualidade do sistema de informações: número de informações críticas disponíveis dividido pelo total de informações críticas necessárias. Informação crítica disponível é um conjunto de dados acessível em tempo adequado, atualizado e confiável, cuja utilização é essencial para a realização dos objetivos e metas da empresa ou negócio.

Independentemente do critério de avaliação a ser utilizado, deve-se lembrar de uma famosa frase estabelecendo que "tudo o que pode ser medido pode ser administrado"; entretanto, isso fica numa situação esquisita quando existe descrédito quanto aos próprios indicadores de medição, quer seja pela não utilização da medida certa, quer seja pela aplicação de medidas inadequadas para que os executivos e demais funcionários da empresa se sintam mais confortáveis quanto ao processo de cobrança de resultados.

Quantas vezes os executivos despendem elevados tempo e recursos para medir e melhorar as atividades que pouco – ou nada – contribuem para a melhoria efetiva dos resultados da empresa?

Resumo

Neste capítulo, foi verificado que a administração de processos pode ser desenvolvida em nível de negócios – estratégica –, em nível organizacional – estrutura – e em nível de processos.

Foi apresentada uma metodologia para o desenvolvimento e a implementação dos processos administrativos nas empresas com cinco fases básicas: comprometimento, estruturação, análise, desenvolvimento e implementação.

A fase de comprometimento pode ser dividida em cinco etapas: apresentação dos conceitos, metodologia geral, vantagens e precauções da administração de processos; reunião geral de debates, ajustes e estabelecimento de responsabilidades; delineamento do modelo ideal para a empresa; treinamento básico; e planejamento da mudança.

A fase de estruturação tem 12 etapas, a saber: estabelecimento das expectativas dos clientes; interação dos processos estratégicos com as necessidades dos clientes e fornecedores; estabelecimento das medidas de desempenho; delineamento dos processos de apoio; análise dos problemas existentes e potenciais; identificação dos sistemas e subsistemas focos de análise; identificação das atividades permanentes e esporádicas; delineamento dos processos; identificação das atividades que agregam valor; desenvolvimento do *benchmarking*; estimativa dos recursos; e estabelecimento da prioridade dos processos.

A fase de análise é dividida em nove etapas: estabelecimento da situação futura desejada; análise da realidade do processo; análise do valor agregado; *benchmarking* dos indicadores de desempenho; análise dos resultados; delineamento dos processos ideais; decomposição da passagem da situação atual para a situação futura; análise das alternativas; e estabelecimento das prioridades.

A fase de desenvolvimento tem sete etapas, a saber: delineamento do sistema de informações gerenciais; estabelecimento da relação entre processos e informações; estruturação dos processos; abordagem tecnológica; adequação da estrutura organizacional; delineamento dos perfis de atuação; e identificação do catalisador responsável.

E, finalmente, a fase de implementação tem quatro etapas: planejamento; efetivação da implementação; acompanhamento e avaliação; e aprimoramento do processo.

Algumas precauções que você deve considerar para o adequado desenvolvimento e implementação dos processos administrativos nas empresas são: preparar a empresa para o crescimento e o desenvolvimento; focalizar a totalidade do negócio e não apenas o processo interno; ter visão de conjunto do processo de mudanças; conhecer e interagir com os diversos grupos de interesse; ter expectativas realísticas; ter prioridades; ter foco nos processos e não nas funções administrativas; contemplar processos estratégicos que proporcionem valor agregado; correlacionar processos com estratégias; ter políticas adequadas; não ter timidez na aplicação; não gastar tempo em levantamentos; não *ir na onda* do fracasso intelectual; ter administração sobre a reengenharia do poder; não ter pensamento *viciado*; não acreditar simplesmente em transformações revolucionárias; ter transferências de conhecimentos; ter patronos; ter dedicação adequada; ter foco de atuação em valores agregados; ter comprometimento; mobilizar os empregados; e ter adequado clima organizacional.

Questões para debate

1. Debater os aspectos básicos da aplicação dos processos em níveis operacional, organizacional e estratégico ou de negócios.
2. Detalhar e debater, para os assuntos de seu conhecimento, as fases da metodologia apresentada para o desenvolvimento e a implementação dos processos administrativos nas empresas.
3. Identificar outras metodologias para o desenvolvimento e a implementação dos processos administrativos nas empresas. Fazer um quadro comparativo, analisando as vantagens e as desvantagens de cada metodologia em relação à apresentada neste livro.
4. Identificar e debater outras precauções que os executivos devem considerar para o adequado desenvolvimento e implementação dos processos administrativos nas empresas.
5. Hierarquizar, com justificativas e exemplos, as precauções a serem consideradas nos trabalhos de administração de processos.

Caso:
Análise para aplicação da administração de processos na Faculdade Brasileira de Administração (FABA)

A Faculdade Brasileira de Administração (FABA) é uma instituição de ensino do governo federal que está apresentando alguns problemas sérios, como o elevado nível de evasão de alunos. Após amplo debate, a diretoria da FABA e o Centro Acadêmico CAFABA resolveram repensar a instituição a partir de adequada administração de processos.

Este trabalho, que será coordenado por você, deve estar sustentado nas seguintes premissas:

a) **Efetivo atendimento das expectativas dos clientes**

No caso, os clientes são as empresas, que *compram* os serviços dos administradores recém-formados. Portanto, o curso de Administração da FABA deve fornecer recursos humanos – alunos recém-formados – com elevada qualidade para o mercado, a fim de atender às expectativas e às necessidades dos clientes, representados pelas empresas que necessitam dos trabalhos destes administradores recém-formados.

b) Adequada estrutura curricular de disciplinas perfeitamente interligadas

Esta interligação deve ser total e, também, possibilitar que os trabalhos dos alunos em cada uma das disciplinas em um semestre sirvam de sustentação para os trabalhos das disciplinas do semestre seguinte, de tal forma que o trabalho de formatura seja a consolidação global e interativa de todas as atividades administrativas em uma empresa.

c) Efetiva sustentação de qualidade por parte dos professores

Esta qualidade dos professores deve estar representada pelo efetivo conhecimento e pela experiência nos assuntos que estiverem lecionando. O processo de avaliação do conhecimento e experiência dos professores quanto aos assuntos lecionados deve estar interagente com a administração de processos da FABA.

Com base nas três premissas apresentadas, você deve elaborar um plano para consolidar otimizada administração de processos na FABA, tendo como sustentação a metodologia apresentada neste capítulo ou outra metodologia de sua preferência.

Para facilitar a elaboração do seu plano de trabalho na FABA, você pode complementar com as informações ou situações que julgar necessárias.

A FABA e, principalmente, seus formandos agradecem seu plano de trabalho.

Capítulo 4

"O planejamento diz respeito não a decisões futuras, mas a impactos futuros de decisões presentes."

Peter Drucker

Este capítulo apresenta uma abordagem mais ampla e interativa dos processos administrativos, através de sua interligação com outros instrumentos administrativos da empresa.

Salienta-se que os instrumentos administrativos apresentados não representam a totalidade das interações que os processos podem ter em uma empresa, mas apenas alguns exemplos que podem facilitar o entendimento do assunto em questão.

Com referência à escolha dos sistemas ou instrumentos administrativos, o autor procurou identificar outros sistemas globais, ou seja, que abordam toda a empresa. A partir da abordagem global da empresa, fica mais fácil o entendimento das diversas interações *da* e *para com* a administração de processos.

Possíveis decomposições e detalhamentos devem ser tratados em cada caso específico na empresa. Para mais detalhes a respeito de interligações entre sistemas ou instrumentos administrativos nas empresas, analisar o livro *A moderna administração integrada*, dos mesmos autor e editora.

Também deve-se lembrar de que, de maneira resumida, para todo e qualquer desenvolvimento de um projeto de administração de processos é necessário efetuar algumas perguntas, como:

- A administração de processos é necessária?
- Os processos estão alinhados com as estratégias da empresa?
- O levantamento dos requisitos e indicadores de desempenho cobriu todas as atividades relevantes da empresa?
- O delineamento dos processos administrativos reflete as necessidades da empresa, dos clientes – externos e internos da empresa – e dos outros públicos?
- As premissas operacionais, organizacionais e dos negócios foram questionadas?
- É possível mudar a realidade atual e consolidar uma situação diferente e inovadora?

Nessa elevada amplitude da administração de processos, verifica-se que não é possível mudar a natureza do trabalho sem alterar o trabalho administrativo.

É necessária a definição dos focos e dos temas que se têm por objetivo atacar, bem como os processos e pessoas envolvidos – direta ou indiretamente – e a cultura organizacional.

As pessoas devem começar a administrar mais *para fora*, com amplitude de análise mais ampla e interativa. Não devem preocupar-se com o número de horas de reuniões de que participaram, mas quais os resultados específicos que a empresa ou sua área conseguiram, com base em sua contribuição.

Para mudar uma empresa, é necessário que exista uma cultura sustentada nesse processo. Também é necessário que os executivos e os demais profissionais estejam dispostos a assumir riscos, deixando de efetuar controles em torno de si mesmos. As pessoas precisam aprender a pensar e, preferencialmente, com criatividade e sustentação.

É sempre bom lembrar que as recentes descobertas de cientistas quanto ao cérebro humano podem consolidar uma situação interessante para os executivos das empresas que têm as mudanças nas empresas – como as provocadas pelos processos – tratadas como realidade administrativa. Isso porque o sistemático exercício mental durante toda a vida pode alimentar o crescimento de novas ligações no cérebro, denominadas dendritos e sinapses, as quais podem consolidar o cérebro saudável; ou seja, cérebro saudável é cérebro exercitado.

A administração de processos é um ato de inteligência, pois corresponde a fazer muito mais, em termos de resultados, com muito menos, em termos de recursos. Ela refere-se à inovação, que é o processo de aplicar a criatividade, mas sempre voltada para resultados efetivos.

A sustentação básica da administração de processos é uma estrutura de realização de tarefas e sua finalidade básica é um conjunto de resultados identificados, entendidos, visíveis, drásticos e radicais. Embora a administração de processos, principalmente na abordagem da reengenharia, deva ser entendida e aplicada em situações de grandes mudanças, ela também pode ser aceita para os casos de mudanças *mais suaves*, desde que, nesse caso, o foco básico seja o processo de mudança e não o resultado da mudança.

Alguns autores afirmam que as mudanças graduais devem ser denominadas melhorias e não reengenharia, que é a abordagem mais forte da administração de processos nas empresas. Esse é um princípio que pode ser considerado, embora este autor não concorde com essa afirmativa, pois toda e qualquer mudança deve ser focada como algo de elevada importância e não como algo para alocar determinada situação em uma escala de valores. Portanto, é uma questão de postura e estilo administrativo perante um processo de mudança.

170 | Administração de Processos • *Rebouças*

Mas se você não concorda com essa afirmativa apresentada pelo autor, pode considerar a situação tradicional da separação entre mudanças mais suaves – melhoria de processos – e as mudanças mais radicais – reengenharia de processos.

Um exemplo de mudança mais radical pode ser o caso de uma empresa que analisa seu processo de atendimento de pedidos dos clientes e elimina etapas redundantes ou que não acrescentam valor e, nesse caso, está praticando a melhoria do processo.

Outra empresa pode analisar seu processo de atendimento de pedidos com atenção voltada para a reengenharia de processos, podendo eliminar sua equipe de vendas diretas, assegurar um atendimento de pedidos, entregar a terceiros a administração de seu depósito e delegar poderes aos profissionais da linha de frente para tratar de todos os detalhes financeiros e de entrega dos pedidos realizados pelos clientes. Esta última empresa poderia reduzir à metade seus custos e prazos de atendimento de pedidos; ou seja, estaria aplicando a reengenharia de processos.

Nessa abordagem, Davenport (1994, p. 13) apresenta algumas diferenças entre a melhoria de processos e a reengenharia de processos (Quadro 4.1).

Quadro 4.1 Melhoria de processos *versus* reengenharia de processos.

Itens	Melhoria de processos	Reengenharia de processos
Nível de mudança	Gradual	Radical
Ponto de partida	Processo existente	Estaca zero
Frequência da mudança	De uma vez/contínua	De uma vez
Tempo necessário	Curto	Longo
Participação	De baixo para cima	De cima para baixo
Âmbito típico	Limitado, dentro de funções	Amplo, interfuncional
Risco	Moderado	Alto
Habilitador principal	Controle estatístico	Tecnologia da informação
Tipo de mudança	Cultural	Cultural e estrutural

O Quadro 4.1 mostra que, embora a melhoria contínua seja uma boa prática, não é, por si só, toda a sustentação para a efetiva realização de uma reengenharia de processos com sucesso. Pode-se considerar, como básica, a interação da melhoria de processos à reengenharia de processos num programa de qualidade constante, evolutiva e sustentada.

O ideal é uma empresa procurar estabilizar um processo e iniciar a melhoria contínua, e depois, quando for necessário, aplicar a reengenharia de processos.

Para não ocorrer a natural queda e degradação do processo, a empresa deve então adotar um programa de melhoria contínua para o processo pós-reengenharia. Considerando a empresa, as iniciativas de reengenharia podem ser adequadas a alguns processos e a melhoria contínua para outros processos da empresa.

Mas, independentemente de suas características próprias, pode-se considerar que o ideal é alocar tanto a melhoria de processos como a reengenharia de processos, sob o *guarda-chuva* da administração de processos.

A empresa deve ter consciência de que os riscos da reengenharia de processos são, pelo menos, proporcionais às recompensas. Dada essa equação, as empresas que podem evitar essa mudança drástica provavelmente devem fazê-lo. Em ambientes relativamente não competitivos, a melhoria contínua pode ser mais adequada, em detrimento da reengenharia de processos. A pressão competitiva a outros fatores, porém, acaba forçando a maioria das empresas a buscar a mudança radical (Davenport, 1994, p. 22).

Essa mudança mais forte, representada pela reengenharia de processos, deve ser também uma filosofia, um estado de espírito, um estilo de atuação da empresa.

A necessidade de a administração de processos, em suas abordagens de melhoria e de reengenharia, fazer parte do dia a dia dos executivos e demais profissionais das empresas está correlacionada ao fato de que as empresas, no mundo, estão mudando a uma velocidade nunca ocorrida antes, e com a agravante de que a velocidade das atuais mudanças são baixas em relação à velocidade das mudanças que ocorrerão no futuro. A visão, o perfil e a postura de atuação dos executivos e profissionais das empresas estão em franca evolução.

Os profissionais das empresas já não são avaliados por sua lealdade e submissão como anteriormente, mas pela contribuição efetiva para a alavancagem dos resultados das empresas. Os executivos atualmente são avaliados como treinadores de seus subordinados e não pelo nível de comando e controle exercido.

Esse processo de mudança está-se desenvolvendo, em sua grande maioria, através de forças que vêm de fora para dentro da empresa. Pode-se afirmar que a mola propulsora desse processo é o atual nível de concorrência – setorial e global –, ajudada pela tecnologia da informação.

Antigamente, os executivos da alta administração tinham toda a informação, e daí, o poder. Os profissionais da média administração passavam as informações para baixo e consolidavam os resultados para cima. Com a informática, porém, a informação – e o poder – está agora disponível a todos os níveis hierárquicos da empresa. Como resultado, as empresas estão *implodindo* níveis inteiros de executivos e profissionais, principalmente da média administração.

172 | Administração de Processos • *Rebouças*

Na nova realidade das empresas, não existe lugar para *gorduras*, e cada executivo e profissional da empresa tem que apresentar resultados efetivos. Lembre-se: "Quem não participa da solução faz parte do problema." E as empresas modernas não gostam de problemas persistentes.

A sustentação para esse processo de elevadas mudanças é o conhecimento, como afirma Peter Drucker: conhecimento é o principal recurso para os indivíduos e para a economia. Terra, capital e trabalho – os tradicionais fatores de produção dos economistas – não desapareceram, mas tornaram-se secundários.

O conhecimento, por si só, é necessário, mas não é suficiente; precisa ser bem utilizado. Uma ideia sustentada por um conhecimento é a grande alavanca para o processo de mudanças. Um bom exemplo dessa situação é o Japão, que produz duas vezes e meia a quantidade de produtos manufaturados que produzia no final da década de 1970, mas com o mesmo consumo de energia e menos matéria-prima. Isso é o conjunto de boas ideias e bons conhecimentos. Isso é reengenharia de um país.

Atualmente, os países desenvolvidos exigem principalmente habilidades mentais, em vez de habilidades manuais dos funcionários das empresas. O conhecimento deve ser evolutivo e acumulativo, mas também sustentado, pois corresponde a um processo sem fim, uma vez que a base do conhecimento está em contínua e rápida mudança; ou seja, as empresas não aceitam mais executivos e profissionais com *preguiça mental*.

Finalmente, as ideias e os conhecimentos fornecem a base sólida para a inovação, que é, conforme evidenciado em várias partes deste livro, a sustentação para a administração de processos com qualidade.

As pessoas e as empresas devem aprender a ser inovadoras. E uma das sustentações para o processo de aprendizado e de inovação nas empresas são as equipes multidisciplinares. Tais equipes apresentam características especiais, em que cada membro está comprometido com o aperfeiçoamento contínuo, cada um isola seu julgamento do que é possível e remove suas limitações mentais, cada um compartilha a visão de grandeza, e o QI da equipe é, de longe, mais alto que o QI de cada um dos indivíduos que a compõem. Os membros da equipe também reconhecem e entendem o sistema em que operam e como eles podem influenciá-lo (Senge, 1995, p. 5).

A habilidade de aprender mais rápido que seus concorrentes talvez seja a única vantagem competitiva sustentável, de agora para a frente, de acordo com Arie de Geus, ex-principal executivo da Royal Dutch/Shell.

O trabalho através de equipes multidisciplinares é importante ponto de sustentação para o desenvolvimento da administração de processos com qualidade. A estrutura de atuação com equipes multidisciplinares também é fundamental para a interação dos processos com outros sistemas e instrumentos administrativos da empresa, que é o assunto básico deste capítulo.

A administração de processos, quando tratada de forma interativa com outros instrumentos administrativos, também contribui para a maior velocidade das ações e estratégias, e de forma interativa com as necessidades e expectativas dos clientes, o que possibilita à empresa descobrir as oportunidades mais cedo que seus concorrentes.

De acordo com Jack Welch, ex-presidente da GE, velocidade é a grande arena pela qual todo mundo anda à procura. Maior rapidez no desenvolvimento de novos produtos e serviços, ciclos mais rápidos do produto no mercado, menor tempo de resposta aos consumidores. E não há dúvida de que, quão menor for a empresa – o que facilita e agiliza a comunicação –, mais rápida ela se torna.

Outro aspecto é que a administração de processos integrada com outros instrumentos administrativos também facilita às empresas grandes se desmembrarem em empresas menores, principalmente através de unidades estratégicas de negócios.

Em breve, algumas das empresas muito grandes devem deixar de existir. Em vez disso, existirá um grande número de pequenas e médias empresas trabalhando juntas em rede e colaborando umas com as outras de maneira muito sofisticada.

Qualquer que seja a forma de estrutura organizacional que a empresa venha a assumir, uma coisa é certa: os *fazedores* – alocados nas atividades-fim – estarão mais seguros em seus empregos que o pessoal de apoio – alocados nas atividades-meio –, o qual geralmente não adiciona valor direto ao trabalho, produto ou serviço realizado.

A administração de processos interativa com outros instrumentos administrativos também facilita o processo de avaliação de produtividade, bem como do nível de absorção de responsabilidades dos executivos por suas próprias decisões.

Conforme explicado neste livro, a administração de processos também considera o *empowerment*, o qual possibilita o treinamento cruzado, a rotação de pessoas nos cargos e a agregação de responsabilidades, pois, nesse caso, os poderes e responsabilidades são alocados nos funcionários da empresa.

Esse *downsizing* do poder decisório requer novo tipo de profissional, o qual deve estar preparado, ter grande visão do negócio e, principalmente, ser corajoso, pois assume perante a empresa a total responsabilidade por seus atos. Portanto, essa nova situação envolve, além da alteração na estrutura organizacional, grande mudança cultural.

Essa abordagem ampla da administração de processos também facilita à empresa enfrentar a globalização da economia.

A globalização é um processo forte e irreversível. Está vindo por etapas, através dos blocos econômicos – Mercosul, Nafta, Comunidade Europeia, Bloco Asiático etc. – que já são *ilhas* muito maiores que os limites nacionais e, até por motivos de custo, cada vez mais estaremos condicionados pelo comércio internacional.

O Brasil tem um programa de abertura de mercado, o qual tem sofrido algumas oscilações, mas que, espera-se, se consolide em pleno desenvolvimento; e isso trará novos impactos, pois os padrões de qualidade e de custos deixam de ser nacionais e se internacionalizam, com novas exigências de eficiência, eficácia e efetividade.

As pressões da globalização atingem as empresas internamente, exigindo delas novos padrões de competitividade, mas também externamente, resolvendo os problemas de competitividade de seus clientes e fornecedores.

O processo de melhor servir aos clientes também é facilitado pela abordagem interativa da administração de processos com outros instrumentos administrativos da empresa, como o marketing total e a qualidade total. Isso porque o cliente é constantemente lembrado de que representa a razão de ser da empresa.

Uma empresa não pode cometer o erro de não atender ao pedido de um cliente porque não é política da empresa – e neste caso deve explicar qual é a política da empresa e o porquê da escolha –, não pode demorar em responder a uma consulta do cliente e não pode ficar preocupando-se com *status* interno em detrimento de buscar novas formas de agradar ao cliente.

A administração de processos, em sua abordagem ampla e interativa com outros instrumentos administrativos, também ajuda a empresa a desenvolver alianças estratégicas e a consolidar atividades inerentes a empresas virtuais.

Essa abordagem deve ser ampla e estar sustentada pelo Kaizen, que é um princípio que descreve a prática fundamental que todo trabalho deve respeitar, que é o melhoramento contínuo de todos os processos, todos os produtos, todos os serviços, enfim, tudo!

A reengenharia – que corresponde à abordagem mais forte da administração de processos – procura repensar o sentido e a prática de todo um processo do negócio, como o desenvolvimento do produto ou a geração de ideias, bem como procura consolidar grandes saltos nos resultados da empresa.

Isso é feito pela análise dos processos e de seus propósitos, adicionando novas tecnologias onde é possível, para acelerar o referido processo e eliminando ou combinando etapas. As empresas não devem perder este *bonde da história*. Acredite: pensar grande em administração de processos e em reengenharia faz bem!

Ao final da leitura deste capítulo, será possível responder a algumas importantes questões, como:

- O que representa a abordagem ampla da administração de processos, atuando de forma interativa com outros instrumentos administrativos da empresa?
- Como interligar as estratégias da empresa com os processos administrativos, tendo em vista revitalizar a empresa para o futuro?
- Como interligar os processos administrativos com a estrutura organizacional das empresas?
- Como interligar os processos administrativos com o sistema de qualidade total da empresa, procurando o atendimento das expectativas e necessidades dos clientes?
- Como interligar os processos administrativos com a logística da empresa?
- Como interligar os processos administrativos com o marketing total da empresa?
- Qual é a atuação do gerente de produtos e serviços no contexto da administração de processos?
- Como interligar os processos administrativos com o sistema de informações e os relatórios gerenciais?
- Como interligar os processos administrativos com o sistema de custos por atividade?
- Como interligar os processos administrativos com o adequado nível de participação e de comprometimento dos profissionais da empresa?
- Como administrar a sistemática de mudanças provocada pela administração de processos?

4.1 Interligação dos processos com o planejamento estratégico

Não é intenção do autor apresentar todas as interligações que os processos administrativos podem – e devem – ter com os diversos sistemas ou instrumentos administrativos da empresa. A intenção é mostrar essas interligações com

176 | Administração de Processos • *Rebouças*

sistemas que sejam de amplitude global para a empresa, ou seja, consideram a empresa cuja interação seja fundamental para o resultado da administração de processos, o que corresponde a afirmar que as empresas são obrigadas a considerar os sistemas ou instrumentos administrativos propostos neste capítulo.

O primeiro instrumento a ser considerado é o planejamento estratégico, porque ele tem que ser desenvolvido no início do processo administrativo em toda e qualquer empresa, pois é ele que estabelece, de forma estruturada, a situação futura desejada para a empresa. Somente após essa definição é que deve ser iniciado o desenvolvimento dos outros sistemas ou instrumentos administrativos.

Na seção 2.2.3, já foram apresentados alguns aspectos inerentes ao processo de planejamento estratégico nas empresas; caso contrário, poderiam existir dúvidas quanto à amplitude da administração de processos. Nesse momento, é válida a apresentação de alguns aspectos complementares para se consolidar a efetiva necessidade dessa interligação.

A interligação dos processos administrativos com o planejamento estratégico ocorre a partir do estabelecimento dos objetivos da empresa, que é uma das etapas da metodologia de desenvolvimento e implementação do planejamento estratégico nas empresas.

Objetivos representam uma situação a ser alcançada, a qual deve ser perfeitamente quantificada, com identificação do responsável e do prazo para sua efetivação.

Existem algumas maneiras de estabelecer os objetivos, mas sua apresentação não é necessária neste momento. Para mais detalhes, ver o livro *Planejamento estratégico: conceitos, metodologia e práticas*, dos mesmos autor e editora.

Somente após a definição do que se pretende alcançar é que se pode iniciar o debate sobre como se pode chegar a esse resultado esperado.

Os processos auxiliam – e muito – o estabelecimento "do como deve ser feito", mas têm menor influência na identificação "do que deve ser feito".

Para concretizar os objetivos, são definidas estratégias, inclusive as alternativas.

Estratégias representam as maneiras mais adequadas de se alcançar os objetivos das empresas.

Neste ponto é que a administração de processos tem elevada interação, inclusive de equipes multidisciplinares de trabalho, com o processo de planejamento estratégico.

As estratégias – um item de toda e qualquer metodologia de planejamento estratégico – e os processos envolvem elevado nível de criatividade; e essa criatividade, para não se tornar dispersa, é orientada pelas políticas do processo de planejamento estratégico.

Políticas são critérios e parâmetros orientativos para o processo decisório dos executivos e demais profissionais das empresas.

Pelo exposto verifica-se que os objetivos estabelecidos pelo planejamento estratégico definem os focos que os processos administrativos devem alcançar; as políticas estabelecidas pelo planejamento estratégico definem os critérios e os parâmetros de sustentação para a estrutura decisória inerente à administração de processos; e as estratégias estabelecidas pelo planejamento estratégico definem as ações-foco para a aplicação dos processos.

A efetiva interligação das estratégias e dos processos administrativos é realizada pelos projetos e planos de ação.

Projetos são trabalhos a serem executados, com responsabilidade de execução, resultados esperados com quantificação de benefícios e prazos para execução preestabelecidos, considerando os recursos humanos, financeiros, tecnológicos, materiais e de equipamentos, bem como as áreas envolvidas necessárias para o seu desenvolvimento.

Planos de ação correspondem às partes comuns dos diversos projetos, quanto ao assunto que está sendo tratado (recursos humanos, tecnologia etc.).

Verifica-se que os projetos consideram um conjunto de atividades multidisciplinares decorrentes das estratégias, as quais geralmente consideram ações multidisciplinares – envolvem vários conhecimentos e unidades organizacionais da empresa –; e os planos de ação congregam as atividades que são específicas de uma unidade organizacional ou de uma área de conhecimento na empresa.

Na administração de processos, deve-se trabalhar com os projetos, os quais apresentam as atividades em ordem sequencial e interativa. Apenas depois de operacionalizados os projetos e as atividades terem sido repensadas e reestruturadas é que elas devem ser alocadas nos planos de ação das unidades organizacionais. Os processos não devem permitir formalizar atividades *ruins* que não agregam valor para o produto ou serviço oferecido, bem como para o negócio da empresa.

Pelo exposto verifica-se que a interligação dos processos com o planejamento estratégico, o qual consolida a abordagem estratégica ou de negócios dos processos, é de elevada amplitude e deve ser, preferencialmente, a primeira a ser realizada.

A interligação dos processos com o planejamento estratégico pode ser visualizada na Figura 4.1:

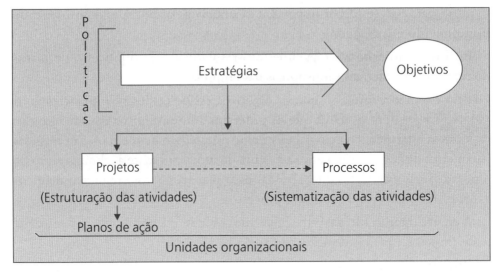

Figura 4.1 Interligação dos processos com o planejamento estratégico.

4.1.1 Revitalização da empresa após a aplicação dos processos

Em toda administração de processos, principalmente em sua abordagem de reengenharia, deve-se tomar cuidado para não se passar do ponto de equilíbrio dos vários assuntos focados, como o nível de *enxugamento* do quadro de pessoal. Isso porque, a partir desse ponto, a empresa pode tornar-se *viciada* em controlar gastos, desativar unidades organizacionais, reduzir estoques, reduzir o quadro de pessoal e, consequentemente, passa a esquecer que precisa crescer e desenvolver--se no mercado.

Esse é um assunto muito importante quando se está interligando o plano estratégico da empresa com o delineamento dos processos administrativos, pois, se a abordagem for errada, a empresa pode *morrer na praia*.

Na realidade, todo o trabalho de administração de processos deve ser efetuado considerando, no mínimo, o seguinte tripé:

- a realidade atual da empresa frente ao mercado e a todos os outros fatores do ambiente empresarial;
- a realidade futura desejada da empresa; e
- o moral e os níveis de motivação e de capacitação dos profissionais da empresa.

O peso ou nível de influência de cada uma das partes desse tripé depende do estilo administrativo de cada empresa. Entretanto, uma coisa é certa: todo esse processo de mudança deve ser muito bem planejado, até para evitar a incômoda situação em que muitos ex-funcionários são recontratados com salários menores – atuando como prestadores de serviços terceirizados –, o que pode significar enorme equívoco das empresas que diminuíram o quadro de pessoal em demasia.

Muitas empresas esquecem que a maior concentração de suas tecnologias – que representam os conhecimentos em seu contexto mais amplo – está nas pessoas e não nos processos e sistemas. E, em muitos casos, a recuperação dessas tecnologias é demorada e cara.

Para a empresa fugir desses problemas, ela deve desenvolver seus processos administrativos de forma interativa com o planejamento estratégico, procurando consolidar a revitalização da empresa.

A revitalização da empresa é o resultado de um processo estruturado e sustentado de transformação englobando, pelo menos, os seguintes aspectos:

- estabelecimento da situação futura desejada para a empresa;
- delineamento da reestruturação que vai proporcionar a sustentação efetiva para o processo de transformações;
- renovação do modo de pensar e de atuar de seus executivos e demais profissionais; e
- força global para alavancar esse processo evolutivo, gradativo e sustentado, bem como seus resultados.

A revitalização da empresa deve consolidar um valor agregado sinérgico. Os executivos focados na otimizada administração de processos devem, por exemplo, segmentar o mercado e a empresa tendo em vista consolidar, de maneira gradativa e acumulativa, uma situação de valor agregado sinérgico.

Valor agregado sinérgico é o aumento no valor final de um negócio, produto ou serviço, resultante de uma mudança provocada pela interação com fatores externos à empresa que contribuem para a alavancagem sustentada do valor global da empresa.

180 | Administração de Processos • *Rebouças*

Para dar sustentação ao valor agregado sinérgico, deve-se:

a) Criar uma infraestrutura empresarial que promova a criação de valor para os clientes

Esse valor está alocado no produto ou serviço oferecido aos clientes, bem como em todas as atividades complementares para esse processo, como qualidade do produto ou serviço, da entrega, da assistência pós-venda etc.

b) Consolidar forte interação nas relações com os fornecedores e os clientes

A empresa está no meio de um processo, recebendo insumos dos fornecedores e entregando produtos e serviços a seus clientes. Dentro desse processo global de logística, a empresa deve criar condições para consolidar valores agregados sinérgicos, envolvendo todas as partes interagentes do referido processo de logística.

c) Oferecer serviços básicos e diferenciados para os clientes prioritários

Lembre-se de que os clientes gostam de ser tratados como especiais. Como resposta, podem ser leais para a empresa que está oferecendo os produtos ou serviços.

d) Consolidar a transferência da força de atuação da empresa para as equipes de vendas, para que essas forneçam valor agregado sinérgico aos clientes

O foco do poder das empresas está sendo deslocado para fora da empresa, ou seja, nos clientes. E as empresas que não entenderem e incorporarem essa realidade terão sérios problemas.

e) Consolidar a logística de sustentação ao valor agregado sinérgico

A logística representa o instrumento administrativo básico para consolidar a interação da empresa com sua clientela, dentro de um processo focado em gerar valor agregado sinérgico.

Mais informações a respeito da interligação dos processos administrativos com a logística são apresentadas na seção 4.4.

f) Identificar e consolidar a vantagem competitiva da empresa

A vantagem competitiva representa a razão básica de os clientes comprarem de nossa empresa e não de nossos concorrentes. A empresa deve usar o valor agregado como um facilitador de sua vantagem competitiva e não o contrário, tal como tendo preços elevados e perder uma vantagem competitiva.

Outras informações a respeito de valor agregado foram apresentadas na etapa 2.9 da metodologia de desenvolvimento e implementação de processos.

Em termos de estruturação metodológica, a revitalização da empresa após a aplicação da administração de processos deve estar sustentada por dois aspectos:

I – A interligação das estratégias – decorrentes do processo de planejamento estratégico – com os diversos processos administrativos da empresa. Nesse caso, as estratégias devem ser decompostas – via estrutura de projetos – em atividades, as quais são interligadas com as atividades dos processos.

Essa interligação e decomposição permite a efetiva análise e avaliação das estratégicas, bem como possibilita dar foco na atuação da administração de processos para o que realmente vai interessar, visando consolidar e alavancar os negócios da empresa no futuro.

II – A interligação das estratégias com o processo de participação e comprometimento dos executivos e demais profissionais da empresa.

É importante essa interligação porque as questões estratégicas só são operacionalizadas pelas pessoas. Elas devem participar de sua elaboração e se comprometerem com sua operacionalidade e resultados.

Nesse processo, a participação e o bom senso das pessoas é mais importante que o consenso. Para que isso ocorra, é necessário que, anteriormente, exista um plano de entendimento das estratégias por todos os profissionais envolvidos em seu estabelecimento e operacionalização. Toda essa situação pode criar um clima de elevada motivação no processo estratégico da empresa.

Outro aspecto a ser considerado é que a administração de processos é um projeto que deve ser desenvolvido e implementado a longo ou, pelo menos, a médio período de tempo; nunca a curto prazo, tipo *mutirão* pelos executivos da empresa e alguns consultores contratados.

Talvez se possa afirmar que um período médio de tempo de um a dois anos possa ser adequado para o início de uma conversa a respeito desse assunto. Entretanto, esse período de tempo não é problema, desde que o projeto de administração de processos esteja interativo com outros sistemas e projetos da empresa, conforme apresentado neste capítulo.

182 | Administração de Processos • Rebouças

Portanto, o processo de revitalização deve ser muito bem planejado, desde o início do desenvolvimento dos processos administrativos e, preferencialmente, desde o início do desenvolvimento do planejamento estratégico na empresa.

Finalmente, deve-se lembrar de que esse plano de revitalização da empresa seja pensado e estruturado antes do início da aplicação dos processos na referida empresa. Isso porque simples ajustes no final da aplicação dos processos na empresa podem provocar situações ainda piores para a qualidade administrativa da empresa e para seus resultados.

4.2 Interligação dos processos com a estrutura organizacional

Já foi verificado que a estrutura organizacional corresponde ao estabelecimento das responsabilidades e autoridades alocadas nas áreas ou unidades organizacionais da empresa, incluindo suas interações com os fatores externos ou não controláveis pela empresa.

A estrutura organizacional interliga-se com os processos a partir do momento do estabelecimento dos objetivos – que é uma das partes da metodologia de planejamento estratégico – e sua posterior interligação com a estrutura organizacional através da rede escalar de objetivos.

Rede escalar de objetivos é a decomposição dos objetivos pela estrutura hierárquica da empresa, de acordo com as áreas funcionais, ou atividades ou equipes de trabalho, ou mesmo considerando os processos estabelecidos.

Portanto, para que os processos se interliguem com a estrutura organizacional, é necessário se resgatar uma parte do planejamento estratégico, correspondente aos objetivos. Esse é um exemplo simples de que todos os instrumentos administrativos da empresa devem estar perfeitamente interligados, consolidando uma administração simples, ágil e de baixo custo.

A decomposição dos objetivos considerando os processos administrativos estabelecidos pela empresa pode dar mais trabalho que as outras situações mencionadas, mas os resultados seguramente são mais significativos para a empresa.

É interessante que os objetivos das empresas sejam estabelecidos, numa etapa inicial, de maneira bem espontânea, como ocorre em uma situação de *brainstorming*. Mas à medida que se chegam às ideias básicas através de debates, torna-se importante a hierarquização dos objetivos e dos diversos itens condicionantes, de acordo com a rede escalar e dentro de determinadas situações.

Essa questão de estabelecer rede escalar para a hierarquização e interação dos objetivos das empresas pode ser extrapolada para outros assuntos, tais como as estratégias, as políticas, os projetos e os planos de ação.

Naturalmente, deve-se iniciar, sempre, pela rede escalar de objetivos, pois nesse momento é que estão sendo estabelecidos os resultados a serem alcançados pela empresa.

Nesse processo, podem-se visualizar cinco níveis com equilibrados níveis de importância, sendo que os objetivos da empresa aparecem como o *centro nervoso* do processo.

Esta situação pode ser visualizada na Figura 4.2:

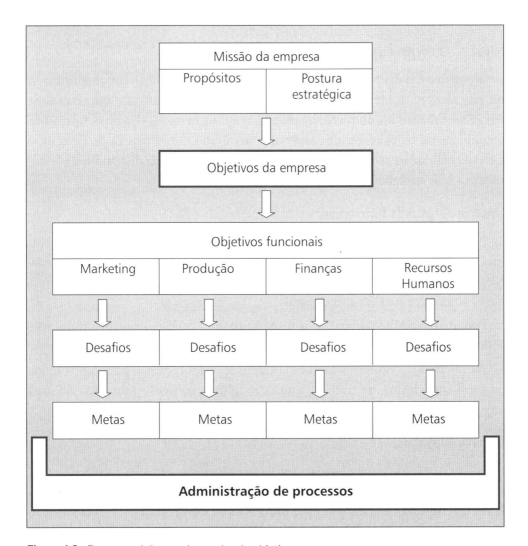

Figura 4.2 Decomposição e rede escalar de objetivos.

184 | Administração de Processos • Rebouças

Os aspectos básicos desses níveis são:

Nível 1: Missão da empresa.

Missão é a razão de ser da empresa. Identifica a quem e no que a empresa atende as necessidades e expectativas de mercado.

Propósitos são os diversos setores em que a empresa atua ou poderá atuar.

Postura estratégica é maneira ideal da empresa atuar no mercado, tendo em vista a realidade atual e a expectativa futura.

Nível 2: Objetivos da empresa.

Nesse nível, trabalham-se de maneira mais ordenada os aspectos quantificáveis ou não, através da identificação e qualificação das expectativas e dos setores de atuação estabelecidos no nível anterior. Não existe, nesse nível, a preocupação de quantificar todos os resultados esperados nem estabelecer o período de tempo para sua realização, mas, seguramente, iniciam-se a análise da disponibilidade dos recursos e as atribuições das áreas envolvidas no processo.

Nível 3: Objetivos funcionais.

Nesse nível, correlacionam-se os objetivos da empresa às suas várias áreas funcionais. No exemplo da Figura 4.2, existem quatro grandes áreas funcionais: Marketing, Produção, Finanças e Recursos Humanos. Na realidade, cada empresa deve estabelecer suas áreas funcionais.

Podem-se ter vários níveis de objetivos funcionais, de acordo com as necessidades de maior e melhor detalhamento dos processos administrativos na empresa.

Nesse nível, os objetivos também podem ser decompostos por atividades da empresa ou equipes de trabalho multidisciplinares, envolvendo mais de uma área funcional.

Nível 4: Desafios.

Nesse nível, são estabelecidas a situação atual e a situação futura desejada perfeitamente quantificáveis, bem como o período de tempo para sua realização. É muito importante, também, que todo esse processo represente real situação de esforço extra para sua realização.

Observa-se que esse nível pode ou não existir, dependendo se as diversas quantificações foram ou não definidas nos níveis 2 e 3 anteriores.

Nível 5: Metas.

Nesse nível, os objetivos e os desafios são decompostos em etapas menores perfeitamente quantificadas, com responsáveis e prazos para sua realização.

É nesse nível que deve ocorrer a interligação de tudo o que foi estabelecido nos quatro níveis anteriores das metas com as atividades dos processos administrativos. Quando a empresa realiza essa interligação, torna-se lógica a análise da contribuição dos processos administrativos para os objetivos da empresa.

Conforme verificado anteriormente, podem-se estabelecer vários objetivos, desafios e metas da empresa a partir de um objetivo global. Portanto, dentro de um esquema piramidal, podem-se estabelecer vários objetivos para as diversas unidades organizacionais em diferentes níveis da empresa.

Essa análise pode ser baseada nos estudos de Mesarovic et al. (1970, p. 34), que consideraram os relacionamentos verticais e horizontais nas interações de objetivos empresariais:

a) Relacionamentos verticais

Nesse caso, a unidade organizacional superior e as unidades organizacionais inferiores mantêm relações de tal forma que a ação – sucesso – de uma depende da outra. Dentro dessa situação, o problema de decisão da unidade inferior depende da ação da unidade superior, tida como parâmetro; inversamente, o problema de decisão da unidade superior depende da ação – resposta – da unidade inferior.

Nesse contexto, são considerados dois momentos principais de intervenção da unidade organizacional superior para a tomada de decisão das unidades organizacionais inferiores:

- intervenção pré-decisória, em que a unidade organizacional superior intervém na fase anterior à tomada de decisões.

  Nessa intervenção, o superior estabelece:
    - prioridade de cada ação a ser operacionalizada;
    - previsão do comportamento de toda a empresa e seu ambiente, bem como dos processos administrativos considerados na análise; e
    - as funções de desempenho dos processos administrativos analisados.
- intervenção pós-decisória, que ocorre na fase final de tomada de decisões das unidades organizacionais inferiores.

Nesta última intervenção, a unidade organizacional superior deve fazer os ajustes e correções necessários. O aspecto básico das intervenções é tornar as decisões das unidades organizacionais inferiores compatíveis em relação aos objetivos da empresa.

Através desse processo de interação das unidades organizacionais superiores, são rateados os objetivos pelas unidades organizacionais inferiores.

Essa situação pode ser visualizada na Figura 4.3:

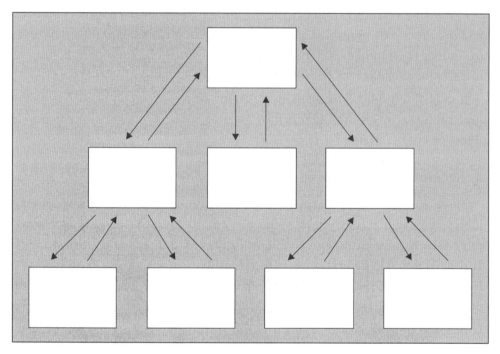

Figura 4.3 Relacionamento vertical no tratamento dos objetivos, desafios e metas da empresa.

b) Relacionamentos horizontais

Nesse caso, são estabelecidos os relacionamentos entre unidades organizacionais de mesmo nível hierárquico por suas ações e reações, como influências recíprocas chamadas de interface.

Para tanto, existem cinco alternativas que a unidade organizacional superior pode considerar como entradas de interface:

- coordenação com interação prevista: nesse caso, a unidade superior especifica as entradas de interface, enquanto as unidades inferiores procedem à solução de problemas locais de decisão sob a hipótese de que as entradas de interface, colocadas pela unidade superior, sejam exatamente verdadeiras;

- coordenação com interação estimada: nesse caso, a unidade superior especifica uma faixa de valores de entradas de interface, e as unidades inferiores tratam tais entradas como distúrbios que podem ser assumidos como valores dentro de determinada faixa;
- coordenação com a interação desconectada: nesse caso, as unidades inferiores tratam as entradas de interface como uma variável adicional de decisão e resolvem seus problemas de decisão como se o valor de entrada pudesse ser escolhido à vontade;
- coordenação com a interação: nesse caso, as unidades de um nível reconhecem a existência de outras unidades de decisão de mesmo nível e a unidade superior determina um modelo de relacionamento de ação de uma unidade organizacional com as respostas de outras unidades do mesmo processo considerado; e
- coordenação com coalizão: nesse caso, as unidades inferiores reconhecem a existência de outras unidades de decisão no mesmo nível e a unidade superior especifica que tipo de comunicação deve ocorrer entre as inferiores e orienta para uma coalizão ou para o relacionamento competitivo entre as unidades inferiores.

A partir das cinco alternativas de como a unidade organizacional superior pode coordenar o processo decisório das unidades organizacionais inferiores, foram estabelecidas as seguintes premissas:

- a última hipótese é mais sofisticada e mais identificada com a atual situação das empresas. Entretanto, é mais complicada e pode canalizar problemas complexos de decisão para as unidades organizacionais inferiores. No caso extremo, cada unidade organizacional inferior teria de solucionar os problemas de decisão das demais unidades organizacionais do mesmo nível do sistema. Nesse caso, a eficiência de tal procedimento seria extremamente baixa; e
- as três primeiras hipóteses aparentemente apresentam vantagens de simplicidade sobre as duas últimas, se houver a premissa segundo a qual a simplificação e a consolidação do processo em vários níveis consiste no encaminhamento dos problemas simplificados para as unidades organizacionais superiores e inferiores.

Observa-se que é possível – e lógico – a extrapolação da estrutura de relacionamentos verticais e horizontais apresentada para uma situação de estrutura de administração de processos nas empresas.

De uma forma mais detalhada, a interligação dos processos com a estrutura organizacional pode se consolidar a partir das estratégias das empresas, pois essas podem gerar os projetos – os quais representam "o que" deverá ser realizado pela empresa – e os processos, os quais explicitam "como" as atividades devem ser efetuadas pela empresa.

Na verdade, os projetos se preocupam com as atribuições específicas, e os processos estão direcionados às atividades rotineiras das diversas unidades organizacionais das empresas.

Essa situação pode ser visualizada na Figura 4.4:

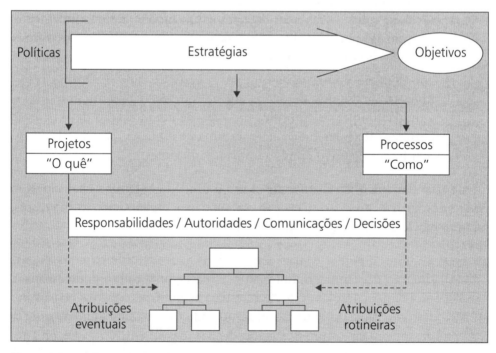

Figura 4.4 Interligação dos processos com a estrutura organizacional.

4.2.1 Horizontalização das estruturas organizacionais

Como consequência da estrutura de relacionamentos apresentada anteriormente e da atual realidade de mercado, as empresas começaram a analisar as estruturas organizacionais em outras abordagens.

A administração de processos deve criar condições para o efetivo repensar da validade da grande maioria das estruturações organizacionais das empresas.

A tradicional estrutura funcional das empresas, normalmente apoiada em sistemas complexos, sofisticados e complicados de administração, está caindo em desuso por sua própria inutilidade decisória estratégica e organizacional.

Mesmo as estruturas divisionais e por negócios devem ser repensadas, apesar de essas formas estruturais terem contribuído para a melhor operacionalização e administração de diferentes negócios de formas distintas, bem como para a diversificação de produtos e mercados e a institucionalização do processo de diversificação como forte base para o crescimento sustentado.

Qualquer que seja a forma estrutural, ela não deve ser nenhum empecilho para a otimizada situação de flexibilidade, agilidade e criatividade no desenvolvimento de processos administrativos.

Um possível processo de *downsizing* deve ser bem planejado e operacionalizado, para não provocar maiores problemas para a empresa. Outro aspecto importante é o evolutivo trabalho através de equipes multidisciplinares, conforme já apresentado neste livro.

As empresas começaram a tomar conhecimento da necessidade de processos horizontalizados, em que seus fluxos não vêm de cima para baixo, mas cortam transversalmente a empresa.

Os processos administrativos, a qualidade total e a logística são exemplos de sistemas que mostraram aos executivos das empresas como integrar funcionalmente tarefas separadas em processos horizontais de trabalho integrados.

A postura e o estilo de administração dos executivos e demais profissionais das empresas sofreram significativa mudança, pois esses são obrigados a enxergar o negócio como um conjunto de processos dinâmicos e interativos. E a tradicional estrutura hierárquica com funções estáticas está sendo *enterrada*.

Vai chegar o dia em que as pessoas, ao olharem para as empresas, não mais enxergarão estruturas organizacionais, mas processos interativos e criativos que exaltem e utilizem o espírito empreendedor e estratégico de seus executivos e demais funcionários.

Essa situação vai facilitar a consolidação das competências, saber *quem é quem* para com os resultados esperados, bem como a consolidação de efetivo processo de renovação, visando à excelência na administração para a competitividade.

A principal premissa para o adequado processo de consolidação das competências pessoais é o desenvolvimento e a disseminação de conhecimentos através

190 | Administração de Processos • *Rebouças*

das tradicionais fronteiras da estrutura organizacional. Para que isso ocorra, é necessário um adequado sistema de informações gerenciais, bem como uma otimizada administração de processos.

Outro aspecto importante é o da contínua busca da renovação administrativa; mas, para tanto, a empresa deve ter valores e crenças que, efetivamente, proporcionem sustentação para essa cultura.

Os executivos também devem ter – ou criar – dependência mútua e reciprocidade em suas atividades e tarefas. Isso porque o espírito do trabalho, preferencialmente em equipes multidisciplinares, deve estar em todas as atividades da empresa.

As pessoas precisam *aprender a aprender* com as outras pessoas; e precisam entender que essa é a melhor maneira de terem seus conhecimentos e capacitações rapidamente evoluídos e aprimorados.

Todos esses aspectos apresentados devem ter um único foco básico, que é a busca do atendimento às necessidades e expectativas dos clientes. Isso porque, se não fosse pela simples necessidade de sobrevivência da empresa – a sua razão de ser –, que seja pela existência de um foco ou objetivo único, para o qual todos os profissionais da empresa tenham seus esforços e criatividade direcionados para resultados comuns.

Pode-se verificar, ao longo deste livro, que existe uma proposta para que os vários assuntos da administração tenham seu foco voltado para as expectativas do mercado, que representa o cliente da empresa, inclusive quando se considera o *produto* administração.

Por isso, a administração para a competitividade ganha um contexto estratégico, mas sustentada pelo tripé constituído de:

- motivo, que representa o foco básico para o qual uma pessoa ou equipe de pessoas se direciona, de forma sustentada, por um conjunto de ideias, premissas e hipóteses;

- processo, que representa um conjunto estruturado de atividades sequenciais que apresentam relação lógica entre si, com a finalidade de atender e, preferencialmente, suplantar as necessidades e expectativas dos clientes externos e internos da empresa; e

- relacionamento, que representa a base de sustentação da administração, pois os indivíduos, bem como os trabalhos em equipes multidisciplinares, são a grande renovação da administração voltada para resultados interessantes, tanto para os proprietários como para os executivos e demais profissionais das empresas.

Os executivos e profissionais das empresas também devem entender que a nova realidade da horizontalização das estruturas organizacionais sustentadas pelos processos administrativos tem provocado nova amplitude de atuação, o que proporciona abrangência muito maior, a qual é altamente válida para os executivos e profissionais competentes, com elevada visão dos negócios da empresa.

Como exemplo, cita-se uma situação tradicional em que as atribuições de determinada unidade organizacional são definidas pela responsabilidade de execução das atividades da respectiva unidade.

Na nova abordagem, a responsabilidade da mesma unidade organizacional é definida pela prestação de serviço – ou entrega de um componente – para a unidade subsequente no processo, de acordo com os padrões estabelecidos, negociados e consolidados pelas partes envolvidas.

Essa abordagem, que deverá se consolidar nas empresas ao longo do tempo – ainda que em ritmo lento –, proporcionará estruturações organizacionais em que as atividades alocadas nos processos administrativos terão mais importância do que as atividades alocadas nas unidades organizacionais das empresas.

Essa é uma situação interessante, pois as unidades organizacionais e os profissionais nelas alocados serão reais prestadores de serviços para os clientes, quer esses estejam no mercado ou em outras unidades organizacionais internas da empresa.

Como resultado dessa nova abordagem, pode-se ter a representação gráfica de uma estrutura organizacional conforme apresentado na Figura 4.5:

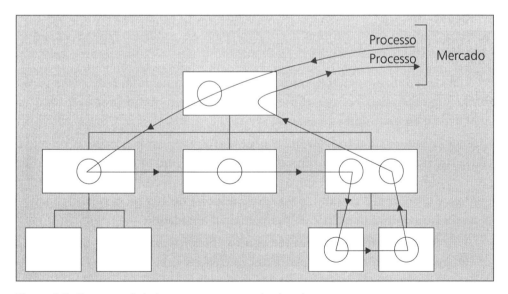

Figura 4.5 Processos fluindo na estrutura organizacional.

4.2.2 Terceirização de atividades

Como consequência de uma administração de processos, a empresa pode decidir, pura e simplesmente, eliminar algumas atividades ou realizar essa situação de maneira indireta, através da terceirização. A empresa pode terceirizar atividades mais maduras e de menor diferencial tecnológico ou, principalmente, as que proporcionam menor – ou nulo – valor agregado.

Terceirização é o processo administrativo de transferência para terceiros de atividades que não constituem a essência tecnológica dos produtos e serviços da empresa, pois envolvem tecnologias de pleno domínio do mercado e, por consequência, não consolidam quaisquer vantagens competitivas, sejam tecnológicas ou comerciais, além de contribuírem para o aumento dos custos fixos da empresa.

A terceirização, que corresponde à tendência de se comprar fora tudo o que não fizer parte do negócio principal da empresa, exige mudança de cultura e mentalidade de seus executivos. Neste caso, os fornecedores e compradores de produtos e serviços precisam atuar como parceiros e aprender a se comportar como se fossem sócios de um mesmo empreendimento.

Quando se usa o termo *sócio*, deve-se lembrar de que muitas sociedades apresentam sérios problemas. Esses problemas, que podem acontecer em toda e qualquer sociedade, também podem ocorrer nas terceirizações. O importante é que os executivos envolvidos nesses problemas de sociedade saibam resolvê-los da melhor maneira possível.

Na terceirização, a confiança é uma condição indispensável, já que recursos são despendidos e informações, muitas delas confidenciais, são trocadas entre os *sócios* ou parceiros.

Além da confiança, a terceirização deve envolver uma política de *ganha-ganha*, marketing interativo, cooperação e criatividade, bem como propiciar foco na qualidade e na economia de escala.

Para consolidar a terceirização, é necessário reverter os processos de verticalização, provocados principalmente pela incerteza quanto ao suprimento de certos produtos pelo deficiente parque industrial brasileiro, o que levou muitas empresas a optar, no passado, pela verticalização de sua produção, desviando recursos humanos e materiais de sua principal atividade.

A necessidade urgente de obter ganhos de produtividade e aumento de competitividade fez com que essa posição fosse revista. A parceria proporcionada pela terceirização apresenta-se como a melhor solução para esse problema. A responsabilidade de fabricação é transferida a um fornecedor especialista, que, com métodos mais modernos e produtivos, garante melhor qualidade e menores custos, exatamente por ser essa sua atividade principal.

A terceirização também está correlacionada à necessidade das empresas de racionalizarem suas estruturas organizacionais. Um recente passado perdulário e despreocupado com custos, favorecido por reserva de mercado, incentivos fiscais e outros benefícios governamentais, além da fraca concorrência, fez com que a estrutura organizacional de muitas empresas crescesse em proporção geométrica ao volume de negócios. Essa realidade passada está em significativa mudança e as empresas estão sendo obrigadas a repensar suas estruturas organizacionais, a partir da definição dos focos de seus negócios.

Outro aspecto a ser considerado é a terceirização de atividades sazonais, desde que a empresa-origem, a qual realiza o trabalho terceirizado, seja capaz de se adaptar às flutuações de demanda da empresa-destino, a qual recebe o trabalho terceirizado.

A escolha da empresa-origem deve recair sobre empresas bem administradas e, preferencialmente, sobre empresas menos poderosas do que as empresas-destino, tendo em vista amenizar possíveis problemas de interferência indevida.

A escolha também deve cair sobre a empresa-origem da qual se conheça a estrutura de custos e que a empresa-destino possa influenciar a partir de uma negociação interativa.

A transferência de tecnologia da empresa-destino para a empresa-origem só deve ser feita no caso de benefícios diretos futuros para a empresa-destino.

Lembre-se: é necessária muita atenção da empresa-destino para que a terceirização de algumas atividades não aumente os custos de outras atividades.

A administração do deslocamento da estrutura de poder sobre as atividades terceirizadas da empresa-destino para a empresa-origem deve ser adequadamente realizada para não gerar futuros conflitos de administração.

As atividades terceirizadas não devem provocar efeitos negativos no fluxo de caixa de administração dos produtos, serviços e negócios da empresa-destino.

A terceirização tem, em alguns casos, extrapolado para a **quarteirização**, que é o processo pelo qual a administração dos terceiros – resultantes da terceirização – é entregue a uma quarta empresa.

Entretanto, embora a razão básica da terceirização se baseie na transferência para terceiros de atividades não essenciais, deve-se tomar cuidado na definição do que realmente é uma atividade não essencial para o desenvolvimento e sustentação dos negócios, produtos e serviços de uma empresa.

Inclusive, uma atividade pode não ser essencial para um negócio, mas ser essencial para outro negócio dentro de uma mesma empresa.

E existem casos em que uma atividade não essencial se tornou essencial ao longo do tempo, e vice-versa.

Lembre-se: se uma empresa terceirizar em excesso, pode perder a sua *personalidade* administrativa e de negócios.

De qualquer forma, pode-se considerar que os principais motivos para se considerar um processo de terceirização são:

- falta de recursos financeiros, pois a terceirização de atividades geralmente reduz as necessidades de capital;
- falta de tecnologia aplicada nas atividades internas da empresa, sendo que a terceirização pode, rapidamente, proporcionar essas tecnologias faltantes. Mas deve-se tomar cuidado com a possível perda de tecnologia básica pela transferência de atividades;
- redução de custos, pela economia de escala proporcionada para as empresas-origem da terceirização, pela realização dos serviços para várias empresas-clientes da terceirização;
- maior flexibilidade, pela possibilidade de focar as atividades da empresa em poucas questões básicas;
- mercado fornecedor eficiente, eficaz e efetivo, proporcionando qualidade e segurança para as empresas-destino; e
- reduções de riscos, principalmente em atividades inerentes ao lançamento de novos produtos e serviços.

Uma das abordagens que podem facilitar o processo decisório quanto ao nível de terceirização em uma empresa é considerar níveis ou tipos de competências, tais como:

- competências essenciais são os conhecimentos mais importantes de uma empresa e proporcionam *aquele algo mais* para os seus produtos e serviços;
- competências de processos são os conjuntos de atividades que possibilitam uma empresa funcionar e colocar, de maneira otimizada, seus produtos e serviços nos mercados;
- competências ampliadas são partes complementares das competências essenciais e de processos, as quais podem − ou não − proporcionar

uma situação interessante para os resultados globais e específicos da empresa;

- competências de apoio são atividades que auxiliam, com maior ou menor intensidade, a consolidação das competências essenciais e de processos; e

- competências improdutivas são as atividades que são desenvolvidas e operacionalizadas, mas não apresentam mais qualquer resultado interessante para a empresa.

Portanto, o ideal é que a terceirização apresente características e resultados interessantes para a empresa-destino, tais como:

a) Existência de efetivo valor agregado

Nesse contexto, a terceirização deve proporcionar maior valor agregado nas duas pontas:

- na empresa-destino em si, pelo maior foco de direcionamento nas atividades e processos essenciais; e

- pela operacionalização de atividades terceirizadas na empresa-origem, proporcionando maior tecnologia nessas atividades e maior facilidade operacional nos processos da empresa-destino.

b) Terceirização composta

Nesse caso, procura-se reduzir riscos da terceirização pelo não relacionamento exclusivo com uma única empresa-origem.

Embora possa ocorrer a desvantagem de maior tempo e recursos despendidos para administrar as diversas empresas-origem, tem-se a vantagem inquestionável de menor dependência de terceiros e de menores custos, bem como possíveis alternativas tecnológicas, muitas vezes recebidas de graça da empresa-origem.

c) Terceirização de resultados

Nesse caso, a maior parte da remuneração da empresa-origem está correlacionada aos efetivos resultados que a terceirização de atividades é proporcionada pela empresa-origem para a empresa-destino, tais como redução de custos, aumento de produtividade, melhoria da qualidade.

4.3 Interligação dos processos com a qualidade total

A análise da interligação entre os processos administrativos e a qualidade total é muito importante, pois os dois sistemas têm a estruturação dos processos como foco básico de seus desenvolvimentos. Isso porque a administração de processos pode recomendar projetos de qualidade total a partir da identificação de problemas existentes nos processos estabelecidos na empresa que podem prejudicar o desenvolvimento e a consolidação dos negócios, produtos e serviços.

Em contrapartida, o sistema de qualidade pode encadear e estruturar processos administrativos em áreas e atividades críticas que apresentam problemas a serem solucionados a curto prazo.

Quando você está considerando a interação dos processos administrativos com a qualidade total, deve lembrar que o núcleo desta última está firmemente focado sobre a maximização da qualidade em cada aspecto e fase dos processos e atividades de uma empresa, envolvendo todos os executivos e funcionários, visando alcançar a completa e efetiva satisfação das demandas dos clientes.

Qualidade total é a capacidade de um produto ou serviço de satisfazer – ou suplantar – as necessidades, exigências e expectativas dos clientes externos e internos das empresas.

Verifica-se que a qualidade total em uma empresa é o envolvimento de todas as áreas, atividades e pessoas, visando à satisfação dos clientes internos e externos, através de um processo de melhoria contínua em tudo o que é feito.

Portanto, o conceito de qualidade está correlacionado às necessidades, exigências e expectativas dos clientes, bem como à sustentação de um processo de melhoria contínua.

O processo de melhoria contínua tem duas sustentações e resultados:

- tornar os processos administrativos cada vez mais capazes de gerar produtos e serviços que atendam às crescentes exigências dos clientes externos e internos; e
- ajustar, continuamente, os padrões de qualidade.

Existe diferença entre melhoria contínua e inovação do processo:

- **Melhoria contínua** é tornar o processo mais capaz, utilizando os recursos disponíveis.
- **Inovação** é tornar o processo mais capaz, inserindo recursos atualmente não disponíveis.

Portanto, só se deve aplicar a inovação no processo depois que toda melhoria contínua possível foi realizada.

A qualidade total, em sua plenitude, deve considerar toda a melhoria contínua e a inovação do processo.

Verifica-se que a qualidade total deve ser um objetivo permanente de todas as pessoas e áreas da empresa, buscando continuamente a satisfação das necessidades e exigências dos clientes externos e internos, através da melhoria contínua em todas as atividades internas, as quais devem estar estruturadas por processos.

Quando se compara o desempenho médio do Brasil, em termos de qualidade, com o padrão mundial, considerando-se os países desenvolvidos, tem-se verificado uma situação problemática, que, embora tenha apresentado melhoras, essas têm sido, em significativa parte das vezes, insuficientes e segmentadas.

A evolução da administração de processos está correlacionada à evolução do pensamento de qualidade. Portanto, é válido relembrar o que aconteceu com o pensamento da qualidade nas últimas décadas, conforme apresentado por Albrecht (2002, p. 19):

- Anos 1920: a ordem era simplificar e padronizar o trabalho. São exemplos desse movimento a administração científica de Frederick Taylor e as linhas de montagem de Henry Ford.
- Anos 1930: a qualidade do produto industrial era controlada e os defeitos eliminados com a ajuda das estatísticas. Destaca-se nessa fase Walter Shewart, dos Laboratórios Bell.
- Anos 1950: o controle de qualidade norte-americano era imitado pelos japoneses. Os especialistas dos EUA que influenciam a indústria do Japão são William Edwards Deming e Joseph Juran.
- Anos 1960: os japoneses impõem um controle de qualidade mais radical, com o controle de qualidade total de Genichi Taguchi e os círculos de qualidade de Kaoru Ishikawa.
- Anos 1970: consolida-se a administração por objetivos nos EUA, idealizada há mais de uma década por Peter Drucker, segundo a qual a empresa deve trabalhar para alcançar objetivos específicos. A sensação geral é de que o país e todo o Ocidente continuam estagnados.
- Anos 1980: Os EUA agora imitam o Japão nos métodos de qualidade de produção, criando a gestão da qualidade total. Motorola e Xerox são algumas das empresas líderes do processo. Começam a surgir ideias de foco nos clientes e nos serviços.

- Anos 1990: presta-se cada vez mais atenção nos consumidores e os serviços oferecidos são crescentemente valorizados. Ao mesmo tempo, há uma fusão com os planos de qualidade total na área produtiva. Vários consultores estudam o tema.

- Anos atuais: o processo de interação com os consumidores se consolida, inclusive com questões ecológicas e sociais. A qualidade se efetiva como uma premissa para o desenvolvimento das empresas, bem como a sustentação para toda e qualquer vantagem competitiva que seja real, sustentada e duradoura. As atividades empresariais estruturadas pelos princípios da administração de processos auxiliam a consolidar essa situação.

De maneira resumida, verifica-se que a evolução da qualidade total esteve posicionada em quatro momentos:

Momento 1: controle final do produto ou serviço, que é baseado na inspeção final dos produtos e serviços da empresa.

Momento 2: controle estatístico de processo, que é baseado na segurança e zero defeito.

Momento 3: garantia da qualidade, que é baseada em processos, normas e procedimentos formais.

Momento 4: qualidade total, que é sustentada na satisfação dos clientes e na competitividade como um fator de influência nesse processo.

A qualidade total deve estar baseada em dez princípios básicos, os quais têm elevada influência na administração de processos nas empresas.

São eles:

a) Alcançar e consolidar a total satisfação dos clientes

A qualidade total deve reverter a situação em que o cliente é visualizado como um receptor passivo dos produtos e serviços oferecidos. A empresa precisa prever as necessidades e superar as expectativas dos clientes, bem como deve consolidar processos que sustentem essa postura de atuação da empresa voltada para o mercado.

b) Ter constância dos valores e da postura de atuação

A empresa deve ter coerência nas ideias e transparência na execução de suas ações. A administração de processos tem condições de proporcionar, para o sistema de qualidade total, sustentação adequada para uma postura de atuação coerente com o que foi delineado no planejamento estratégico. Isto porque a administração de processos tem uma estrutura metodológica lógica e facilmente assimilada pela empresa, conforme apresentada na seção 3.1.

c) Ter efetiva administração de processos

A administração de processos, aliada ao conceito de cadeia de valor clientes *versus* fornecedores, é a base de sustentação, tanto para a qualidade total quanto para os outros diversos instrumentos administrativos das empresas.

A estruturação por processos fez cair as barreiras entre as áreas das empresas, bem como elimina *feudos* e promove integração. A empresa é um grande processo com a finalidade de atender às necessidades dos clientes, através da produção de produtos e serviços, gerados a partir de insumos recebidos de fornecedores e beneficiados com recursos humanos e tecnológicos.

O grande processo da empresa divide-se em outros processos mais simples, até a tarefa individual. Os processos se interligam, formando cadeias de clientes *versus* fornecedores. A partir do cliente externo, os processos se comunicam, ou seja, o processo anterior é o fornecedor, e o processo seguinte é o cliente.

d) Desenvolver e consolidar a delegação

Delegar representa colocar o poder de decisão o mais próximo possível da ação. E se baseia no princípio de que o melhor controle é aquele que resulta da responsabilidade atribuída a cada um dos executivos e demais profissionais da empresa.

Essa transferência de autoridade e poder para as pessoas é fundamental para o desenvolvimento da administração de processos e do sistema de qualidade total na empresa.

e) Ter ampla e efetiva disseminação de informações

A disseminação de informações possibilita que todos os executivos e demais funcionários entendam qual é a visão, os valores, os negócios, a missão, os

200 | Administração de Processos • *Rebouças*

propósitos, os objetivos, as estratégias, as políticas, os projetos, os processos e os planos de ação da empresa; e daí, todos os trabalhos ficam simplificados.

f) Desenvolver e consolidar a administração participativa

Tanto na Teoria Geral da Administração como na qualidade total, a administração de processos é sinônimo de liderança e de participação.

Liderança é um processo de mobilizar esforços, atribuir responsabilidades, delegar competências, motivar, debater, ouvir sugestões, compartilhar os objetivos, informar, transformar os grupos em verdadeiras equipes de resultados.

Cada empresa deve criar a cultura da participação e passar as informações necessárias aos seus profissionais. A participação fortalece decisões, mobiliza forças e gera responsabilidades e compromissos de todos para com os resultados esperados pelas empresas.

O principal objetivo é conseguir o efeito sinergia, em que o todo é maior que a soma das partes. E a melhor forma de sinergia é entre as capacidades e conhecimentos das pessoas.

Muitas vezes, a administração participativa não se desenvolve em uma empresa por desconhecimento dos processos da empresa, sua linha de negócios e sua clientela, bem como por falta de técnicas adequadas para análise e solução de problemas. Tanto a administração de processos como a qualidade total contribuem diretamente para reverter essa situação.

Esse adequado nível participativo na administração de processos e na qualidade total representa a melhor maneira de assegurar maior comprometimento de todos para com sua execução e seus resultados. E também promove maior conhecimento do *papel* e da representatividade que as tarefas e atividades de cada um representam no contexto geral de um processo, que é o foco básico tanto da administração de processos como da qualidade total.

g) Ter efetivo desenvolvimento dos profissionais da empresa

O fator humano é a principal força para alavancagem dos resultados da empresa. Deve-se procurar a colaboração e a iniciativa daqueles que acreditam no trabalho e em sua contribuição para uma parte do processo que coloca, com qualidade, o produto ou serviço da empresa no mercado.

Programas de treinamento devem auxiliar nessa evolução. Entretanto, esses treinamentos devem estar focados nas atividades vinculadas aos negócios da empresa, pois se não resultarem em aumento de receita, diminuição de despesas, incremento de clientes e outros resultados mensuráveis, talvez seja melhor que esse treinamento não seja realizado.

h) Ter processo de melhoria contínua

O avanço tecnológico, a renovação dos costumes e do comportamento levam a mudanças rápidas nas reais necessidades dos clientes. Acompanhar e, até mesmo, antecipar as mudanças que ocorrem na sociedade – com o contínuo aperfeiçoamento – é descobrir novas oportunidades de negócios.

Não há mais espaço para acomodação, passividade, submissão, individualismo ou paternalismo. O sucesso empresarial está comprometido com a implantação de uma cultura de mudanças e de contínuo aperfeiçoamento.

Nessa situação de rápida evolução, em que os processos e a qualidade total representam importantes instrumentos para a melhor administração, as empresas devem estar atentas ao permanente questionamento de suas ações e estratégias, à busca de inovações nos produtos, serviços e processos, à criatividade e à flexibilidade de atuação, à análise de desempenho com a concorrência, à ousadia de propor e assumir novos desafios, bem como à capacidade de incorporar novas tecnologias.

i) Não aceitar erros como algo normal na empresa

O padrão de desempenho desejável na empresa deve ser de *zero defeito*. Esse princípio deve ser incorporado à maneira de pensar dos executivos e demais funcionários da empresa, na busca de perfeição em suas atividades.

Os desvios podem e devem ser medidos para localizar a causa principal do problema e planejar as ações corretivas. O custo de prevenir erros é sempre menor do que o de corrigi-los; e o erro é menos oneroso quanto mais cedo for identificado no processo.

j) Ter efetiva garantia da qualidade

A base da garantia da qualidade está no planejamento e na formalização de processos, os quais representam também o foco básico da administração de processos como um importante instrumento administrativo das empresas.

Estes são os dez princípios básicos da qualidade total, que podem ser extrapolados para a administração de processos.

> **Desafio**
> Você deve se posicionar, com justificativas e exemplos, quanto aos seus conhecimentos e postura de atuação frente aos dez princípios básicos da qualidade total que podem ser aplicados na administração de processos.

Mas é bom lembrar que é mais fácil melhorar o que pode ser medido. Deve-se criar um conjunto de indicadores que retrate a situação existente, para depois compará-la com outras situações em que as melhorias e inovações introduzidas possam ser avaliadas.

A qualidade total deve ser medida pelos indicadores, índices e padrões estabelecidos, os quais devem ter perfeita interação com os referenciais de avaliação das etapas da administração de processos.

Padrão de qualidade é a medida do grau de satisfação das necessidades e das exigências estabelecidas e requeridas pelos clientes. Deve-se lembrar de que padrão é diferente de norma e índice, mas pode ser considerado sinônimo de indicador.

Padrão ou indicador é aquilo que serve de base para se avaliar qualidade ou quantidade. Refere-se a tudo o que unifica e simplifica para benefício das análises pelas pessoas. É a expressão numérica do índice; é o foco básico da medida.

Norma é aquilo que se estabelece como base ou medida para a realização ou avaliação de algo. Refere-se a um princípio, regra, preceito ou lei.

Índice é a relação entre as medidas identificadas em um processo estruturado de análise.

Considerando o exemplo de um trabalhador que produz 100 peças por dia, tem-se:

- Norma: produtividade do trabalhador.
- Índice: produtividade do trabalhador por dia.
- Padrão: 100 peças/dia/trabalhador.

Os padrões representam números tratados a partir dos dados registrados nos processos que permitem melhor base para o acompanhamento e o controle dos resultados obtidos, possibilitando uma administração mais consistente. Normalmente, correlacionam os resultados ou as saídas dos processos com os recursos utilizados que representam as entradas dos fluxos de transformação dos processos.

Esses padrões podem estar em nível estratégico, organizacional ou de processos, que correspondem aos três níveis da reengenharia nas empresas, conforme apresentado na seção 2.2.

Os padrões são:

I) Padrões em nível estratégico ou de negócio

São os números globais da empresa, permitindo a medição e a avaliação dos resultados globais obtidos. Normalmente, envolvem faturamento sobre custos, faturamento por empregado, índice de satisfação dos clientes, entre outros.

São utilizados para verificar se a empresa está atendendo aos fatores críticos de sucesso e se ela está atingindo seus objetivos, conforme estabelecido no plano estratégico.

II) Padrões em nível organizacional

Permitem avaliar se determinada função da empresa está obtendo os resultados esperados e contribuindo para a missão da mesma. Utilizam dados provenientes dos indicadores de processos que compõem as funções e as atividades alocadas nas diversas unidades organizacionais da empresa. Geralmente, estão interligados aos planejamentos táticos da empresa.

III) Padrões em nível de processo

Representam a medição da eficácia dos principais processos da empresa, comparando os resultados esperados estabelecidos pelos planejamentos operacionais e os resultados obtidos e registrados nos dados. Esses padrões devem ser administrados, em *tempo real*, pelos próprios responsáveis de cada processo.

Na interação dos indicadores ou padrões, normas e índices com os processos administrativos, deve-se utilizar a ferramenta dos 5W e 2H, compreendendo as seguintes questões: o que, como, quem, quando, por que, onde e quanto.

Esses padrões de qualidade e de resultado devem ser mantidos e melhorados, com base em efetivo esforço dos executivos e demais profissionais das empresas. Para tanto, os processos administrativos podem contribuir, efetivamente, para a melhoria dos resultados da empresa.

Manter padrões de qualidade de produtos e serviços significa satisfazer, ao longo do tempo, às necessidades e às exigências dos usuários.

Melhorar padrões de qualidade de produtos e serviços significa satisfazer às necessidades e às exigências dos usuários, superando suas expectativas.

A finalidade dos padrões de qualidade é fornecer informações para cada executivo e profissional da empresa, no sentido de visualizar os resultados e as respectivas tendências.

Alguns exemplos de indicadores, para análise com padrões de qualidade, são:

a) Quanto ao atendimento:

$$\frac{\text{Quantidade de produtos ou serviços fornecidos}}{\text{Quantidade de produtos ou serviços solicitados pelo cliente}} \times 100$$

b) Quanto à conformidade:

$$\frac{\text{Quantidade de reclamações ou rejeições dos clientes}}{\text{Quantidade total fornecida}} \times 100$$

c) Quanto ao rendimento qualitativo:

$$\frac{\text{Quantidade de produtos ou serviços produzidos sem defeitos}}{\text{Quantidade de produtos ou serviços produzidos}} \times 100$$

d) Quanto à capacidade de produção ocupada:

$$\frac{\text{N}^{\underline{o}} \text{ de horas de ocupação (linhas ou equipamentos)}}{\text{Capacidade teórica líquida}} \times 100$$

e) Quanto ao absenteísmo (com e sem afastamento):

$$\frac{\text{N}^{\underline{o}} \text{ de dias ausentes}}{\text{N}^{\underline{o}} \text{ médio de dias úteis}} \times 100$$

A qualidade total e a administração de processos também devem estar correlacionadas à produtividade.

Produtividade é a otimização dos recursos disponíveis para a obtenção dos melhores resultados pela empresa.

Uma diferenciação genérica entre qualidade total e produtividade é apresentada no Quadro 4.2:

Quadro 4.2 Diferenças entre qualidade total e produtividade.

Itens	Produtividade	Qualidade
Abordagem	Modo de utilizar os recursos disponíveis	Efetiva satisfação dos clientes
Avaliação	Eficiência dos processos	Eficácia dos processos
Foco	No esforço	Nos resultados
Estruturação	Como fazer	O que fazer
Treinamento	Fazer certo as coisas	Fazer as coisas certas
Índice	Tem no denominador o fator a ser avaliado	Expressa o grau de aceitação de uma característica (em percentagem)

A produtividade torna-se um dos aspectos mais importantes para o adequado desenvolvimento e operacionalização dos processos nas empresas. Deve-se lembrar da frase de Bill Hewlett, sócio-fundador da Hewlett-Packard: "Você não pode administrar aquilo que não pode medir".

Os indicadores de produtividade, desde que estabelecidos de maneira adequada, permitem aos executivos da empresa entenderem os esforços e os investimentos que estão sendo feitos em direção aos objetivos anteriormente estabelecidos pelos planos estratégicos, táticos e operacionais da empresa.

Os indicadores de produtividade devem estar interagentes com os objetivos, desafios e metas estabelecidos. Isto porque medir sem saber quais são os resultados esperados não ajuda muito; ao contrário, pode até atrapalhar o processo de alavancagem das realizações da empresa.

Outro aspecto importante é que esses vários indicadores de produtividade estejam perfeitamente interligados, respeitando a rede escalar de objetivos alocados nas diversas unidades organizacionais da empresa.

Também é importante e adequada a interpretação da informação inerente ao processo de medição e avaliação.

As medições devem estar associadas às diversas funções organizacionais alocadas ao longo dos processos administrativos estabelecidos pela empresa.

É válido que esses indicadores de medição estejam interagentes com os fatores críticos de sucesso da empresa, estabelecidos a partir dos focos de análise do processo de planejamento estratégico (ver item *h* da etapa 1.2).

Os indicadores de medição devem considerar as duas pontas do processo, ou seja, a qualidade e os custos. Isso porque fazer qualidade sacrificando custos não melhora a posição competitiva de nenhuma empresa.

Quando você está considerando a necessidade de aplicação da administração de processos em sua empresa, deve lembrar-se da conceituação de outras técnicas administrativas que ainda têm apresentado elevado apelo durante os últimos anos. São elas:

- *Just-in-time*: representa a guerra total contra o desperdício. Segundo um ditado japonês, é perseguir até o último grão de arroz no canto da marmita. Significa produzir no momento certo, na quantidade exata e na qualidade esperada. Seu objetivo é eliminar tudo o que não acrescenta valor ao produto, como inspeções e estoques exagerados.

- *Kanban*: é uma técnica para programar e controlar a produção. É usada para administrar o *just-in-time*. Controla o fluxo de materiais e a movimentação de componentes distribuídos ou recebidos de fornecedores, com estoque tendendo a zero. Ele *puxa* as necessidades dos produtos acabados até a matéria-prima.

- *Kaizen*: é um processo de pequenas melhorias, do qual o funcionário da empresa participa com sugestões constantes. Devem-se estimular os funcionários a dar sugestões bem simples, em vez de esperar ideias brilhantes, as quais podem até surgir no meio das simples. Representa um processo de melhoria contínua.

- Terceirização: corresponde à situação em que se entrega a terceiros atividades que não são o principal negócio da empresa, como limpeza, vigilância, serviços em geral. Esse processo disseminou-se muito, a ponto de chegar até mesmo às unidades organizacionais de contabilidade e informática. Mais detalhes são apresentados na seção 4.2.2.

- Quarteirização: é um passo além da terceirização. Nesse caso, as empresas passam a contratar outras empresas que sejam quarteirizadas, responsáveis pela administração dos serviços terceirizados, incluindo o controle de qualidade.

- *Downsizing*: é o processo empregado para diminuir o tamanho da empresa e *enxugar* sua estrutura, visando aproximar a decisão da ação. Inclui demissão de pessoal e pode envolver departamentos inteiros, empresas coligadas e subsidiárias. Nesse caso, funções são terceirizadas ou simplesmente deixam de existir.

É válido apresentar algumas considerações a respeito da engenharia simultânea, a qual também trabalha com o princípio de processos administrativos.

Engenharia simultânea ou paralela é o processo interativo e simultâneo de desenvolvimento de um produto e seu correspondente processo de fabricação. Corresponde a uma forma de organização empresarial para, com base em forte trabalho de equipe e comunicação, ser mais eficiente, eficaz e efetiva perante as crescentes potencialidades de equipamentos e *softwares* disponíveis para o desenvolvimento de produtos e processos.

A engenharia simultânea preocupa-se com uma série de itens, principalmente com a viabilidade do projeto do produto e a otimização do *lead time* – tempo total de conclusão do produto ou serviço – do processo da logística e da produção.

A engenharia simultânea é uma estratégia de atuação empresarial focada na otimização do processo de desenvolvimento de projetos, interligando estruturalmente, e em *tempo real*, as atividades de marketing, pesquisa e desenvolvimento, projeto – básico e detalhado –, suprimentos e produção, desde os momentos da interação com as necessidades e expectativas dos clientes, até o desenvolvimento dos protótipos e a subsequente fabricação do produto.

A administração de processos, assim como a qualidade total, pode considerar também o método 5S, surgido no Japão no fim da década de 1960. Foi um dos fatores para a recuperação de empresas japonesas e a base para a implantação dos métodos da qualidade total no país.

O método 5S compreende cinco fases:

Fase 1: *Seiri* (utilidade)

Cada pessoa deve saber diferenciar o útil do inútil. Só o que tem utilidade certa deve estar disponível. Eliminando-se o que não é útil, você pode concentrar-se apenas no que é útil.

Fase 2: *Seiton* (arrumação)

Cada coisa tem seu único e exclusivo lugar. Cada coisa, após o uso, deve estar em seu lugar. Tudo deve estar sempre disponível e próximo do local de uso. Ter o que é necessário, na quantidade certa, na hora e lugar certos traz vantagens para os processos operacionais das empresas.

Fase 3: *Seiso* (limpeza)

Cada pessoa deve saber a importância de estar em um ambiente limpo. Cada pessoa na empresa deve, antes e depois de qualquer trabalho realizado, retirar o lixo resultante e dar-lhe o fim que foi previamente estabelecido. Um ambiente limpo lembra qualidade e segurança.

Fase 4: *Seiketsu* (higiene)

Higiene é manutenção da limpeza e da ordem no contexto pessoal. Quem exige e faz qualidade cuida muito da aparência. Em um ambiente limpo, a segurança é maior. Quem não cuida bem de si mesmo não pode fazer ou vender produtos ou serviços de qualidade.

Fase 5: *Shitsuke* (disciplina)

É a rotinização da melhoria alcançada, a obediência à rotina, a busca constante da melhoria, a educação do ser humano.

Para refletir

Aplique o método 5S em sua realidade como estudante e/ou profissional de empresa.

Você pode se supreender!

A qualidade total deve estar sustentada por princípios e políticas, as quais também devem proporcionar sustentação para a administração de processos na empresa.

Um exemplo de princípio da qualidade pode ser: "satisfazer os clientes internos e externos através da melhoria contínua, assegurando que produtos, serviços e processos sejam executados com qualidade, garantindo, dessa forma, a competitividade da empresa".

Alguns exemplos de políticas corporativas de qualidade são:

- ter qualidade total em nível internacional;
- ter todos os funcionários treinados e capacitados adequadamente e envolvidos em atividades correlacionadas com a qualidade;
- conhecer as expectativas dos clientes e desenvolver objetivos e metas, assim como planos estratégicos e operacionais, para alcançar a liderança em qualidade;
- ter excelência em qualidade gerada por sistemas e processos projetados e executados em conformidade com as expectativas dos clientes, sendo as melhorias contínuas e a prevenção elementos relevantes do modelo de gestão da empresa;
- ter fornecedores capacitados para as expectativas de qualidade e trabalhar para elevar seu desempenho; e

Como interligar os processos com outros instrumentos administrativos das empresas | 209

- ter conceito de qualidade fundamentado no projeto, fabricação e comercialização de produtos e serviços de acordo com a conformidade desejada pelos clientes.

Alguns exemplos de políticas operacionais de qualidade são:

- ter critérios e parâmetros de qualidade documentados e divulgados para todos os envolvidos;
- ter clara definição dos requisitos dos produtos e dos serviços;
- ter sistema de custos da não qualidade, considerando prevenção, avaliação, falhas internas e externas, bem como a garantia da qualidade;
- ter sistema de segurança dos produtos e dos serviços oferecidos e realizados junto aos diversos segmentos de mercado;
- ter qualidade nos insumos, nas transformações, nos produtos e nos serviços;
- ter adequados equipamentos de controle de qualidade;
- ter processo de identificação e segregação de itens sem conformidade, com análise da relação causa *versus* efeito;
- ter monitoramento, rastreabilidade, avaliação e auditoria constantes com base em processos estabelecidos;
- ter documentação do sistema de qualidade; e
- ter qualidade no processo produtivo que permita a obtenção de índice zero em devoluções e em notas de débitos.

Quando se aborda a qualidade total, deve-se fazer referência à série ISO, desenvolvida pela Organização Internacional para Normatização, sediada em Genebra, Suíça.

A série ISO 9.000 apresenta, de forma resumida, a seguinte composição:

- ISO 9.000: consolidação de normas de gestão da qualidade, diretrizes de seleção e uso.
- ISO 9.001: modelo para garantia de qualidade em projeto, desenvolvimento, produção, instalação e assistência técnica. Especifica requisitos de sistemas de qualidade para uso, em que um contrato entre duas partes exige a demonstração da capacidade do fornecedor para projetar e fornecer produtos.

210 | Administração de Processos • *Rebouças*

- ISO 9.002: modelo para garantia da qualidade em produção e instalações. Essa norma especifica os requisitos de sistemas da qualidade para uso, quando o contrato entre duas partes exige a demonstração da capacidade do fornecedor em controlar os processos que determinam a aceitabilidade do produto fornecido.
- ISO 9.003: modelo para garantia da qualidade em inspeção e ensaios finais. Igual à 9.002, especificamente quanto à capacidade do fornecedor em detectar e controlar a disposição de qualquer produto não conforme durante as etapas de inspeção e ensaios finais.
- ISO 9.004: estabelece a gestão de qualidade e os elementos de sistemas de qualidade.
- ISO 9.004-2: estabelece a gestão de qualidade e os elementos de sistemas de qualidade no que se refere a serviços.
- ISO 9.004-3: estabelece as diretrizes de qualidade para os materiais processados.
- ISO 9.004-4: estabelece as diretrizes para a melhoria da qualidade.

A auditoria de qualidade total também apresenta algumas normas básicas, a saber:

- ISO 10.011: estabelece as diretrizes para auditoria em sistemas de qualidade.
- ISO 10.011-1: refere-se aos objetivos, organização, auditoria e acompanhamento dos sistemas de qualidade. Estabelece a conformidade e a não conformidade de produtos e serviços ou processos, bem como o grau de sucesso ou fracasso do sistema.
- ISO 10.011-2: atribui critérios de qualificação dos auditores dos sistemas de qualidade. Na avaliação dos candidatos a auditor, a norma define a necessária existência de conhecimento e habilidade apropriados para o trabalho a ser desenvolvido.
- ISO 10.011-3: intitulada de administração dos programas de auditoria, fornece recomendações para a contratação de auditores e auditores--chefes, bem como o monitoramento e a manutenção do desempenho da auditoria.

E tendo em vista o alto nível de corrupção que o nosso país vive, evidencia-se a mesma ISO 37.001, que cuida de sistemas de gestão antissuborno, apoiando as instituições a combater o suborno por meio de uma cultura de integridade, transparência e conformidade com as leis e regulamentações aplicáveis através de requisitos políticos, procedimentos e controles adequados. Entretanto, essa norma não abrange outros crimes de corrupção, como fraudes, cartéis, crimes concorrenciais e lavagem de dinheiro, mas o seu amplo escopo possibilita a sua ampliação para esses outros atos ilícitos.

Na realidade, as séries ISO, interligadas com outros sistemas, proporcionam um processo global de gestão integrada, partindo da série 9.000 (Gestão da Qualidade), passando pela série 14.000 (Gestão Ambiental) e pela série 18.000 (Gestão da Saúde e Segurança), chegando à série 8.000 (Gestão da Responsabilidade Social); ou seja, pode-se consolidar uma atuação responsável com uma gestão socialmente responsável.

Os benefícios complementares desse processo global são:

- assegurar as conformidades aos requisitos legais;
- melhorar a imagem institucional e a percepção da comunidade com relação aos desempenhos ambiental e social da empresa;
- implementar um sistema de gestão reconhecido internacionalmente que, além de melhorar a eficiência da empresa, também reduz os riscos correlacionados ao meio ambiente;
- aumentar a aderência entre os valores corporativos e a gestão dos profissionais da empresa;
- assegurar que o Código de Ética e Valores Sociais – que as empresas devem ter – seja implementado de forma consistente por toda a cadeia de fornecedores e distribuidores/representantes; e
- melhorar a credibilidade da empresa e a fidelização dos clientes.

Alguns dos exemplos de situações de nível de qualidade, normalmente encontrados nas empresas que atrapalham a conceituação e a consolidação de uma otimizada administração de processos, são:

- falta de políticas explícitas para a qualidade;
- fazer errado e tentar corrigir mais tarde;
- produto ou serviço em fase terminal, o que provoca descrença quanto ao futuro;
- existência de atuação corretiva e não preventiva;
- programas de qualidade degradados e desacreditados;

- comunicação truncada, bem como desconhecimento das expectativas dos clientes;
- falta de compromisso e de iniciativa para atender à qualidade;
- estilo administrativo inativo com forte tendência corretiva;
- falta de constância para com os programas de melhorias;
- falta de treinamento voltado para a capacitação dos profissionais envolvidos nos processos e atividades da empresa;
- falta de definições das atividades operacionais;
- continuidade de dependência da inspeção de qualidade;
- filosofia de *caça aos culpados*, provocando uma situação de medo de assumir erros; e
- atitudes de comodismo, com frases como: "... isso foi sempre assim!"

Pelo exposto, verifica-se que a administração de processos e a qualidade total apresentam vários pontos em comum, bem como algumas diferenças. O importante é que se pode obter sinergia e complementaridade, tanto pelos pontos comuns quanto pelos pontos diferentes, pois essas diferenças são apenas de momento e da forma de aplicação.

Entre os pontos comuns, podem-se citar:

i) Tanto a administração de processos como a qualidade total se sustentam em processos.

ii) Ambas iniciam o desenvolvimento dos processos a partir das necessidades dos clientes finais.

Clientes finais são pessoas que usam os produtos ou serviços no dia a dia. Somente no momento seguinte é que se preocupa com os clientes intermediários – normalmente distribuidores ou revendedores que tornam os produtos ou serviços disponíveis ao cliente final – e com os clientes internos – pessoas da empresa a quem é passado o trabalho concluído para que possam realizar a próxima função, na direção de servir outros clientes, até chegar ao cliente final. É fundamental que os clientes internos sejam identificados e claramente definidos como tal para todos na empresa.

Entre os pontos diferentes relativos à administração de processos e à qualidade total citam-se:

i) Manutenção ou não da estrutura de processos

Os programas de qualidade trabalham dentro da estrutura de processos existentes em uma empresa e procuram melhorá-los de forma gradual e contínua de acordo com a filosofia *Kaizen*.

Entretanto, a administração de processos, principalmente em sua abordagem mais forte, que é a reengenharia, normalmente procura mudanças revolucionárias, não pela melhoria de processos existentes, mas por sua substituição, em significativa parte das vezes, por processos inteiramente novos.

ii) Momento do processo de qualidade

A administração de processos atua na garantia da qualidade, que representa um momento anterior à gestão da qualidade total. A qualidade total considera todo o processo, desde a garantia até a gestão da qualidade total.

iii) Forma como as melhorias são abordadas

A qualidade total é desenvolvida por melhorias incrementais, que são graduais e constantes, sendo que normalmente proporcionam ganhos de pouca expressão para o processo. A administração de processos, principalmente em sua abordagem de reengenharia, é desenvolvida por melhorias de maior impacto, as quais geralmente provocam resultados fortes e, algumas vezes, desgastantes na empresa.

iv) Nível de interação das pessoas

Como as mudanças na qualidade são graduais e contínuas, geralmente o nível de envolvimento das pessoas é maior do que na administração de processos, cujos processos de mudanças podem ser desgastantes para os executivos e demais profissionais da empresa.

Neste livro, a proposta para a administração de processos, e também para a reengenharia, pode ser mais gradativa e acumulativa, não existindo a preocupação, única e exclusiva, com as mudanças drásticas.

v) Vantagem competitiva

A qualidade total está deixando de ser vantagem competitiva, ou seja, algo que diferencia uma empresa de outra e direciona o mercado a comprar da empresa que tem a vantagem competitiva.

Na realidade, a qualidade total deve ser considerada como uma premissa de sobrevivência da empresa.

Entretanto, a administração de processos pode resultar em melhorias interessantes que consolidem outras vantagens competitivas.

A interligação dos processos administrativos com a qualidade total nas empresas pode ser visualizada na Figura 4.6, onde se verifica que a estratégia básica da empresa corresponde ao processo básico da empresa, e esse corresponde ao processo básico de qualidade total, dentro de uma situação interativa e equitativa e, portanto, simples de ser aplicada pelas empresas.

Essa questão de plena interligação entre os processos administrativos das empresas tem sido muito reforçada neste livro, pois é fundamental para a maior facilidade e os menores custos dos trabalhos.

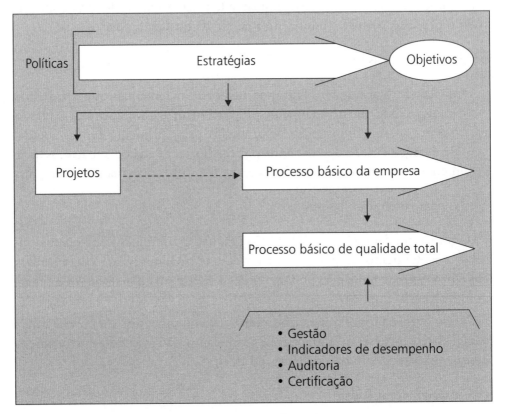

Figura 4.6 Interligação dos processos com a qualidade total.

4.3.1 Qualidade total na administração de processos

Nesse momento, é válido apresentar algumas considerações a respeito da qualidade total na administração de processos.

A qualidade total está em tudo o que se faz, e não apenas no que a empresa obtém como resultado desse processo. Portanto, não se deve avaliar a qualidade de, por exemplo, uma administração de processos pelas *fases* estabelecidas pelo referido plano e sua interação com os resultados da empresa.

Ou seja, a qualidade total está não só no *como* se faz, mas também nos resultados *do que* se faz.

Nesse contexto, o que seria uma administração de processos com qualidade?

Para facilitar o entendimento e a resposta a essa pergunta, é válido considerar a qualidade total da administração de processos com quatro enfoques perfeitamente interativos:

a) Qualidade intrínseca ao produto ou serviço considerado

A avaliação da qualidade total é identificada pela efetiva satisfação proporcionada ao cliente ou usuário pela sua utilização. Neste caso, a qualidade da administração de processos é medida pela ausência de defeitos e problemas no plano final, como inconsistências, desestruturações de suas partes etc., bem como a efetiva presença de todas as características desejadas e previamente estabelecidas por quem necessita da administração de processos; e, nesse caso, é a empresa representada por seus principais executivos.

b) Qualidade rastreada ao longo do processo de conceituação, estruturação, desenvolvimento e implementação dos processos na empresa

A qualidade deve estar alocada – e entendida como tal – em cada uma das fases e etapas da metodologia de desenvolvimento e implementação da administração de processos, conforme apresentado na seção 3.1. E, se por acaso, um defeito grande, médio ou pequeno surgir, deve ser fácil e rápido identificar onde e por que o referido erro ocorreu.

c) Custo da qualidade, o que vai proporcionar a análise de uma relação estabelecida, negociada e assimilada dos custos *versus* benefícios

Os executivos das empresas devem lembrar-se de que do outro lado do custo da qualidade – representado pelo que se gasta prevenindo erros – existe o custo da

216 | Administração de Processos • Rebouças

não qualidade – o que se perde errando. Cada empresa deve proporcionar seu equilíbrio a essa *balança da qualidade*. Mas, seguramente, as melhores empresas serão as vencedoras e terão os melhores processos administrativos.

d) Atendimento completo das expectativas do cliente considerado

No caso da administração de processos, o cliente é a empresa em si, a qual é representada, quanto à sua maneira de ser, principalmente por seus principais executivos.

Verifica-se que a abordagem da qualidade total na administração de processos é bastante ampla, como deve ser em qualquer tratamento de qualidade total.

Qualidade total na administração de processos é tudo aquilo que se faz em termos de melhoria e inovação dos processos para garantia ao cliente- -empresa e, consequentemente, a todos os outros clientes envolvidos – dentro e fora da empresa – exatamente aquilo que desejam, em termos de aspectos intrínsecos, rastreados, de custos e de atendimento de expectativas.

4.4   Interligação dos processos com a logística

Se a empresa decidir desenvolver e implementar os processos de qualidade total e de logística de maneira simultânea, tem a oportunidade de desenvolver um único processo básico – e da mais elevada amplitude –, que atende aos dois instrumentos administrativos citados.

Logística é o processo estruturado e integrado que considera todas as ativi- dades que têm relação entre si em uma sequência lógica, desde o planejamento das necessidades e expectativas de mercado, passando por todos os insumos, transformações, vendas, entregas, até o pós-venda do produto ou serviço colo- cado no mercado.

Portanto, a logística é um processo que corta transversalmente toda a empresa, interligando todas as suas atividades essenciais, com base nas, e em direção às necessidades e às expectativas de mercado. Ela cuida do fornecimento do produto certo, na hora certa e no local certo.

Esse mesmo processo de logística deve ser o processo básico para o desen- volvimento da qualidade total da empresa, e vice-versa.

Se houver dúvidas quanto ao primeiro processo a desenvolver, se o de logística ou o de qualidade, a sugestão deste autor é de estruturar primeiro o processo de logística e, depois, o de qualidade, pelo simples fato de que o processo de logística, geralmente, possibilita maior interação da empresa com o mercado e tem o mesmo nível de abrangência dos indicadores de desempenho do processo de qualidade.

Na verdade, essa situação interativa entre processos deve ser uma realidade para os diversos instrumentos administrativos citados neste capítulo; e, de uma forma mais ampla, para todos os instrumentos administrativos das empresas.

Para facilitar esse entendimento, é apresentada, na Figura 4.7, a interligação dos processos com a logística nas empresas, onde fica evidente a semelhança com a questão da qualidade total.

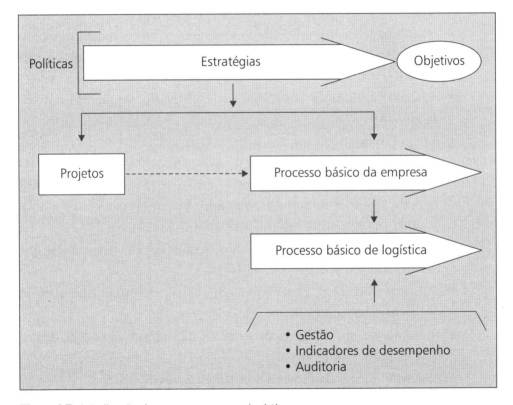

Figura 4.7 Interligação dos processos com a logística.

4.5 Interligação dos processos com o marketing

O atual contexto ambiental e empresarial necessita, cada vez mais, de uma consolidação do marketing nas empresas.

Uma das razões dessa situação é que o atual ambiente dos negócios tem-se caracterizado, de forma resumida, por alguns aspectos que se tornam realidade para qualquer empresa que esteja em regime de competitividade, a saber:

- término dos *bons tempos*, em que tudo se resumia ao protecionismo governamental, ao oligopólio e até ao monopólio – embora essas três situações – principalmente a primeira – ainda ocorram no cenário nacional;
- mercado mais saturado, dinâmico e competitivo;
- mercado global, em que a estrutura competitiva é totalmente remodelada;
- consolidação de um processo de vantagem competitiva pelo preço, o que representa elevada produtividade, custos baixos e margens adequadas;
- crescente sofisticação dos clientes em seus vários segmentos e níveis de atuação;
- integração dos negócios;
- entendimento do conceito de que ser melhor é mais importante do que ser grande, podendo chegar a uma situação em que esses dois aspectos sejam otimizados e conjuminados como parece ser a atual filosofia japonesa de atuação empresarial;
- uma certeza interagente em todos os segmentos da sociedade de que estamos em um processo de mudanças;
- ambiente dinâmico, proporcionando várias oportunidades para as quais você deve estar atento;
- consenso de que vencedores serão os que fazem acontecer dentro desse cenário competitivo; e
- desenvolvimento da filosofia do marketing total.

Na filosofia do marketing total, a empresa consolida uma situação em que suas principais áreas – suprimentos, produção, tecnologia, controladoria, recursos humanos etc. – desenvolvem suas atividades dentro de uma postura de atuação mercadológica.

O principal resultado desse processo é que toda a empresa fica voltada para o mercado. Portanto, pode-se considerar que o marketing total é basicamente uma postura de atuação e representa, apenas em pequena escala, uma necessidade estrutural na empresa.

O marketing total, que muito vai ajudar e receber ajuda da administração de processos, tem duas pontas interativas:

i) Segmentos de mercado, com perfil de consumidores com hábitos de compras semelhantes, impulsionado por uma cultura cada vez mais globalizada.

ii) Diferentes atividades, funções e unidades organizacionais que contribuem, direta ou indiretamente, para a melhor colocação do produto ou serviço nos segmentos do mercado, de acordo com as necessidades e expectativas dos clientes.

Essa postura de atuação proporciona nova força aos negócios, a partir da melhor identificação e usufruto das oportunidades de mercado pelas empresas.

O marketing total, sustentado por uma estruturação integrada, possibilita, entre outros, os seguintes aspectos:

• melhor identificação das necessidades e expectativas não satisfeitas e dimensionamento do potencial de mercado para cada segmento possível de ser atingido; e

• adequada análise da atuação da concorrência, direta e indireta apoiada no desenvolvimento do produto ou serviço oferecido e na ação conjugada do esforço de distribuição e promoção, bem como outras atividades mercadológicas.

Marketing total é o processo interativo de todas as atividades e unidades organizacionais da empresa para com as necessidades e expectativas dos clientes e mercados atuais e potenciais.

A administração de processos deve ser desenvolvida de forma interagente com o marketing, mas esse deve ser realizado de maneira adequada.

Clancy e Schulman (1995, p. 25) lembram que as práticas de marketing são, geralmente, pouco saudáveis. Os relatos sobre sucessos em marketing, por sua vez, costumam ser bem exagerados. Na verdade, os esforços e as práticas de marketing raramente obtêm sucesso, definindo-se sucesso como um retorno razoável sobre os investimentos realizados. Por exemplo, em um único ano são introduzidos cerca de 16 mil produtos nos supermercados e drogarias dos EUA, e 80% deles fracassam.

Esse é um problema para o qual a administração de processos, principalmente a estratégica ou de negócios, pode contribuir, visando a sua amenização.

O sucesso de uma empresa é resultado do marketing externo – perante o mercado e os clientes – e do marketing interno ou endomarketing.

Marketing externo é o processo de conquista e de manutenção dos clientes externos.

Marketing interno ou endomarketing é o processo de conquista e manutenção dos executivos e funcionários satisfeitos e produtivos, através da utilização de técnicas de marketing, tendo em vista tornar a empresa um lugar agradável de se trabalhar.

Para Whiteley (1992, p. 28), não basta satisfazer o cliente, é preciso encantá-lo. Deve-se ouvir sua opinião e *amarrá-la* a ações e estratégias concretas da empresa.

Nesse contexto, pode ser desenvolvida a cadeia de valores dos clientes. Ou seja, ao mesmo tempo em que se entende que o objetivo final é *encantar* o cliente externo, precisa-se ter em mente que será possível otimizar essa situação se *encantarmos* os outros elos dessa cadeia. Deve-se, portanto, buscar a opinião não somente dos clientes externos, mas também dos clientes intermediários e internos.

E, nesse contexto, as cinco perguntas que toda empresa deve fazer aos clientes são:

- Quais são suas necessidades e expectativas?
- O que mais importa para você, entre os itens relacionados na resposta anterior?
- Como você nos avalia?
- Como você avalia nossa concorrência?
- O que podemos fazer para ir além, não somente atender, mas exceder o que você necessita e espera?

As respostas a essas perguntas possibilitam à equipe de administração de processos conhecer sua real interação com os clientes atuais ou potenciais.

A empresa que procura ser promissora e vencedora precisa também saber responder à seguinte pergunta: "Qual é a qualidade de sua fatia de mercado?" Em outras palavras, você deve investigar quantos clientes *bons* e quantos clientes *ruins* compõem essa participação de mercado.

Bons clientes são aqueles que, com suas decisões de compra, provocam um impacto positivo sobre o futuro valor de mercado da empresa. Quanto mais clientes fiéis, lucrativos e influentes a empresa tiver, maiores serão suas chances de crescimento no mercado a longo prazo. Shapiro e Sviokla (1995, p. 41) consideram que a atual fatia de mercado de uma empresa é um espelho do passado; e que a qualidade dessa fatia é a janela para o futuro.

Estão ocorrendo transformações nas expectativas e necessidades do mercado e dos clientes; e a empresa que souber interagir e explorar essas transformações terá mais oportunidades de crescimento.

Uma transformação que está ocorrendo é a transição entre a tradicional postura de "empurrar" produtos e serviços através da cadeia de valor – até o cliente final – e a postura de aceitação da realidade de que hoje é o mercado quem "puxa" os produtos e serviços de uma empresa; e você verifica que, nessas duas situações, a administração de processos está presente.

Essa questão do cliente final deve ser bem analisada e debatida, pois a amplitude e, consequentemente, a abrangência posterior ao chamado cliente final pode ser muito maior. Por exemplo, você pode ser considerado – como na maior parte das vezes o é – o cliente final do presente livro; entretanto, você pode aplicar e disseminar o conteúdo deste livro para várias outras pessoas e empresas, o que consolida um novo patamar na identificação do cliente final deste livro.

Além das empresas clientes, deve-se interagir também com as empresas não clientes, que podem proporcionar forte alavancagem aos resultados da empresa que oferece os produtos e serviços ao mercado.

A concorrência pode ser considerada uma oportunidade, quando nossa empresa aprende a trabalhar com margens estreitas e alta competitividade. Nesse contexto, o *benchmarking* torna-se muito importante.

As empresas estão cada vez mais preocupadas em saber como estão em relação a seus concorrentes, sendo que algumas empresas estão interessadas em fazer comparações com outros setores.

O *benchmarking* não deve ser realizado apenas com os concorrentes diretos, mas devem-se considerar os não concorrentes, enfocando setores econômicos diversos do campo de atuação da empresa considerada.

Nessa abordagem, o *benchmarking* pode ser de quatro tipos:

- interno: é a comparação de processos semelhantes entre diferentes unidades organizacionais da empresa;

- funcional: é a comparação de processos semelhantes entre empresas que atuam em mercados distintos;
- genérico: trata-se do sistema de reformulação contínua dos processos de uma empresa; e
- competitivo: é a forma mais associada ao *benchmarking*. Trata-se da comparação de processos semelhantes entre concorrentes diretos.

Para qualquer dos tipos considerados, o *benchmarking* pode ser operacionalizado enfocando as seguintes fases e etapas básicas (Camp, 1993, p. 24):

Fase 1: Planejar, com a realização das seguintes etapas:
- identificar o que deve ser copiado;
- identificar as empresas comparáveis; e
- criar um método para coletar informações e colocar em prática.

Fase 2: Analisar, considerando as seguintes etapas:
- determinar os níveis de desempenho atuais;
- projetar os futuros níveis de desempenho; e
- comunicar as descobertas feitas com o *benchmarking* e envolver os funcionários.

Fase 3: Integrar, com efetivação das seguintes etapas:
- estabelecer metas realistas; e
- desenvolver planos de ação para alcançá-las.

Fase 4: Agir, com a realização das seguintes etapas:
- implementar ações específicas e monitorar os progressos; e
- atualizar os parâmetros (*benchmarking*). Ver etapa 3.4 da metodologia de administração de processos apresentada na seção 3.1.

Entretanto, nunca se deve realizar a prática do *benchmarking* focando apenas a melhor atividade de uma empresa em relação à outra empresa, pois, nesse caso, não estará aprendendo nada, mas simplesmente vangloriando-se de suas qualidades. É importante a empresa submeter à comparação externa suas atividades mais fracas.

As melhores oportunidades de negócios podem estar nas brechas entre os produtos e serviços atuais da empresa, bem como na periferia do que é disponível hoje, considerando a atual realidade de atuação da empresa (Penzias, 1995, p. 48).

Mais detalhes do processo de *benchmarking* foram apresentados na etapa 2.10 da metodologia de desenvolvimento e implementação de processos administrativos.

Outro aspecto a se considerar é que, na era dos mercados globais, muitas empresas estão perdendo o foco, fazendo *tudo para todos*; e, como resultado, na maior parte das vezes a receita cresce, mas o lucro cai.

O verdadeiro problema não é matemático; é de marketing. Com o tempo, as empresas perdem a eficiência, a competitividade e, o que é mais assustador, a capacidade de administrar diferentes produtos e serviços. Muitas empresas, em vários setores de atividade, já chegaram a esse estágio.

A tendência no mundo hoje vai no sentido oposto ao da expansão. Muitas empresas estão-se voltando para o que é essencial; estão reenfocando suas operações.

Ries e Trout (1995, p. 17) apresentam algumas sugestões para o adequado reenfoque da empresa:

i) Escolha e ajuste o foco. A Federal Express, empresa aérea de transportes de cargas, entrou no mercado trabalhando apenas com pequenos pacotes para entrega em 24 h.

ii) Vá além do produto ou serviço. A Xerox não focou apenas no produto "copiadora", mas na "copiadora com papel comum"; a Volvo não está focada no carro, mas em "carro com segurança".

iii) Escape do *guarda-chuva*. Embora a Gillette fabrique uma linha completa de produtos correlacionados a aparelhos de barbear, seu foco está apenas no último produto da linha, o Sensor.

iv) Não espere sucesso imediato. A Ford tentou a abordagem da segurança durante um ano e desistiu. A Volvo se manteve fiel ao conceito de segurança durante 30 anos e consolidou seus veículos como dos mais seguros do mundo.

v) Saiba que nenhum foco é eterno. A Lotus desenvolveu a planilha eletrônica e depois buscou um novo foco, criando um aplicativo para o trabalho em equipes multidisciplinares.

vi) O foco não agrada a todos. A Domino's Pizza, cadeia de pizza dos EUA, investiu no conceito "entrega garantida em 30 minutos" e desistiu dos clientes de restaurantes.

> **Fique atento**
> Identifique uma empresa que reenfocou as suas operações e analise os seus resultados.

A administração de processos também deve preocupar-se com o marketing de relacionamento, conforme estabelecido por Goldmann (1998, p. 12).

Marketing de relacionamento é a política de marketing que se preocupa com a manutenção de clientes satisfeitos e não apenas com a conquista de novos clientes.

Por incrível que possa parecer, grande parte das empresas não se preocupa com a efetiva assistência aos clientes. Os exemplos disso estão nos consertos de erros e raramente são respeitados os prazos estabelecidos; na baixa qualidade das informações fornecidas aos clientes; nos serviços de reposição que estão emaranhados em cláusulas jurídicas e um enorme número de cláusulas e ressalvas que dificultam quaisquer benefícios prioritários para os clientes.

Para o adequado marketing de relacionamento, a empresa deve considerar algumas premissas:

- manter contato estreito com seus clientes, criando um conselho ou fórum de clientes;
- montar um sistema de sugestões dos clientes, para que eles possam contribuir, sistemática e facilmente, com ideias, sugestões e observações;
- fazer programas de intercâmbio de funcionários com fornecedores e clientes (se forem empresas);
- implementar um programa de assistência gradativa aos clientes, em que mais tempo como cliente garanta maiores vantagens;
- adaptar seu departamento e atuação comercial segundo um modelo que seja aprovado pelos clientes;
- passar seus conhecimentos aos clientes; e
- transmitir as ações da empresa aos clientes de forma clara, para que as considerem uma vantagem financeira.

A administração de processos e a qualidade dos produtos e serviços também devem considerar a força da marca, a qual pode estar correlacionada a alguns aspectos que Buzzell e Gale (1991, p. 45) apresentam da seguinte forma:

- definir um grupo de consumidores;
- pesquisar suas necessidades e expectativas;
- projetar os produtos ou serviços de acordo com os dados obtidos;
- adotar medidas de controle de qualidade para acertar *de primeira*;
- realizar serviços adicionais que satisfaçam às necessidades do grupo de clientes;
- manter seu preço no mesmo patamar do preço oferecido pelos concorrentes de pior qualidade;
- fazer publicidade das vantagens de seu produto ou serviço; e
- nunca aumentar o preço, sem aumentar também a qualidade.

Verifica-se que os pontos básicos do marketing direcionado à força da marca proporcionam várias informações importantes para a adequada administração de processos na empresa.

O marketing total deve consolidar mecanismos para que todas as áreas da empresa tenham perfeita interação com o ambiente empresarial.

Esse procedimento deve ser realizado da forma mais ampla possível, inclusive como preparação para o delineamento dos *papéis* dos executivos e demais profissionais da empresa. Por exemplo, quando se considera o fator concorrência e a área de recursos humanos da empresa, podem ocorrer algumas situações que proporcionam *papéis* bem diferenciados para os responsáveis pela área de recursos humanos, a saber:

- Situação 1: ser interagente com a área de recursos humanos dos concorrentes para aprimorar o sistema de informações.
- Situação 2: ser catalisador da melhoria contínua da capacitação e da motivação da força de trabalho da empresa, para facilitar a colocação dos produtos e serviços da empresa no mercado.

Essa abordagem do delineamento dos *papéis* pode representar uma situação diferenciada para a empresa, conforme exemplo complementar apresentado a seguir, considerando-se o responsável pela área de informática da empresa:

- Situação 1: ser responsável pelo desenvolvimento e operação dos sistemas informatizados da empresa.

- Situação 2: ser responsável pela consolidação dos sistemas de informações gerenciais, para otimizar o processo decisório, tendo em vista alavancar os negócios da empresa.

A análise de diferentes *papéis* pelos executivos já foi considerada no item *d* da etapa 1.2 da metodologia de desenvolvimento e operacionalização dos processos nas empresas.

Na prática, pode-se considerar, como ideal, o estabelecimento de *papéis* evolutivos para todos os principais executivos e demais profissionais da empresa, proporcionando um processo de enriquecimento dos cargos e funções da empresa.

Para facilitar a visualização simplificada da interligação dos processos com o marketing das empresas, é apresentada, a seguir, a Figura 4.8:

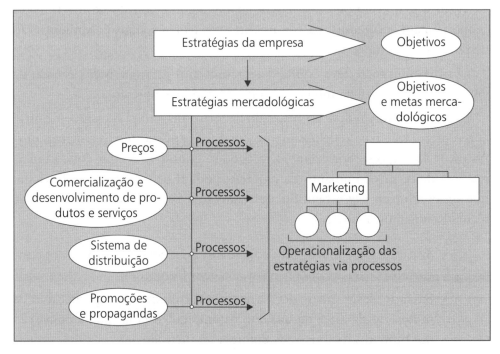

Figura 4.8 Interligação dos processos com o marketing.

4.5.1 Atuação do gerente de produtos

A administração de processos pode, e deve, cancelar produtos ou serviços que não alavanquem ou apresentem resultados satisfatórios, bem como pode propor mudanças ou mesmo criar novos produtos e serviços para a empresa.

Em contrapartida, a gerência de produtos pode reestruturar processos administrativos sempre que um produto ou serviço começa a perder a competitividade, bem como no caso de estudo e de lançamento de novo produto ou serviço.

Na prática, deve existir forte interação entre a gerência de produtos ou de serviços e a equipe de administração de processos da empresa.

A gerência de produtos corresponde à identificação de *onde* fluem as questões mercadológicas que devem consolidar o marketing total.

Nesse contexto, pode-se ter uma das seguintes situações:

a) Empresa sem gerente de produtos. Nesse caso, o foco deve ser uma equipe multidisciplinar formada por representantes das diversas áreas – produção, tecnologia, suprimentos, logística, recursos humanos, controladoria etc. – que, a partir de um debate estruturado coordenado pela equipe central de marketing ou de um especialista no assunto, consolidam a realidade e postura de marketing em todas as áreas da empresa.

b) Empresa com gerente de produtos. Nesse caso, o foco é o próprio grupo de gerentes de produtos que desempenham o *papel* de consolidar e disseminar o marketing total na empresa.

Essas duas situações têm elevada validade e a decisão de escolha está simplesmente correlacionada à realidade da empresa considerada. Como a gerência de produtos representa um cargo e função bem definidos, os comentários a seguir concentram-se nessa situação, mas as considerações apresentadas servem também, ressalvadas as diferenças específicas, ao caso da equipe multidisciplinar.

O objetivo básico do gerente de produtos é catalisar o desenvolvimento, a disseminação e a operacionalização dos objetivos, das estratégias e das políticas dos produtos e serviços sob sua responsabilidade; isso tudo dentro do ciclo de vida do referido produto ou serviço e contribuindo para otimizar os objetivos da empresa.

Em sentido genérico, pode-se considerar que o gerente de produtos deve administrar a otimização de resultados de um negócio grande, médio ou pequeno que é representado pelos produtos ou serviços sob sua responsabilidade.

Naturalmente, sua atuação não deve ser confundida com a de gerente de negócios, pois esse pode comprar insumos, produzir, cuidar do desenvolvimento tecnológico do produto ou serviço, vender e, até mesmo, cuidar de algumas atividades de apoio administrativo-financeiro inerentes a seu negócio. Para se aprofundar a respeito de Unidade Estratégica de Negócios (UEN), ler o livro *Holding, administração corporativa e unidade estratégica de negócio*, dos mesmos autor e editora.

O cargo e a função de gerente de produtos podem ser mais bem entendidos quando se analisam sua forma e amplitude de atuação, bem como o conjunto de suas responsabilidades.

A forma de atuação do gerente de produtos deve ser:

a) Matricial, pois deve cruzar praticamente toda a estrutura da empresa, preferencialmente na *contramão*, iniciando pela análise de mercado, passando por vendas, logística, produção, tecnologia e chegando até a área financeira da empresa, representada, principalmente, pela rentabilidade dos produtos e serviços sob sua responsabilidade.

b) Negociadora, pois deve interagir com todas as áreas da empresa sem ter autoridade hierárquica. Portanto, deve saber, e muito bem, todos os aspectos principais de uma otimizada negociação.

c) Criativa, pois a otimização e, principalmente, a alteração do ciclo de vida de um produto ou serviço depende de muita criatividade, bem como dos resultados efetivos do produto ou serviço.

A amplitude de atuação do gerente de produtos deve considerar, no mínimo, os dois extremos básicos do processo, a saber: participação de mercado e rentabilidade do produto ou serviço.

Essa situação, com alguns exemplos de unidades gerenciais intermediárias ao processo, pode ser visualizada na Figura 4.9:

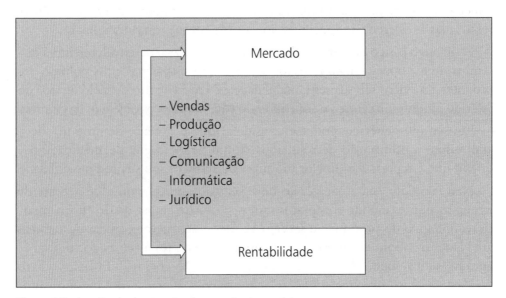

Figura 4.9 Amplitude de atuação do gerente de produtos.

Com referência à responsabilidade do gerente de produtos, pode-se afirmar que ele é responsável pelo otimizado equilíbrio entre a participação de mercado e a rentabilidade dos produtos e serviços sob sua responsabilidade.

Essa responsabilidade geral é consequência das duas extremidades do processo contínuo da amplitude de atuação do gerente de produtos anteriormente apresentada.

De forma mais detalhada, pode-se apresentar a responsabilidade do gerente de produtos interligada com sua amplitude de atuação, conforme apresentado no Quadro 4.3:

Quadro 4.3 Interligação da amplitude de atuação e as responsabilidades do gerente de produtos.

Amplitude de atuação	Responsabilidades
– Pesquisa e análise de mercado	– Análises das pesquisas
– Vendas	– Participação de mercado: • penetração nos segmentos de mercado • consumo médio • conhecimento da marca – Planejamento: • previsões • *mix* de vendas • estratégias • políticas – Controle
– Logística	– Volumes de vendas (previsão)
– Produção	– Desenvolvimento do produto – Padrões de qualidade
– Comunicação	– Posicionamento do produto – Estratégias do produto – Imagem do produto – Promoção – *Merchandising* – Atendimento aos clientes – Administração de verbas
– Informática	– Relatórios gerenciais: • análise • disseminação
– Jurídico	– Propriedade industrial
– Finanças	– Rentabilidade

230 | Administração de Processos • *Rebouças*

A seguir, é apresentado o relativo detalhamento de algumas das interligações apresentadas no Quadro 4.3. Esses comentários são genéricos e devem ser considerados, única e exclusivamente, como orientativos para o posterior delineamento e estruturação das principais responsabilidades do cargo e da função de gerente de produtos ou serviços em sua atuação nos processos administrativos das empresas.

Esses comentários são:

I – Quanto à pesquisa e análise de mercado

> i) Interação: essa interação é ativa pelo gerente de produtos e corresponde ao instrumental que recebe – pesquisa de mercado – para posicionar e direcionar o produto ou serviço perante o segmento de mercado.
>
> ii) Responsabilidade do gerente de produtos: perante a área de pesquisa de mercado, o gerente de produtos é responsável pelas análises e propostas de estudo de pesquisas de mercados.
>
> iii) Parâmetros de avaliação da responsabilidade: pode ser utilizada a efetiva consistência das análises efetuadas, embora seja um parâmetro de medição relativamente subjetivo.

II – Quanto às vendas

> i) Interação: a interação da gerência de produtos com a área de vendas é para subsidiar e negociar as informações e ações mercadológicas.
>
> ii) Responsabilidade básica do gerente de produtos perante a área de vendas da empresa: é responsável pelo planejamento e controle dos volumes de vendas e pela consequente participação em volumes e valor aos distribuidores e aos clientes.
>
> iii) Conteúdo da responsabilidade e consequentes responsabilidades complementares: o aspecto do planejamento e controle de volumes de vendas apresenta o seguinte conteúdo:
> - planejamento e previsões de vendas;
> - *mix* de vendas;
> - estratégias e políticas de vendas; e
> - controle de vendas.

Esse conteúdo proporciona as seguintes responsabilidades complementares do gerente de produtos perante a área de vendas da empresa:

Como interligar os processos com outros instrumentos administrativos das empresas | 231

- planejamento e análise de oportunidades e definição do potencial de mercado;
- previsões e revisões dos volumes de venda;
- estruturação do *mix* de vendas;
- estudo de segmentação de mercado;
- seleção dos canais de distribuição;
- determinação dos preços ideais dos produtos e serviços por segmento de vendas;
- estabelecimento de estratégias e políticas de vendas; e
- análise e controle dos esforços de vendas.

Por outro lado, o aspecto da participação em volume e valor ao consumidor e distribuidor apresenta o seguinte conteúdo:

- volumes de distribuição e correspondentes preços;
- conhecimento de marca;
- penetração nos diversos segmentos de mercado; e
- consumo médio.

Esse conteúdo proporciona as seguintes responsabilidades complementares do gerente de produtos perante a área de vendas da empresa:

- esforço de tornar a marca conhecida;
- otimização do percentual de locais onde o produto ou serviço é conhecido durante determinado período de tempo; e
- otimização dos volumes consumidos.

iv) Critérios e parâmetros de avaliação: para o aspecto do planejamento e controle do volume de vendas, podem-se ter:

- critério: planejamento e análise das oportunidades e definição de potencial de mercado, segmentação de mercado, seleção dos canais de distribuição, previsão de vendas e *mix* de vendas.
- parâmetro: análise dos relatórios e listagens gerados pela empresa ou terceiros, comparativos à concorrência.

Quanto ao aspecto da participação de mercado, podem-se ter:

- critério: equilíbrio entre a participação de mercado proposta e a rentabilidade proporcionada.

232 | Administração de Processos • *Rebouças*

- parâmetro: análise qualitativa e quantitativa de estudos contínuos e específicos de pesquisas de mercado.

III – Quanto à logística

i) Interação: é efetivada pela disponibilidade adequada dos produtos ou serviços nos pontos de venda.

ii) Responsabilidade do gerente de produtos perante a área de logística da empresa: responsável por informar mensalmente a previsão de vendas por item e total dos próximos meses (curto prazo).

iii) Critério e parâmetro de avaliação da responsabilidade: pode-se considerar a seguinte situação:

- critério: previsão e acompanhamento dos volumes e adequação do *mix* de vendas às necessidades de mercado.

- parâmetro: níveis de eficiência e de eficácia da previsão de vendas.

IV – Quanto à produção

i) Interação: essa interação é efetuada pela troca de informações de mercado – consolidadas pelo gerente de produtos – e informações técnicas – consolidadas pela unidade fabril ou operativa.

ii) Responsabilidades do gerente de produtos perante as áreas de produção da empresa: as principais responsabilidades são:

- responsável pela proposição e análise conceitual e posterior acompanhamento do desenvolvimento e aperfeiçoamento da linha de produtos junto às unidades fabris da empresa.

- responsável pela definição dos padrões do produto e embalagem em função dos objetivos mercadológicos da empresa.

iii) Critérios e parâmetros de avaliação: pode ser utilizada a seguinte situação:

Responsabilidade 1: Para essa responsabilidade, pode haver duas situações na interação com a unidade fabril, dependendo se a gerência de produtos está em uma situação ativa ou passiva, a saber:

- critério: aperfeiçoamentos propostos e implementados.

- parâmetro: apresentação mínima de um projeto de impacto por ano fiscal, condizente com os objetivos mercadológicos e compensador na relação custos *versus* benefícios.

ou então:

- critério: parecer formal das proposições feitas pela equipe produtiva, avaliando sua adequação aos objetivos mercadológicos do produto ou serviço.
- parâmetro: totalidade dos pareceres.

Responsabilidade 2: Nesse caso, têm-se:

- critério: adequação dos padrões à imagem pretendida para o produto ou serviço.
- parâmetro: análise dos resultados das pesquisas de mercado efetuadas.

V – Quanto às atividades de comunicação

i) Interação: essa interação concretiza-se por subsídio às agências de propaganda, promoção e relações públicas, bem como aos órgãos da mídia.

ii) Responsabilidade geral do gerente de produtos na atividade de comunicação: responsável por informar e divulgar os produtos e serviços para os clientes atuais ou potenciais, assegurando a boa imagem de cada produto ou serviço.

iii) Responsabilidades complementares: com base no conteúdo da responsabilidade geral do gerente de produtos na atividade de comunicação, podem-se identificar as seguintes responsabilidades complementares:

- definição do posicionamento do produto ou serviço;
- otimização da imagem do produto ou serviço;
- desenvolvimento de estratégias de comunicação, envolvendo questões de propaganda, promoção, *merchandising* e informações aos clientes; e
- recomendação e administração de verbas para as agências de propaganda, promoção e relações públicas.

iv) Critérios e parâmetros de avaliação: podem-se considerar três situações:

Situação 1: Para o posicionamento e a imagem do produto ou serviço:

- critério: equilíbrio entre o posicionamento do produto e a imagem do produto.
- parâmetro: avaliação através de pesquisas de mercado.

Situação 2: Para as estratégias de comunicação, devem ser considerados quatro aspectos:

a) Quanto à propaganda:
- critério: impacto, compreensão e persuasão da mensagem com o público-alvo.
- parâmetro: avaliação através de pesquisas de mercado.

b) Quanto à promoção:
- critério: adequação da promoção aos objetivos mercadológicos do produto ou serviço.
- parâmetro: predefinição de promoção, pela pesquisa de associação do produto ou serviço e pós-avaliação da promoção, pelo incremento de volume de vendas *versus* total investido.

c) Quanto ao *merchandising*:
- critério: adequação de todas as atividades realizadas no ponto de venda aos objetivos mercadológicos do produto ou serviço.
- parâmetro: visibilidade nos pontos de vendas.

d) Quanto às informações aos clientes:
- critério: amplitude e exatidão das informações fornecidas à área responsável.
- parâmetro: nível de resolução dos problemas e reclamações.

Situação 3: Para a administração de verbas:

- critério: coerência dos investimentos alocados no *mix* de contas com o plano proposto para o produto ou serviço.
- parâmetro: resultado da utilização das verbas.

VI – Quanto aos aspectos de informática

i) Interação: essa interação é operacionalizada pelo suporte de informações para os relatórios gerenciais da empresa.

ii) Responsabilidade do gerente de produtos: responsável pela análise periódica e disseminação de relatórios gerenciais específicos dos produtos e serviços sob sua responsabilidade.

iii) Critério e parâmetro de avaliação: nesse caso, pode ser utilizada a seguinte situação, embora apresente elevado nível de subjetividade:

- critério: identificação de oportunidades e problemas dos produtos e serviços.
- parâmetro: análise consistente e disseminação dos relatórios gerenciais.

VII – Quanto aos aspectos jurídicos

i) Interação: é efetuada na busca de subsídios legais para a proteção de marcas e *slogans* para os produtos e serviços atuais e potenciais da empresa.

ii) Responsabilidade do gerente de produtos: responsável pela definição das marcas e *slogans* a serem registrados e em quais categorias.

iii) Critério e parâmetro de avaliação: pode ser utilizada a seguinte situação:

- critério: análise das categorias de provável interesse para a linha dos produtos e serviços, bem como verificação da presença de marcas para futura utilização.
- parâmetro: existência de marcas para todas as categorias de interesse.

VIII – Quanto a finanças

i) Interação: é efetuada pela consolidação e análise detalhada da rentabilidade dos produtos e serviços.

ii) Responsabilidade do gerente de produtos: responsável pela consolidação do nível objetivado de rentabilidade dos produtos e serviços sob sua coordenação.

iii) Critério e parâmetro de avaliação: pode ser utilizada a seguinte situação:

- critério: análise estruturada da rentabilidade dos produtos e serviços sob a responsabilidade do gerente de produtos.
- parâmetro: nível de rentabilidade estabelecido como resultado esperado (objetivo, desafio ou meta).

Pelas oito situações colocadas e analisadas no Quadro 4.3, verifica-se que o cargo e a função de gerente de produtos, para exercerem suas atividades e responsabilidades, *cortam matricialmente* a empresa na busca, consolidação, análise e disseminação de dados e informações. Portanto, sua atuação está enquadrada na estrutura de processos das empresas.

Embora este livro apresente, como exemplo, o detalhamento do cargo e função de gerente de produtos no contexto da administração de processos, é importante você considerar a elaboração da realidade de todos os cargos ou funções que têm influência no desenvolvimento e implementação dos processos nas empresas.

É importante a identificação de cargos, tais como o gerente de produtos, o coordenador da logística e o coordenador de qualidade, pois esses três cargos têm suas funções, atividades e responsabilidades ao longo de um processo, que é o foco básico da estruturação dos processos nas empresas.

Pode-se considerar que, ao longo do tempo, cargos com essa forma e postura de atuação tornar-se-ão cada vez mais importantes nas empresas.

Comece agora

Estabeleça seu posicionamento quanto à sua atuação em um cargo que tenha forte interação com a administração de processos.

Detalhe a sua análise como o apresentado para o cargo de gerente de produtos.

4.6 Interligação dos processos com os relatórios gerenciais

A interligação dos processos administrativos com os relatórios gerenciais é sustentada por um adequado sistema de informações gerenciais.

Sistema de Informações Gerenciais (SIG) é o processo de transformação de dados em informações que são utilizadas na estrutura decisória da empresa, bem como proporcionam a sustentação administrativa para otimizar os resultados esperados da empresa. Mais detalhes sobre a estrutura dos sistemas de informações gerenciais, bem como uma metodologia para seu desenvolvimento e implementação, são apresentados no livro *Sistemas de informações gerenciais: estratégicas, táticas e operacionais*, dos mesmos autor e editora.

Os processos administrativos podem ser considerados importantes premissas para o adequado desenvolvimento e operacionalização dos sistemas de informações gerenciais, tendo em vista otimizar o processo decisório nas empresas.

Os processos administrativos também facilitam o estabelecimento, a negociação e a aplicação de critérios e parâmetros de desempenho, os quais representam os focos básicos das informações para o processo decisório. Em contrapartida, a existência, disseminação e utilização de adequados critérios e parâmetros de desempenho, desde que adequadamente implementados, representam fator de motivação para as pessoas que forem afetadas pelos processos administrativos na empresa.

A administração de processos também pode gerar requisitos e especificações de projetos de desenvolvimento de sistemas que são necessários para alavancar os resultados da empresa. Em contrapartida, novos sistemas podem facilitar a viabilização de processos administrativos anteriormente considerados inadequados.

Quando uma empresa desatualizada em recursos de informática inicia uma administração de processos, normalmente são necessárias mudanças significativas na configuração dos equipamentos, provocando, por consequência, uma evolução natural nessa situação. Em contrapartida, antes de ser delineado o planejamento dos recursos de informática, é necessário que a empresa dimensione todo o potencial existente para os diversos projetos de processos administrativos necessários para alavancar os resultados da empresa.

Essa interatividade da administração de processos para com outros sistemas e instrumentos administrativos da empresa, tal como o sistema de informações gerenciais, é uma realidade que se repete em outras considerações neste capítulo.

Relatórios gerenciais são os documentos que consolidam, de forma estruturada, as informações que sustentam o processo decisório dos executivos da empresa.

A interligação dos processos com o sistema de informações gerenciais é apresentada na Figura 4.10:

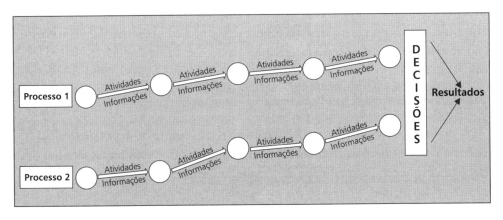

Figura 4.10 Interligação dos processos com o SIG.

Verifica-se que os processos são decompostos em atividades, nas quais são alocadas as informações representativas do insumo básico para a decisão voltada para os resultados da empresa.

A atual revolução da informação nas empresas pode provocar algumas consequências interessantes ou desagradáveis, conforme evidenciado por Mackenna (1997:29):

- mais obrigações, pois as empresas devem empenhar-se em atender bem os consumidores. Satisfação do cliente e qualidade total são fundamentais;
- novos rivais, pois, com a tecnologia de informação acessível a todo mundo, novos e poderosos concorrentes surgirão a cada momento;
- vulnerabilidade, pois as informações, inclusive estratégicas, sobre as empresas ficaram mais acessíveis a todos;
- lentidão, pois as empresas, especialmente as maiores, sempre serão mais lentas do que os indivíduos para acompanhar as mudanças;
- versatilidade, pois as empresas devem oferecer várias opções aos clientes. A escolha tornou-se um valor tão importante quanto o produto ou serviço oferecido ao mercado; e
- mais opções, pois foi encorajada a fragmentação do mercado. Nenhum segmento de mercado hoje é estreito ou obscuro demais para não ser trabalhado pelas empresas.

Quem mais está sofrendo com a adequada administração de processos é a média administração, pois esse nível hierárquico consolidava as informações e comunicava o topo com a base da empresa. Com a atual tecnologia da informação, muitas empresas não precisam mais desse nível intermediário da estrutura organizacional. E passam a ser valorizados profissionais que sabem administrar os negócios e criar redes de relacionamento em níveis muito mais altos e sem fronteiras.

A qualidade administrativa dos executivos das empresas depende de suas decisões e da qualidade da implementação de suas ações e estratégias. Não se deve também esquecer da qualidade de conhecimento e experiência do executivo tomador da decisão.

Com referência à tecnologia de informação, essa pode e deve ser administrada, pois representa uma abordagem maior, englobando a informação que o negócio não só necessita, mas também gera amplo conjunto de tecnologias convergentes e interligadas que processam informações.

Para consolidar a tecnologia da informação, é necessário que as pessoas alterem seus velhos hábitos e formas de pensar. Nesse aspecto, a importância maior deve ser dada à inserção da tecnologia da informação, bem como à distribuição do conhecimento dentro da empresa.

A existência de um clima favorável para mudança não é suficiente. É preciso convicção, preparação cuidadosa, perseverança e atração pelo desafio da ambiguidade, uma vez que ainda não existem respostas claras ou procedimentos simples para a mudança de sistemas de medição de desempenho e resultados.

O sistema de informações deve estar sustentado por uma estruturação de estabelecimento de prioridades.

Uma forma é aplicar a técnica GUT (Gravidade – Urgência – Tendência) – apresentada na etapa 2.12 da metodologia de administração de processos – nos fatores e subfatores externos e internos do planejamento estratégico – apresentados no item *h* da etapa 1.2 da metodologia –, tendo em vista a prioridade dos objetivos, estratégias e políticas da empresa. O resultado dessa aplicação em nível de processo e suas atividades estabelece a prioridade de cada informação.

Essa situação pode ser visualizada na Figura 4.11:

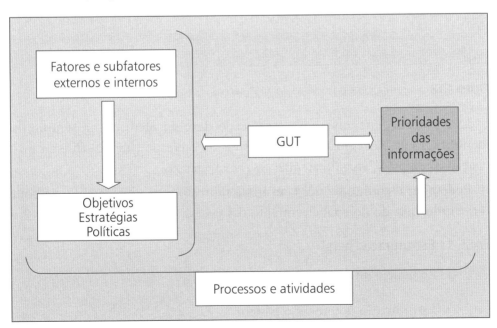

Figura 4.11 Prioridade das informações.

Para evitar o estabelecimento de informações e de suas prioridades por vontade própria dos executivos e demais profissionais da empresa, é válido desenvolver esse trabalho através de equipes multidisciplinares interagentes, as quais devem estar voltadas para as necessidades de mercado, conforme apresentado na seção 4.5 (interligação dos processos com o marketing). Mais detalhes a respeito das equipes multidisciplinares são apresentados na seção 4.8.

Essa situação pode ser visualizada na Figura 4.12:

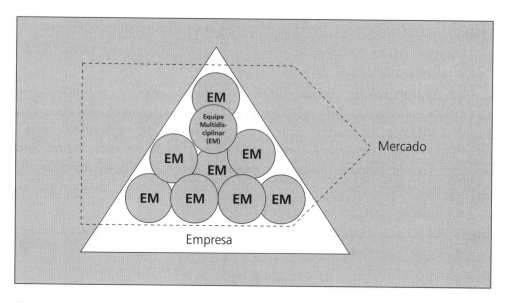

Figura 4.12 Estrutura geral do sistema de informações.

Esse processo interativo com o mercado deve ser efetuado no sentido da identificação das necessidades e expectativas do mercado para a análise e capacitação da empresa, visando atender essas expectativas.

Podem ser identificadas três fases nesse processo interativo da empresa com o mercado, quando do estabelecimento das necessidades de informações:

FASE 1: Estruturação geral.

Essa fase pode conter as seguintes etapas:

- Estruturação do processo básico.
- Ouvir e entender as necessidades de mercado.

- Delineamento dos objetivos a serem alcançados, os quais devem ser correlacionados ao plano estratégico.
- Mapeamento dos processos, das atividades e das informações.
- Identificação dos fatores críticos de sucesso, quer seja do processo básico, quer do plano estratégico.

FASE 2: Detalhamento e análise dos processos.

Essa fase pode conter as seguintes etapas:

- Detalhamento dos requisitos e prioridades dos clientes externos e internos da empresa.
- Estabelecimento dos segmentos dos sistemas, subsistemas, processos e atividades.
- Identificação dos processos críticos e essenciais.
- Mapeamento geral dos processos.
- Ordenação dos processos e atividades.
- Estruturação dos projetos e planos de ação.
- Análise de viabilidade e da relação custos *versus* benefícios.
- Identificação dos projetos e planos de ação a serem operacionalizados.

FASE 3: Operacionalização.

Essa fase pode ter as seguintes etapas:

- Estruturação do sistema de informações gerenciais correlacionado aos processos e atividades.
- Estabelecimento de políticas e de procedimentos que proporcionem a necessária sustentação aos processos estabelecidos.
- Treinamento e capacitação dos envolvidos.
- Operacionalização dos processos e dos relatórios gerenciais.

Verificam-se que vários assuntos dessas fases e etapas são comuns ou correlacionados com as fases e as etapas da metodologia de desenvolvimento e implementação dos processos apresentada na seção 3.1. A interligação dessas metodologias é de elevada importância para os executivos melhor estruturarem os processos administrativos, visando facilitar e proporcionar melhor qualidade às decisões nas empresas.

242 | Administração de Processos • *Rebouças*

A utilização de algumas técnicas de apoio ao processo decisório em muito pode auxiliar no desenvolvimento e na implementação da administração de processos nas empresas.

Sem a preocupação de abordar mais detalhes, nem a hierarquia de importância dessas técnicas, são apresentadas a seguir doze técnicas, com as suas principais características:

a) Diagrama de espinha de peixe

Também denominado diagrama de causa *versus* efeito de Ishikawa. Consiste em uma representação gráfica através da qual diferentes causas se relacionam com seus efeitos em esquema que se assemelha à coluna central do peixe e suas vértebras a ela convergindo.

b) Diagrama de Pareto

É uma técnica simples para a priorização de problemas que envolve estimar todas as áreas de problema em potencial ou fontes de variação de acordo com suas contribuições no custo do produto ou na variação total.

O princípio de Pareto pode ser resumido na seguinte frase: "a minoria das falhas de produção é o motivo da maioria dos problemas do produto". De maneira geral, sugere que 80% dos efeitos são originados por 20% das causas.

c) Diagrama de causa e efeito

É uma representação gráfica em que se organizam, de forma coerente, os fatores que influenciam no resultado de um processo. Esses fatores podem ser mão de obra, métodos de trabalho, material ou maquinário utilizado, sistema de medição ou mesmo interação com o meio ambiente.

d) Diagrama de dispersão

É uma técnica utilizada para estudar a possível relação entre duas variáveis e para provar possíveis correlações de causa e efeito em um processo.

e) Diagrama de relações

Essa técnica esclarece as inter-relações numa situação complexa que envolve vários fatores inter-relacionados e serve para esclarecer as relações de causa e efeito entre os fatores de um processo.

f) Diagrama das setas

Essa técnica, frequentemente usada em PERT – *Program evaluation and review technique* – e CPM – *Critical path method* –, mostra as etapas necessárias, em formas de rede, para implementar um projeto ou um processo.

g) Diagrama em árvore

É uma extensão do conceito de engenharia do valor – análise funcional –, e é aplicado para mostrar inter-relações entre metas e medidas.

A engenharia do valor é uma técnica utilizada para otimização da fase de desenvolvimento de um processo, produto, serviço ou sistema.

h) Diagrama matricial

É usado para esclarecer as relações entre dois fatores diferentes em forma de matriz. É frequentemente usado no desdobramento dos requisitos de qualidade, em características da contraparte, em requisitos dos processos em geral e, em seguida, em requisitos do processo produtivo.

i) Análise da árvore de falhas

É um processo lógico dedutivo que, partindo de um evento indesejado predefinido, busca as possíveis causas de tal evento.

j) Gráfico de controle

É a representação gráfica do desempenho de uma característica do processo no tempo. São registrados os valores estatísticos dessa característica e seus limites de controle.

Ele tem dois usos básicos: para avaliar se um processo está sob controle e como instrumento auxiliar para obter e manter o controle estatístico inerente ao processo considerado.

k) Gráfico de sequências

É a simples representação gráfica de uma característica ou de um processo, mostrando valores plotados de algumas estatísticas coletadas de um processo – em geral, valores individuais – e uma linha central – em geral, a mediana desses valores – que pode ser analisada via sequências.

l) Gráfico de análise do campo de forças

É uma técnica aplicada na análise de situações complexas com muitos fatores variados. De acordo com seu idealizador, Kurt Lewin, em qualquer situação problemática, chegou-se à condição atual devido a uma série de forças opostas. Algumas destas forças – propulsoras – *empurram* no sentido de solucionar um problema. Outras forças – restritivas – inibem a resolução do problema. Quando a intensidade das forças opostas for igual, chega-se a uma situação estável e equilibrada.

Até o momento em que o nível relativo das forças seja modificado, o problema continuará a persistir com a mesma magnitude.

A sequência das etapas de aplicação da análise do campo de forças é a seguinte: defina claramente o assunto, que quase sempre é um problema; defina o objetivo que, se alcançado, significa que o problema terá sido solucionado; através de técnicas de *brainstorming* ou uma discussão normal em equipe multidisciplinar, identifique as forças que diminuem o nível e as forças restritivas que elevam o nível; e, finalmente, analise as forças.

O propósito é desenvolver uma ação para diminuir as forças restritivas e aumentar as forças propulsoras. As forças são classificadas pelo impacto e pela facilidade com a qual podem ser influenciadas; avalie a estratégia geral para saber se ela é válida e se atingirá a meta definida na segunda etapa.

Um dos aspectos mais importantes dessa técnica é sua capacidade de realçar a presença de forças contrastantes e a necessidade de agir sobre ambas, quer sejam propulsoras ou restritivas.

Essa técnica é particularmente eficaz em situações e problemas complexos, os quais normalmente ocorrem em processos administrativos de elevada amplitude nas empresas.

Se várias forças forem identificadas na quarta etapa – correspondente à análise das forças –, deve-se dar prioridade àquelas que têm maior influência sobre o nível do problema identificado na empresa.

Para tornar a administração de processos dinâmica, bem como atualizada através de um processo de evolução e melhoria contínua, a empresa pode utilizar a ***administração à vista***, que respeita duas premissas básicas:

a) Decisão em *tempo real*

De acordo com os sistemas e subsistemas e correspondentes processos identificados e estruturados pela empresa, são realizadas reuniões *relâmpago* no início da jornada de trabalho, em que uma série de decisões – preferencialmente a grande maioria – é tomada pelos profissionais diretamente envolvidos no processo considerado.

Portanto, apenas as decisões de elevada complexidade são levadas aos principais executivos da empresa. Essa situação pressupõe uma equipe treinada, motivada e capacitada, bem como um conjunto de políticas corporativas e operacionais.

b) Informações de domínio público

Na realidade, as informações relativas aos objetivos e resultados da *administração à vista* devem estar dispostas em um grande painel e se subdividem em dois grupos básicos, a saber:

- indicadores gerais, que são informações que sinalizam a situação das condições dos recursos e dos resultados, como indicadores de recursos existentes, programação dos serviços, níveis de produtividade, relação do pessoal alocado nas atividades, capacidade teórica total e programação total das atividades a serem realizadas; e
- indicadores do programa de qualidade total, que são informações a respeito da utilização de algumas técnicas de *administração à vista*, como os gráficos de acompanhamento do Círculo de Controle de Qualidade (CCQ) e do Controle Estatístico do Processo (CEP), e técnicas de análise e solução de problemas, os relatórios de anomalias de fornecedores, os relatórios de anomalias de campo, o livro de sugestões e o livro de comunicação das anomalias no processo analisado.

Os parâmetros de produtividade e de qualidade têm, em sua parte inferior, uma faixa na cor verde ou vermelha para representar a normalidade ou a condição fora do padrão objetivo, facilitando, visualmente, para todos os funcionários, a priorização das ações de normalização perante os processos administrativos considerados.

Dica importante

Aplique a técnica da *administração à vista* em suas atividades pessoais e profissionais, evidenciando as informações para as pessoas de seu convívio. Os resultados serão bem interessantes.

Nesse ponto, é válido apresentar a interligação dos processos com os relatórios gerenciais, em que esses são decorrentes dos processos administrativos – resultantes das estratégias da empresa – e sofrem influência direta da qualidade das informações e do estilo administrativo dos profissionais, o qual é resultante do modelo de gestão da empresa.

Se você quiser saber a ordem ideal de análise da interligação dos processos com os relatórios gerenciais, pode seguir a seguinte situação:

- primeiro analisar, debater e conhecer o modelo de gestão da empresa;
- como decorrência, consolidar o estilo administrativo que melhor se ajusta à realidade da empresa;
- depois, delinear os processos administrativos decorrentes das estratégias da empresa;
- a seguir, analisar a qualidade das informações inerentes às atividades dos processos; e
- finalmente, estruturar os relatórios gerenciais.

Essa situação pode ser visualizada na Figura 4.13:

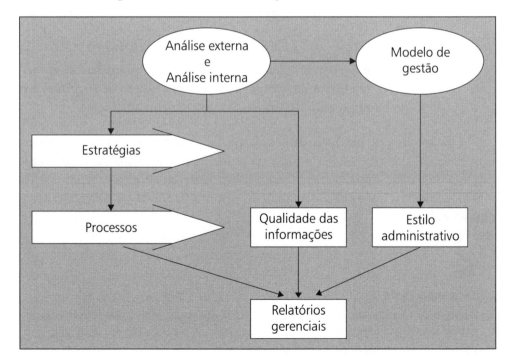

Figura 4.13 Interligação dos processos com os relatórios gerenciais.

4.7 Interligação dos processos com o sistema de custos por atividade

Outro instrumento administrativo através do qual os processos administrativos facilitam o seu desenvolvimento e implementação é o sistema de custos por atividade – *Activity Based Costing* (ABC), que apresenta as seguintes características:

- analisa os custos com base nos processos;
- identifica as atividades dentro de cada processo;
- identifica os geradores de custo para cada atividade do processo;
- determina o custo real das atividades; e
- aloca o custo das atividades aos produtos e serviços, utilizando múltiplos geradores.

O sistema de custos ABC ou custo baseado em atividades representa novo enfoque na análise de custos do produto ou serviço, no qual os custos são acumulados com base nas atividades desempenhadas na empresa e sua relação com os produtos e serviços. Parte do princípio de que a apropriação dos custos fixos correlacionados a horas de trabalho não é uma boa base para alocar as despesas gerais da empresa.

De forma geral, a interligação dos processos administrativos com o sistema de custos por atividade pode ser visualizada conforme apresentado na Figura 4.14:

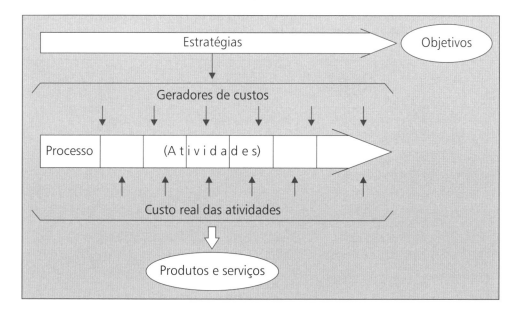

Figura 4.14 Interligação dos processos com o sistema de custos por atividade.

O sistema de custos ABC apresenta quatro componentes:

a) Funções, que correspondem ao conjunto de atividades agrupadas de acordo com suas naturezas e associadas às diversas unidades organizacionais da empresa. As funções de vendas, compras e finanças são exemplos desse tipo de decomposição. A abordagem dessa decomposição é vertical.

b) Processos, que correspondem ao conjunto de atividades sequenciais necessárias à geração de um serviço ou produto. Desenvolvimento de produtos, produção, logística e treinamento são exemplos dessa decomposição. A abordagem dessa decomposição é horizontal.

c) Atividades, que correspondem às tarefas e aos processos que geram trabalhos. Movimentação de peças, processamento de pedidos de clientes, compra de materiais, alteração no desenho do produto e inspeção de qualidade são exemplos dessa decomposição. A abordagem dessa decomposição é horizontal.

d) Geradores, que são medidores de frequência durante a realização de uma atividade, e identificam as demandas de cada atividade pelos produtos ou serviços estabelecidos. Alguns exemplos de geradores são o número de alterações no desenho do produto, o número de ordens de compra e o número de horas de ajuste das máquinas. A abordagem dessa decomposição é vertical.

A análise da validade das atividades, dentro de um processo, pode ser efetuada conforme apresentado na Figura 4.15:

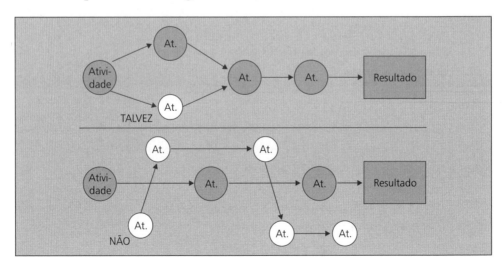

Figura 4.15 Análise da validade das atividades.

O sistema de custos ABC é um importante instrumento de sustentação para os processos, pois permite às empresas apurar, com precisão, o custo de cada produto ou serviço oferecido ao mercado.

No sistema convencional, isso é praticamente impossível, pois os custos são apurados por unidade organizacional funcional, como os de produção, marketing e recursos humanos.

O sistema ABC, em vez disso, passou a fazê-lo por atividade. Como os processos administrativos – tais como o de produção – são interdepartamentais, não estando restritos a apenas um deles, o sistema ABC mostrou-se muito mais adequado para a medição de custos que o sistema convencional.

Embora produza melhores resultados, o sistema ABC é quase tão simples quanto o tradicional. Inicialmente, são identificadas todas as atividades desenvolvidas dentro da empresa. Em seguida, são calculados os custos de cada uma das atividades em todas as fases do processo produtivo, da compra de matéria-prima à comercialização e assistência pós-venda do produto final no mercado.

O sistema ABC não está preocupado apenas em analisar custos, mas seu foco básico de verificação são as atividades que geram custos. Portanto, as técnicas tradicionais de custos, que por muito tempo retratavam os custos de produtos e serviços, não atendem mais às peculiaridades da empresa moderna.

Isso ocorre não só pelo perfil do *mix* de produtos, mas também pelas modernas técnicas de produção aplicadas nas empresas, como controle total da qualidade, *just-in-time* etc. Todos os itens que não agregam valor ao produto final ou ao cliente devem ser eliminados.

Para as atividades que agregam valor, pode-se, através da conjugação de técnicas – análise de prioridade, análise de valor –, questionar as atividades existentes, procurando substituí-las por outras com menor custo.

O sistema de custo ABC, portanto:

- propicia condições para a melhoria do processo decisório, pois a empresa deixa de ter produtos e serviços subcusteados ou supercusteados;
- melhora a rentabilidade do negócio, pois facilita o direcionamento para os resultados efetivos estabelecidos no plano estratégico da empresa;
- permite que se adotem decisões para a melhoria contínua das tarefas de redução de custos; e

250 | Administração de Processos • Rebouças

- facilita a determinação dos custos relevantes, quer sejam diretos, quer sejam indiretos aos produtos e serviços.

Salienta-se, também, que os ganhos alcançados com a utilização do sistema ABC motivaram o surgimento de uma nova técnica de administração, o *Activity Based Management* (ABM), Gestão baseada nas atividades (Shank; Govindarajan, 1995, p. 19).

A empresa deve considerar a gestão dos custos em uma abordagem estratégica como uma técnica administrativa que proporciona resultados interessantes para a análise de seus processos.

Existem alguns métodos tradicionais de gestão de custos, como:

- Sistema do valor presente líquido (VPL): é o sistema mais utilizado. Analisa o valor que um investimento pode agregar à empresa, enfatizando os resultados financeiros de curto prazo e dando pouca importância à melhoria de qualidade ou à flexibilidade do processo produtivo.
- Sistema de análise financeira expandida: apenas aperfeiçoa o sistema VPL. Usa taxas de atratividade mais baixas do que o VPL, é menos otimista na projeção de níveis estáveis de retorno, quantifica benefícios intangíveis e tem foco na análise dos benefícios do investimento.
- Sistema de vantagem competitiva: inclui as dimensões estratégicas na administração dos custos. Não enfoca a mudança tecnológica em si mesma, mas considera a concorrência e a cadeia de valor. O problema é que não faz ligação explícita entre a estrutura do processo estratégico e a análise financeira.
- Sistema de análise financeira estrategicamente aumentada: propõe uma análise financeira formal, de base ampla e execução cuidadosa, ampliada pela consideração explícita de assuntos estratégicos que não se prestam à quantificação em termos de projeto. Mas não explica como estruturar a fase de avaliação estratégica.

As empresas reconhecem que a análise de custos em sua forma tradicional está obsoleta, porque se limita a avaliar o impacto financeiro das decisões administrativas, sem considerar os objetivos e as estratégias da empresa.

Shank e Govindarajan (1995, p. 21) propõem o sistema de gestão estratégica de custos, que, de certo modo, reúne a maioria das outras técnicas apresentadas e as aperfeiçoa, misturando três abordagens que, em muito, contribuem para a adequada administração de processos nas empresas:

a) Análise da cadeia de valor

A empresa deve analisar seus investimentos tecnológicos do ponto de vista de toda a sua cadeia de valor, ou seja, o impacto sobre ela mesma, sobre seus fornecedores e sobre seus clientes. Esse procedimento aumenta a importância dos fornecedores e dos clientes, ao contrário da análise de valor agregado do modelo VPL, que se concentra nos interesses da empresa em detrimento daqueles dos parceiros.

b) Análise do determinante de custos

Para a empresa aprovar uma decisão de compra de tecnologia, é preciso que essa tecnologia seja um fator importante na definição de seus custos de produção. A tecnologia pode ser determinante de custos estruturais – ao lado da economia de escala, da complexidade da linha de produtos, do escopo das operações, da experiência acumulada – ou determinante de custos de execução – ao lado da gestão da qualidade total, da utilização da capacidade produtiva e da participação da força de trabalho.

c) Análise da vantagem competitiva

As decisões de investimentos tecnológicos não podem ser justificadas apenas com o resultado das duas análises anteriores. Você precisa saber ainda se a mudança tecnológica melhora a forma como a empresa resolveu competir, ou seja, se contribui para a busca de uma vantagem competitiva na base do menor custo ou na base da diferenciação em relação aos concorrentes.

O sistema de custos ABC deve estar sustentado por um processo decisório focado na análise de restrição.

Restrição é tudo o que atrapalha o desenvolvimento da empresa ou negócio. Uma restrição deve ser sustentada por uma informação e pela forma de atuação do executivo responsável pela atividade com restrição.

Com referência à atuação do executivo, a empresa deve envidar esforços para a quebra de toda e qualquer inércia. A atenção do executivo não deve estar direcionada para as funções da empresa, mas para o desenvolvimento e operacionalização dos negócios, sustentados pelos profissionais e clientes da empresa e buscando a otimização dos resultados.

252 | Administração de Processos • Rebouças

Desde que bem administrados, os processos de melhoria contínua podem reduzir as restrições existentes em uma empresa. Essas restrições podem advir de questões internas – controláveis – e externas – não controláveis – da empresa, correlacionadas aos fatores e subfatores externos e internos do processo de planejamento estratégico, conforme explicado no item *h* da etapa 1.2 da metodologia de desenvolvimento e implementação de processos (seção 3.1).

As restrições devem ser identificadas e trabalhadas por equipes multidisciplinares, tendo um executivo catalisador do processo, o qual deve explicitar a restrição e estabelecer as ações a serem desenvolvidas, bem como seus responsáveis e os prazos de realização.

Como decorrência desses trabalhos, a administração de processos fica mais facilitada nas empresas.

4.8   Interligação dos processos com as questões comportamentais

Essa questão pode ser das mais complicadas para a operacionalização, principalmente quando se considera o efetivo comprometimento dos executivos e demais profissionais das empresas para com os resultados esperados.

Comprometimento é o processo interativo em que se consolida a responsabilidade isolada ou solidária pelos resultados esperados pela empresa.

A questão do comprometimento ainda não está resolvida pela administração e deverá ser foco de elevado debate e estudo nos próximos anos.

O problema da administração do comprometimento é que não existe uma estrutura metodológica sustentada por técnicas administrativas que consolidem uma situação de efetivo comprometimento das pessoas para com os resultados negociados e estabelecidos.

O que existe são algumas técnicas administrativas que criam condições favoráveis para o comprometimento, mas que não o conseguem colocar como algo avaliável dentro de um processo evolutivo. Portanto, observa-se muito debate a respeito do assunto *comprometimento*, mas com pouco resultado efetivo para as empresas.

A administração de processos é uma das técnicas que podem facilitar a evolução do nível de comprometimento, pois as atividades realizadas pelas pessoas ficam alocadas ao longo de processos interativos e focados nas necessidades e expectativas de mercado, bem como nos resultados da empresa. Entretanto, isso não é suficiente para que a empresa avalie, de maneira adequada, o nível e a evolução do comprometimento dos executivos e demais funcionários.

A empresa também deve procurar um equilíbrio entre participação e comprometimento.

Administração participativa é o estilo de administração que consolida a democratização de propostas de decisão para os diversos níveis hierárquicos da empresa, com o consequente comprometimento pelos resultados. A administração participativa deve ser muito bem planejada e estruturada.

A finalidade da administração participativa é dar a cada integrante da empresa o direito de fazer parte dos processos decisórios, numa base de equivalência.

A sustentação para a adequada administração participativa é a empresa aprender as habilidades e os conhecimentos por si só, para que o caráter permanente de mudar a empresa se torne mais vital e competitivo.

O executivo catalisador da administração de processos na empresa deve ter pleno entendimento e saber operacionalizar a maneira mais adequada de interagir com seus subordinados, sendo exigente e justo, motivador e orientador, bem como avaliador de resultados.

Essa é uma realidade menor dessa situação, pois, para que esse executivo seja realmente bem-sucedido, é necessário que saiba interagir também com seu superior e seus pares. Em uma abrangência maior, os executivos devem ser líderes.

Liderança é o processo em que uma pessoa é capaz, por suas características individuais, de assimilar as necessidades da equipe e exprimi-las de forma válida e eficiente, obtendo o engajamento e a participação das pessoas no desenvolvimento e na implementação dos trabalhos e processos necessários ao alcance de metas, desafios e objetivos empresariais.

Os líderes devem ser transformadores, conforme proposta de Peters (1995, p. 29), pois esses são muito inteligentes, têm muita energia, sentem aversão à burocracia e acreditam que *amanhã será outro dia*. Os grupos sociais atribuem à alguém o papel de líder quando visualizam nele a projeção de suas necessidades e expectativas realizadas.

Se a liderança é formada a partir das esperanças dos membros de uma equipe, ela será mais ou menos forte conforme o volume e a intensidade das projeções individuais. Verifica-se que a figura do líder resulta de uma transação entre ele e a equipe, geralmente multidisciplinar. Ele não existe em si, mas é nomeado pelos liderados para atender às suas necessidades.

Uma técnica que auxilia a administração participativa e o comprometimento dos envolvidos é o trabalho em equipes multidisciplinares.

Equipes multidisciplinares são grupos de pessoas com diferentes especialidades e atividades que trabalham rumo a um objetivo comum, o qual pode ser melhoria na solução de problemas, tomada de decisões, utilização de recursos, atividades de planejamento, redução de conflitos e melhoria do clima organizacional.

O desenvolvimento e a consolidação das equipes multidisciplinares de trabalho podem ser uma tarefa problemática, pois toda a estrutura da empresa, normalmente, está direcionada às unidades organizacionais e não às equipes multidisciplinares de trabalho.

Essa situação é facilmente visualizada pela própria estrutura hierárquica da empresa, geralmente sustentada por bases funcionais. Muitas vezes, existe também uma dicotomia entre metas empresariais, quando se considera o desenvolvimento de trabalhos em equipes multidisciplinares. Isso porque, na maior parte das vezes, as metas empresariais de curto prazo estão correlacionadas à resolução de problemas, os quais são mais facilmente resolvidos dentro da estrutura hierárquica formal das empresas.

Os trabalhos em equipe podem ser considerados procedimentos morosos e mais adequados para dar sustentação a metas e objetivos de médio e longo prazos.

Os trabalhos em equipes multidisciplinares podem gerar conflitos, pelo simples fato de que as pessoas têm estilos e interesses diferentes.

Esses conflitos podem ser destrutivos ou construtivos. São construtivos quando provocam sinergias entre os conhecimentos e as experiências, provocam um processo de aprendizado, bem como existe respeito mútuo entre todos os participantes da equipe. O ideal é quando esse respeito mútuo evolui de tal forma que transforma os colegas de trabalho em amigos.

Essa situação de amizade e respeito pessoal e profissional entre pessoas é que deve proporcionar a sustentação para o desenvolvimento da estrutura organizacional e dos processos nas empresas. Essa é a verdadeira administração focada nas pessoas, pois os processos administrativos são efetivados em sessões programadas com trabalhos *pessoa a pessoa*, incluindo suas percepções.

Na realidade, as próprias equipes multidisciplinares estão passando por uma evolução em sua estruturação, a saber:

a) Estruturação com o líder no centro da equipe multidisciplinar

Nesse caso, as informações passam pelo coordenador – líder – da equipe, o qual também atua como canal de comunicação entre a alta administração e a equipe. Verifica-se que, nessa situação, existe clara distinção entre o *papel* do líder e dos outros membros da equipe.

b) Estruturação com o líder delegando algumas tarefas

Nesse caso, o líder delega autoridade aos membros da equipe para a tomada de decisão sobre algumas tarefas.

c) Estruturação com parceria

Nesse caso, o líder torna-se um parceiro da equipe, a qual passa a decidir sobre como executar seu trabalho e a assumir muitas responsabilidades e decisões do líder, aumentando a energização da equipe.

d) Estruturação com equipe energizada

Nesse caso, a equipe assume responsabilidades e toma decisões sobre tarefas e trabalhos, incluindo responsabilidades que pertenciam ao líder.

A empresa deve estruturar as reuniões das equipes multidisciplinares. Essas equipes também são denominadas comitês ou colegiados e podem ser estruturadas conforme apresentado no item *c* da etapa 5.1 da metodologia de desenvolvimento e implementação dos processos nas empresas (ver seção 3.1).

Verificam-se que todas as equipes de trabalho já constituídas em uma empresa podem – e devem – interagir de maneira direta ou indireta no desenvolvimento dos processos administrativos.

Uma carta de princípios deve servir de *guarda-chuva* para a administração participativa e o comprometimento dos executivos e demais funcionários da empresa.

Carta de princípios é a abordagem conceitual e a sustentação dos valores básicos debatidos e consensados na empresa.

Um exemplo de carta de princípios é apresentado a seguir, com o foco em cinco itens básicos de uma empresa: o negócio, o ser humano, a organização, a qualidade e a tecnologia.

Nesse caso, a carta de princípios pode ser:

256 | Administração de Processos • *Rebouças*

a) O negócio

Identificar e preservar clientes e fornecedores como parceiros na sustentação dos nossos negócios e considerar os concorrentes como estímulo à busca da excelência. Para tanto, obter lucro dentro das normas legais, éticas e morais, respeitando o meio ambiente.

b) O ser humano

Respeitar e valorizar o ser humano, propiciando-lhe a oportunidade de desenvolvimento profissional, pessoal, social, gerando um ambiente de participação, integração e criatividade, com liberdade e responsabilidade, reconhecendo a contribuição de cada um dos colaboradores da empresa.

c) A organização

Administrar com agilidade, flexibilidade e objetividade, através de um sistema de trabalho participativo e integrado, em que a responsabilidade e a liberdade de ação devem estar em todos os níveis, de forma a disseminar confiança e promover a comunicação.

d) A qualidade

Satisfazer a clientes internos e externos através da melhoria contínua, assegurando que processos, produtos e serviços sejam executados com qualidade total para garantir a competitividade.

e) A tecnologia

Incorporar e desenvolver novas tecnologias para atender às nossas necessidades e às do mercado no momento atual e futuro.

Para que uma carta de princípios, que representa algo genérico e global no contexto de atuação da empresa, sirva para consolidar a administração participativa e o adequado nível de comprometimento, é necessário que a mesma tenha origem em estruturado e amplo debate de equipes multidisciplinares que sejam interligadas entre si e considerem toda a empresa; e essa situação contribui diretamente para o aprimoramento dos processos administrativos da empresa.

Uma forma de interligar equipes multidisciplinares é a alocação de uma mesma pessoa em duas ou mais equipes, de tal forma que a interligação dos assuntos debatidos tenha um elemento de ligação.

Para que essa ligação não sofra viés de colocações pessoais, pode-se tomar a precaução de formalizar as decisões tomadas, bem como ter mais de uma pessoa que faça a ligação entre as diferentes equipes multidisciplinares. Esta última proposta facilita o andamento do processo, inclusive nos casos de férias ou outros tipos de ausências dos profissionais de ligação entre as equipes.

Pode-se considerar que todo o trabalho de administração participativa e de comprometimento deve estar sustentado por um sistema de planejamento e avaliação de desempenho, bem como de avaliação de potencial.

A avaliação de desempenho preocupa-se com o passado e a avaliação de potencial preocupa-se com o futuro do profissional da empresa.

O foco básico é a capacitação do profissional. Essa situação pode ser visualizada na Figura 4.16:

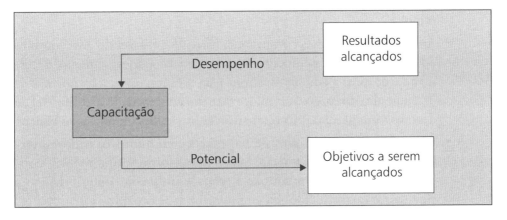

Figura 4.16 Interligação da capacitação com a avaliação de desempenho e de potencial.

O planejamento e a avaliação de desempenho é um instrumento que pode contribuir efetivamente para a melhoria dos resultados da empresa.

Suas finalidades são as seguintes:

- avaliar a qualidade de desempenho, com indicação das áreas, atividades ou processos, nos quais o avaliado tem bom desempenho, e aqueles nos quais os padrões não foram satisfeitos;
- determinar o que pode ser feito para aperfeiçoar o desempenho do profissional da empresa;
- assegurar que exista sintonia entre superior e avaliado com relação às responsabilidades por resultados;

258 | Administração de Processos • *Rebouças*

- estabelecer entre superior e avaliado uma relação de confiança e lealdade; e
- estabelecer os objetivos de desempenho – resultados esperados e metas – para o período considerado.

O resultado da aplicação do sistema de planejamento e avaliação de desempenho pode alocar o profissional na seguinte escala de classificação:

- Competente: nesse caso, o profissional cumpre todas as responsabilidades básicas e atinge um bom desempenho, o qual deve ter sido anteriormente definido de maneira adequada.
- Recomendável: nesse caso, o profissional alcança resultados que são reconhecidos como sendo notavelmente mais altos do que aqueles estabelecidos para o nível competente, fazendo-o com uma supervisão mínima.
- Adequado: nesse caso, o profissional não está satisfazendo aos requisitos dos resultados de desempenho, mas evidencia aperfeiçoamento, necessitando de uma pequena melhora para alcançar o padrão normal de desempenho do cargo. Portanto, existe uma necessidade identificável de desenvolvimento em uma ou mais áreas, atividades ou processos básicos.
- Distinto: nesse caso, o profissional excede, em muito, os padrões normais para o cargo ou função, ocorrendo isso de forma regular, consistente e contínua. Portanto, ele fornece uma contribuição bastante elevada para os resultados da empresa, unidade organizacional, processo ou atividade.
- Provisório: nesse caso, o profissional não está cumprindo os requisitos dos resultados esperados de desempenho e não existe evidência forte de que seu desempenho esteja melhorando.

A análise da capacitação de um profissional para uma nova realidade que a administração de processos proporciona para a empresa pode ser efetuada utilizando os seguintes critérios:

- Polivalência: nesse caso, o profissional atua em diversos postos de trabalho da unidade organizacional, independentemente do grau de complexidade, conhecimento básico de seu produto e aplicações, bem como da matriz de relacionamento com clientes e fornecedores de sua área de atuação e especialidade.

Como interligar os processos com outros instrumentos administrativos das empresas | 259

- Produtividade e qualidade: nesse caso, o profissional realiza as atividades no tempo esperado, atende às necessidades quantitativas e qualitativas do cliente, bem como contribui para o alcance dos objetivos da unidade organizacional ou do processo em que está envolvido, quanto à qualidade, prazo, quantidade e custo.
- Iniciativa: nesse caso, o profissional coloca em execução atividades correlacionadas a sua especialização ou setor de trabalho, independentemente de solicitação efetuada por seu superior.
- Participação: nesse caso, o profissional apresenta apoio e ação espontâneos em equipes voluntárias ou dirigidas para a melhoria contínua da qualidade no trabalho.
- Organização: nesse caso, o profissional apoia para que sua unidade organizacional ou a atividade dentro do processo em que esteja atuando seja sempre limpa e organizada, cuidando da conservação dos equipamentos, instrumentos etc.
- Apoio ao cliente e ao fornecedor: nesse caso, o profissional acompanha, junto ao cliente interno ou externo, a aplicação do seu produto ou serviço, detectando oportunidades de melhorias contínuas e racional utilização dos recursos disponíveis, bem como contata com seus fornecedores para orientá-los e facilitar o trabalho de todos.
- Desenvolvimento profissional: nesse caso, o profissional busca o aperfeiçoamento constante pelo conhecimento teórico e posterior aplicação no trabalho, consolidando o autodesenvolvimento.
- Planejamento: nesse caso, o profissional apoia seu superior na definição de prioridades, bem como planeja e desenvolve recursos em seu trabalho para obtenção de resultados esperados.
- Cumprimento dos objetivos: nesse caso, o profissional procura o alcance das metas e objetivos propostos para ele, para sua unidade organizacional e para os processos, cumprindo os prazos dentro dos aspectos qualitativos e quantitativos anteriormente definidos.

Na realidade, esses critérios também devem ser utilizados para o planejamento e avaliação de potencial, visando a uma coerência de análise passada e futura dos profissionais das empresas.

Esta análise do desempenho, capacitação e potencial dos profissionais, quando interagentes com os processos delineados na empresa, em muito auxilia a empresa no desenvolvimento da qualidade de suas decisões e, consequentemente, de seus resultados.

De forma geral, pode-se considerar a interligação dos processos com as questões comportamentais das empresas conforme apresentado na Figura 4.17 onde, no exemplo apresentado, os processos podem ser inerentes à avaliação de desempenho, à análise da capacitação, às habilidades, à motivação e ao comprometimento dos profissionais da empresa.

Essas cinco questões comportamentais podem ser consideradas as essenciais, em toda e qualquer análise das empresas, sendo opinião do autor que, em uma análise inicial, deve-se estabelecer o mesmo nível de importância a cada uma das cinco questões.

Em análises posteriores, pode-se pensar em hierarquizar essas cinco questões comportamentais de acordo com a realidade específica de cada empresa.

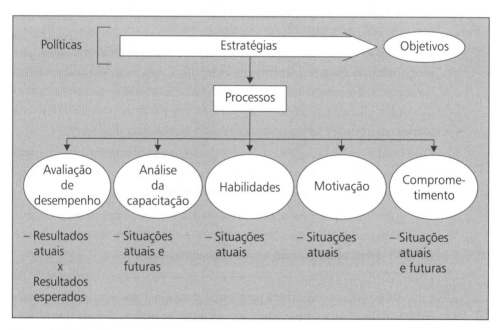

Figura 4.17 Interligação dos processos com as questões comportamentais.

4.8.1 Administração do processo de mudanças

Um dos aspectos mais importantes é a correspondente e necessária administração do processo de mudanças, que todo e qualquer novo processo administrativo provoca nas empresas.

Administração das mudanças é a sistemática de alinhamento e de adequações da cultura organizacional às modernas estratégias de negócios, estrutura organizacional e processos que a nova realidade empresarial apresenta para os proprietários, executivos e funcionários das empresas.

Essa pode ser uma situação complicada, porque envolve, no mínimo, competências, compromissos e confiança. E, independentemente do resultado a ser alcançado, as empresas esperam que esse processo de mudança resulte em uma situação otimizada, em que se consolide elevado senso de comprometimento para com as mudanças, um conjunto de melhorias sustentáveis e mensuráveis, bem como o fortalecimento da capacidade de administrar mudanças futuras perante todo e qualquer cenário idealizado.

Verifica-se que toda mudança empresarial depende, e muito, da efetiva adesão e do envolvimento dos diversos funcionários da empresa. Muitas vezes, os esforços para consolidar um processo de mudança tornam-se inócuos, existindo uma tendência natural de resistência às mudanças, pois, normalmente, as pessoas preferem os hábitos e as rotinas atuais, o que leva à preferência do testado e conhecido, ao invés de tentar algo novo e incerto.

Nesse contexto, as pessoas precisam ter forte razão propulsora para mudar o presente, correlacionada a uma visão clara de como as coisas poderiam ser melhores e o entendimento de como chegar a essa situação considerada como a ideal na situação desafiadora.

Não se deve esquecer de que, uma vez iniciado o processo de mudanças, a maioria das pessoas adere e acha as mesmas positivas, desde que se sintam parte integrante do processo de criação dessa nova realidade.

Pode-se considerar que as melhorias reais, duradouras e sustentadas ocorrem quando os proprietários, executivos e demais funcionários:

- reconhecem a necessidade de mudar;
- identificam os seus benefícios;
- assumem o compromisso dos resultados desejados e dos meios para alcançar esses resultados;
- recebem o treinamento necessário;
- consolidam efetiva capacitação para esse processo;
- são bem-sucedidos na execução das mudanças;
- são reconhecidos e recompensados por seus esforços; e

- fazem das mudanças parte integrante de suas atividades no dia a dia da empresa.

Verifica-se que a existência da motivação é importante para gerar e consolidar o processo de mudanças nas empresas. Como a motivação deve ser considerada algo intrínseco ao indivíduo, podem-se evidenciar, nesse caso, apenas alguns instrumentos facilitadores para a motivação, entre os quais se podem citar:

- o aprendizado contínuo como requisito do trabalho;
- o incentivo à criatividade e à incorporação da filosofia de risco; e
- o *empowerment*, como parte integrante do *papel* do executivo e dos demais profissionais da empresa, consolidando uma melhor distribuição de autoridades e responsabilidades pelos diversos níveis hierárquicos da empresa.

Podem existir determinadas barreiras ao adequado processo de mudanças das empresas. Sem a preocupação de elencar todas essas barreiras, pode-se citar uma das mais prementes, que é a inércia das pessoas. Deve-se lembrar de que o sucesso do passado não garante o sucesso do futuro; isso porque as realizações podem ser prejudiciais se elas provocarem a rejeição de novas oportunidades, bem como a resistência à mudança.

A inércia torna impossível o reconhecimento de mudanças, bem como a percepção de novas oportunidades para a empresa e para o próprio indivíduo. A inércia deve ser muito bem administrada na empresa, pois está correlacionada à situação de dicotomia e conflito.

Para se quebrar a inércia, que é altamente prejudicial à consolidação dos processos, é necessário:

- o desenvolvimento e a implementação de novas regras, o que pressupõe a mudança das regras atuais; e
- o apoio das pessoas envolvidas, o que pressupõe a manutenção das regras atuais.

Portanto, existe uma situação de conflito nesse contexto de enfrentamento da inércia nas empresas.

Alguns dos aspectos a serem considerados em um processo de mudanças nas empresas são:

a) As mudanças ocorrem quando há ruptura de expectativas futuras e perda de controle da situação atual. Isso porque essas rupturas e perdas provocam uma situação em que as pessoas *caem na real* e começam a visualizar, debater, aceitar e incorporar novas realidades, evidentes ou não. A assimilação de mudanças significa a recuperação de rupturas de expectativas.

b) Ocorrem conflitos quando não se conseguem absorver novas mudanças sem apresentar disfunções de comportamentos e de atitudes. Isso porque cada pessoa tem sua própria velocidade de recuperação de rupturas de expectativas ou de mudanças. Portanto, um processo de mudanças bem administrado deve considerar essas realidades e diferenças pessoais.

c) As pessoas resistentes, mas racionais, têm habilidade para rápida recuperação. Isso porque essas pessoas são positivas, objetivas, flexíveis, organizadas e proativas. Essas pessoas também têm a capacidade de resistir aos processos de mudanças, mas de forma positiva, pois não são contra por si só. Se essas pessoas forem contra uma nova situação, seus argumentos têm elevada sustentação e contribuição para produzir importante debate.

d) A administração de mudanças tem que ser considerada um elemento crítico para a sobrevivência e para o sucesso futuro das pessoas, das equipes e da empresa.

e) Existência de perfeito equilíbrio e interação entre os focos básicos para o sucesso do processo de mudanças. Pode-se considerar que os focos básicos para esse sucesso são:

- a existência, o envolvimento e o comprometimento do patrocinado e do catalisador do processo de mudança;
- a adequada administração e o tratamento do nível de resistência efetiva do foco de mudança;
- a realidade da cultura e do clima organizacional da empresa; e
- a habilidade e a competência dos agentes de mudanças, tanto externos – consultores – como internos – executivos – da empresa.

f) O processo decisório deve ser bem aplicado. Isso porque decisões mal implementadas não só geram novos problemas, como oportunidades perdidas, desperdícios de recursos, baixo moral, insegurança, como também comprometem a credibilidade do líder.

264 | Administração de Processos • *Rebouças*

Sempre que há conflitos entre mudanças e a cultura existente, a cultura vence. E lembre-se: ou se muda a mudança ou se trabalha a cultura!

Cabe a você tomar a decisão correta nesse momento.

g) Em toda situação de mudanças, devem-se considerar seus vários impulsionadores e influenciadores, a saber:
- a realidade de cada um dos segmentos de mercado nos quais a empresa atua ou pretende atuar;
- a realidade dos outros fatores do ambiente empresarial;
- a realidade da empresa;
- a realidade dos negócios da empresa; e
- a realidade dos processos administrativos na empresa.

h) Em todo processo de mudança, você deve considerar, no mínimo, os seguintes aspectos:
- o que e por que mudar;
- como mudar;
- os projetos e as prioridades da mudança;
- os indicadores de mensuração de desempenho e de resultado;
- a identificação de facilitadores, monitores e catalisadores dos processos de mudança;
- os instrumentos da mudança; e
- a sustentação para o processo de mudança.

i) Um processo de mudança bem-sucedido deve ter algumas características, como:
- visão de um estado futuro e desejado;
- necessidade identificada e reconhecida da necessidade da mudança;
- recursos a serem alocados e administrados;
- metodologias e técnicas a serem aplicadas;
- acompanhamento e avaliação; e
- recompensa aos responsáveis pelo processo de mudança.

j) Algumas das características do executivo ou profissional bem ajustado com os processos de mudanças nas empresas são:
- agilidade;
- automotivação;

- bom nível educacional;
- criatividade;
- senso crítico;
- assumir riscos e compromissos com resultados; e
- *pé no chão*, mas com raciocínio empreendedor.

Pelo exposto, verifica-se que os processos de mudanças nas empresas sofrem influências de vários fatores, como:

- ambiente externo da empresa;
- visão, valores e missão da empresa;
- objetivos, estratégias e políticas;
- estrutura organizacional;
- requisitos e atributos organizacionais;
- práticas administrativas;
- sistemas e processos administrativos;
- lideranças;
- clima organizacional;
- cultura organizacional;
- motivação;
- necessidades e valores individuais;
- desempenho; e
- vontade das pessoas envolvidas.

Esses são focos básicos no desenvolvimento e a implementação dos processos administrativos nas empresas.

Desafio
Faça uma avaliação de seu comportamento frente aos vários aspectos de um processo de mudança apresentados.
E identifique as suas facilidades e dificuldades quanto a esses aspectos.

Toda a administração de processos deve ter também uma sustentação de ética da empresa.

266 | Administração de Processos • *Rebouças*

Sternberg (1995, p. 21) afirma que a empresa com o hábito de enganar, mentir ou roubar, ou de não cumprir sua palavra... que trata os clientes com desprezo, ou seus funcionários de maneira injusta, ou seus fornecedores de modo desonesto... a longo prazo terá menores chances de ser bem-sucedida. Os melhores funcionários e fornecedores, bem como as melhores fontes de financiamento, tenderão a preferir aqueles que costumam tratá-los bem. E os clientes que têm critérios, que sabem analisar e escolher, dificilmente serão leais a um produto de menor qualidade, ou um serviço que seja pouco eficiente.

As modernas técnicas de administração de processos também têm levado à diminuição de níveis hierárquicos, com a consequência de que pessoas que antes tinham pouco ou nenhum poder de decisão passam a tomar decisões importantes. É o chamado *empowerment*, que significa dar poder a quem antes não o tinha. Se essas pessoas, que há anos exerciam uma atividade rotineira e agora passam a decidir em nome da empresa, não receberem um treinamento adequado, não saberão como julgar assuntos que antes não eram de sua alçada. Por isso, o treinamento sobre os padrões éticos nos quais eles devem basear-se é importante.

Em que consiste esse "agir eticamente"? Para Sternberg, representa perseguir seus objetivos observando as regras básicas do comportamento decente e remunerando seus profissionais de maneira justa; e nada mais!

Existe uma questão a ser considerada na administração de processos que corresponde ao enfoque virtual, ou seja, como administrar funcionários que o executivo não consegue ver?

Nesse enfoque, a administração virtual pode consolidar-se como problema. Isso porque a atividade empresarial está tornando-se um imenso conjunto de informações, ideias e inteligências em todas as suas infinitas variantes, o que pode representar o embrião da necessidade de uma administração virtual.

O grande segredo da administração à distância é a confiança nas pessoas, o que pode ser considerada nova abordagem no pensamento empresarial.

Deve-se lembrar de que, nos casos de a informação ser o principal insumo do trabalho considerado, não é necessário manter todas as pessoas no mesmo espaço ao mesmo tempo. Talvez o exemplo mais simples seja de uma equipe de vendas.

Verifica-se que essa situação de dispersão física é facilmente administrável em significativa parte das vezes. Entretanto, existe um *complicômetro* a partir da abordagem na confiança nas pessoas. Embora a confiança esteja baseada em regras óbvias e bem estabelecidas, não convive adequadamente com a eficiência, a eficácia, a efetividade e os correspondentes padrões de avaliação e de desempenho determinados como prioritários.

Outro aspecto que pode criar uma situação nebulosa para a confiança é o nível de comprometimento das pessoas para com os resultados estabelecidos e esperados.

De qualquer forma, trabalhar com confiança é bem mais simples do que conseguir comprometimento das pessoas. Confiar não é acreditar cegamente, mas trabalhar dentro de certos limites; requer aprendizado, firmeza e obrigações, bem como necessita de relacionamento e de lideranças.

O comprometimento exige tudo isso, mais a atuação empreendedora e para resultados qualitativos e quantitativos da outra parte, normalmente representada pelo subordinado.

Mas sobre uma questão existe consenso: a confiança e o comprometimento são fundamentais para a adequada qualidade dos processos nas empresas.

Resumo

Neste capítulo, foram apresentadas as principais interligações que os processos devem ter com outros sistemas e instrumentos administrativos das empresas, tendo em vista maior facilidade e qualidade no desenvolvimento dos trabalhos.

Foi verificado que quanto maior for a abrangência de cada instrumento administrativo considerado, mais lógica é a interligação com os processos administrativos. E que a premissa básica para todo esse trabalho interativo é a existência de metodologias de desenvolvimento e implementação de processos e dos outros sistemas e instrumentos administrativos considerados.

A revitalização da empresa, após a aplicação da administração de processos, é de suma importância. Entretanto, para que isso possa ocorrer, é necessário que esse plano de revitalização seja pensado e estruturado antes do início da aplicação da administração de processos na empresa.

Os sistemas administrativos analisados que podem auxiliar a administração de processos a ser aplicada de forma a dar sustentação para a revitalização das empresas são o planejamento estratégico, a estrutura organizacional, a qualidade total, a logística, o marketing, os relatórios gerenciais, a estrutura de custos por atividades e o processo de participação e comprometimento dos executivos e demais funcionários da empresa.

Naturalmente, todos esses sistemas e instrumentos administrativos, bem como outros que podem ser considerados, devem ter abordagem global, ou seja, enfocar toda a empresa.

Questões para debate

1. Identificar e debater outros aspectos para a adequada interligação dos processos com o planejamento estratégico das empresas.

2. Identificar e debater outros aspectos para a adequada interligação dos processos com a estrutura organizacional das empresas.

3. Identificar e debater outros aspectos para a adequada interligação dos processos com o sistema de qualidade total das empresas.

4. Identificar e debater outros aspectos para a adequada interligação dos processos com a logística das empresas.

5. Identificar e debater outros aspectos para a adequada interligação dos processos com o marketing das empresas.

6. Identificar e debater outros aspectos a serem considerados pelos executivos das empresas para a melhor interação do sistema de informações e dos relatórios gerenciais com os processos nas empresas.

7. Identificar e debater outros aspectos a serem considerados para a melhor interação dos processos com o sistema de custos por atividade.

8. Identificar e debater outros aspectos a serem considerados na análise da capacitação profissional.

9. Identificar outro sistema de avaliação de desempenho e de potencial dos profissionais das empresas. Efetuar uma análise comparativa com o sistema apresentado, enfocando as vantagens e as desvantagens de cada um dos sistemas.

10. Identificar e debater outros aspectos que os executivos devem considerar na administração das mudanças nas empresas, provocadas pelo desenvolvimento e pela implementação de novos processos administrativos.

Caso:
Fespe S.A. – Exportação, Agricultura, Indústria e Comércio quer usufruir novas oportunidades através do uso otimizado da administração de processos

A Fespe S.A. – Exportação, Agricultura, Indústria e Comércio é uma empresa agroindustrial com 1.500 funcionários, com faturamento médio de R$ 400 milhões/ano e está localizada numa pequena cidade do interior do Estado de São Paulo.

É uma empresa familiar cuja administração foi recentemente profissionalizada, sendo que os membros da família Esteves, proprietária da Fespe, ficaram atuando no Conselho de Administração.

Salienta-se que todos os membros da família Esteves têm adequado relacionamento entre si, apresentando elevada facilidade de trabalharem juntos.

Outro aspecto é que todos eles são disciplinados na execução de suas atividades profissionais.

O organograma resumido da Fespe é apresentado a seguir:

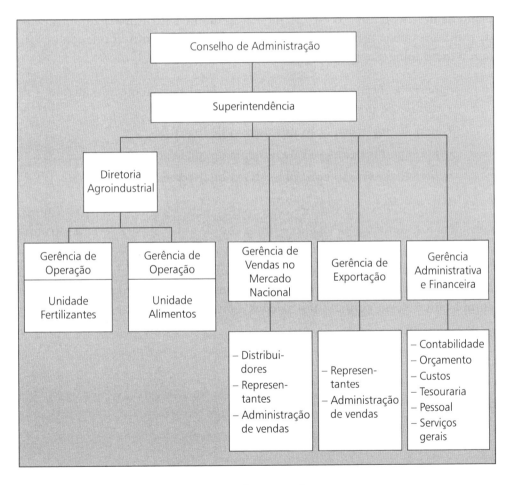

A Fespe atua em dois segmentos de mercado:

- fertilizantes; e
- alimentos, com a produção de balas e doces caseiros.

A alta administração da Fespe tem identificado algumas oportunidades de mercado que podem ser exploradas, como o segmento de sementes e o atacado de produtos agroindustriais.

Entretanto, os negócios atuais necessitam ser alavancados, a partir de preços mais competitivos resultantes de maior produtividade e custos mais baixos.

Outro aspecto a ser melhorado é a atuação comercial, pois o enfoque e a força mercadológica devem ser repensados, a partir de um estudo da interação junto aos distribuidores e representantes.

Nesse contexto, a Fespe decidiu contratar você para a elaboração de um plano de desenvolvimento e implementação de uma estruturada administração de processos que considere, pelo menos, os seguintes assuntos (podendo ou não usar a metodologia apresentada neste capítulo):

- perfeita interação com um sistema de planejamento estratégico e de análise de negócios;
- perfeita interação com um sistema de logística;
- perfeita interação com um sistema de qualidade total; e
- perfeita interação com um sistema de marketing.

Você também deve, após a interação com as metodologias dos quatro sistemas considerados, efetuar uma análise e um plano de atuação para rever a estrutura organizacional, a partir do referido plano de desenvolvimento de processos.

Para facilitar a elaboração do plano de trabalho e, tendo em vista seu nível de conhecimento a respeito de cada um dos assuntos abordados, você pode completar esse caso com as informações e situações que julgar necessárias.

Capítulo 5

Perfil básico do profissional administrador de processos

"Os bons métodos de trabalho são mais fáceis de adquirir que os maus."
George Gilder

Nesse momento, são válidas a apresentação e a análise crítica do perfil de atuação e das características dos profissionais envolvidos no desenvolvimento e operacionalização dos processos administrativos nas empresas.

Na verdade, este capítulo deveria considerar todos os aspectos que foram abordados nos outros capítulos, pois o executivo catalisador do desenvolvimento e operacionalização dos processos deve ter o perfil de atuação e as características que congreguem todas as metodologias, técnicas e interações administrativas anteriormente apresentadas. Entretanto, neste capítulo são abordados apenas os aspectos principais ou que não tenham sido evidenciados anteriormente.

Essa estrutura do livro direciona você a ter visão ampla do perfil do executivo catalisador dos processos administrativos, o que pode ser bastante válido para que o referido profissional possa fazer seu plano de carreira no assunto ou para que uma empresa possa contratar um executivo ou um consultor de processos empresariais.

Outro assunto abordado neste capítulo é a melhor alocação da função da administração de processos na estrutura organizacional da empresa. Nota-se que a referência é a função, e não a unidade organizacional de administração de processos. Isso porque a experiência deste autor reforça que o fundamental é o entendimento e o consequente desenvolvimento e operacionalização dos processos administrativos por uma equipe multidisciplinar de profissionais e executivos capacitados no assunto *processos administrativos* e conhecedores dos negócios da empresa, e não por um grupo de pessoas alocadas em uma unidade organizacional.

Ao final da leitura deste capítulo, será possível responder às seguintes importantes questões para você:

- Qual o perfil de atuação e as principais características dos executivos e profissionais atuantes no desenvolvimento e operacionalização dos processos nas empresas?
- Qual a maneira ideal de alocar a atividade de administração de processos na estrutura organizacional das empresas?

5.1 Características básicas do profissional administrador de processos

As características desses profissionais devem estar interagentes com as necessidades da empresa. E essa interação deve ser iniciada no próprio processo de seleção desses profissionais, por um recrutamento externo ou interno à empresa.

As empresas devem procurar profissionais competentes para fazer parte de seu quadro de pessoal. Embora essa afirmação possa parecer óbvia, não é o que acontece em significativa parte das empresas. Isso porque, em alguns casos, os executivos procuram incompetentes que não façam *sombra* à sua atuação.

De forma geral, quando efetivamente a empresa procura profissionais competentes, deve:

- ter restrição a profissionais que tenham sido rejeitados por outras empresas que apresentem a mesma forma de atuação, ou mesmo que essas sejam melhores, mas lembrando que o foco de comparação deve ser com as empresas melhores e não com as piores;
- não dar ênfase exagerada para a aparência e apresentação do candidato, ou seja, *conversa mole não resolve nada*;
- entrevistar os candidatos e não se restringir a simples conversas;
- solicitar e analisar todos os documentos informativos sobre os candidatos;
- enfocar a abordagem generalista do candidato, fazendo decomposições e interligações até seu foco de especialização;
- ter algumas dúvidas a respeito das referências dos antigos superiores, aprofundando questões mais técnicas e profissionais; e
- se for o caso, fazer uma avaliação psicológica do candidato.

Iniciar as considerações do profissional atuante na administração de processos com um conjunto de *dicas* para o recrutamento e seleção é válido, para lembrar que a empresa não deve fazer simples tentativas para verificar se um profissional vai ou não dar certo atuando na administração de processos. Isso porque erros desse tipo podem conduzir a empresa para situações bem desagradáveis e caras.

Naturalmente, o profissional de administração de processos tem que exercitar, na teoria e na prática, uma amplitude de atuação mais forte que os tradicionais analistas de sistemas e os analistas de Organização e Métodos (O&M).

274 | Administração de Processos • *Rebouças*

O profissional de administração de processos deve modernizar e simplificar a documentação interna das empresas, objetivando o aumento da produtividade e a maior eficiência e eficácia das atividades.

Na realidade, ele deve mapear os problemas das empresas e, além de encontrar soluções, deve estruturar a melhor maneira de executar as atividades necessárias para a evolução administrativa das empresas.

Isso porque sua interação é em *tempo real* com várias atividades e amplitudes, como, entre outras:

- produtos e serviços atuais e novos;
- marketing;
- produção;
- logística;
- informações e relatórios gerenciais;
- tecnologias diversas;
- negócios atuais e novos; e
- processos, considerando a revisão dos atuais e o desenvolvimento dos novos.

Verifica-se que esse profissional deve ter perfil de atuação sustentado por algumas características básicas que identificam os profissionais ideais das empresas, a saber:

- estar orientado para resultados;
- ter conhecimento do negócio;
- ter percepção e avaliação da relação custos *versus* benefícios;
- ter percepção e interação com as oportunidades de mercado;
- ter participação em decisões;
- ter conhecimento das estratégias e políticas da empresa;
- ser bem informado; e
- ter liderança.

Interligando essas características ideais com os vários aspectos apresentados ao longo das metodologias e técnicas de administração de processos neste livro, podem-se completar as características básicas do profissional administrador de processos da seguinte forma:

a) Saber interagir com as competências básicas da empresa

Os executivos das empresas devem ser avaliados por suas habilidades em identificar, cultivar e explorar as competências básicas que tornam possível o crescimento sustentado dos negócios da empresa. Essas competências básicas representam os fatores críticos de sucesso da empresa, do negócio ou da linha de produtos e serviços.

E para que o executivo tenha sustentação nesse processo, é necessário que também tenha caráter, para que toda essa realidade seja disseminada e aceita por toda a empresa.

b) Ser inteligente e saber trabalhar em empresas inteligentes

As empresas devem considerar o princípio da empresa inteligente, a qual utiliza toda a capacidade de seus profissionais e executivos. As empresas devem ser muito mais inteligentes do que costumavam ser para poder lidar com tantos desafios simultâneos e diversificados. A defasagem entre o que se é e o que é preciso ser é tão grande que muitas pessoas consideram suas empresas *burras*.

O potencial de inteligência das empresas está distribuído por toda parte, porque as mentes também o estão à razão de uma por pessoa. Para que a empresa possa ser completamente inteligente, ela precisa usar a inteligência de todos os seus executivos e profissionais.

Muitas pessoas sentem-se frustradas porque seus conhecimentos não são usados por escalões mais altos para tomar decisões que afetam assuntos que elas conhecem. Essas pessoas já viram, muitas vezes, suas empresas agindo de modo inadequado e com desperdício de recursos.

Gifford (1994, p. 52) apresenta uma situação de reprovação ou aprovação da empresa quando se considera seu nível de inteligência.

A empresa é reprovada em seu nível de inteligência quando:

- não consegue tomar decisões que incorporem, de forma flexível, as informações, a criatividade e a sabedoria locais;
- reage lentamente, e com alto gasto, às necessidades específicas dos clientes e dos funcionários da empresa;
- impede o livre fluxo de inteligência e informações relevantes entre as diversas unidades organizacionais; e
- destina a maior parte da inteligência das pessoas a atividades não produtivas – como atender a objetivos políticos –, em vez de utilizá-la

para encontrar melhores maneiras de servir os seus clientes, atuais e potenciais.

A empresa é aprovada em seu nível de inteligência quando:

- a liderança passa da simples atribuição de culpa e das soluções de curto prazo para a descoberta de relacionamentos dinâmicos na empresa;
- a empresa vive da troca, livre e aberta, de informações;
- o poder que permite aos superiores silenciar seus subordinados é visto com ceticismo;
- os vários sistemas são autônomos e se inter-relacionam;
- não é projetada por uma só pessoa ou por um pequeno comitê, mas por sistemas auto-organizados;
- a possibilidade de escolha sobrepõe-se aos monopólios de poder de poucos executivos;
- o poder está disseminado e quase todas as pessoas dentro da empresa têm controle sobre alguma coisa;
- as pessoas sentem segurança em relação a seu espaço, para que possam ultrapassar a fase de lutar por ele; e
- a ética impera na empresa.

c) Ser capaz de oferecer a melhor solução total para o cliente, através do conhecimento maior de suas expectativas e necessidades

Esta característica é resultante da aplicação do marketing total na empresa, conforme apresentado na seção 4.5.

A atuação para o cliente não é algo fácil, pois envolve elevada percepção e senso crítico, algo que muitos pensam que possuem, mas poucos conseguem exercitar e aplicar.

d) Ter em mente que os resultados é que são importantes

Uma empresa não pode sobreviver com frases como "não estamos conseguindo resultados, mas estamos fazendo o melhor que podemos".

Em alguns momentos deste livro, foi evidenciado que a época da *conversa mole* já acabou. Existem pessoas que passam toda a sua vida profissional sustentadas por *bengalas* de justificativas de suas incompetências.

O executivo catalisador da administração de processos deve ter elevada capacitação para consolidar e alavancar resultados. E deve saber liderar sua equipe para essa situação.

e) Ter humildade

A humildade deve ser considerada como virtude das pessoas para identificar seus pontos fracos e, consequentemente, atuar com modéstia para com os outros. E também permite consolidar interação de respeito para com todos os outros que estão envolvidos nas atividades dos diversos processos administrativos das empresas.

A administração é um processo e, como tal, permite que as pessoas, quando humildes, tenham a possibilidade de aprender com os outros, pois alguém está fornecendo insumo para seu trabalho, e você está fornecendo insumo para o trabalho de alguém.

E não esquecer que os processos também são desenvolvidos através de equipes multidisciplinares, as quais representam importante meio de aprender com os outros.

f) Ser criativo

A criatividade representa o *algo mais* de toda e qualquer questão estratégica, que é sustentada pelos processos administrativos. E, para que a criatividade possa ser alavancada, é necessário que exista sustentação de uma estrutura metodológica. Portanto, é fundamental que o profissional criativo respeite uma metodologia de desenvolvimento e implementação dos processos nas empresas, conforme estrutura apresentada na seção 3.1.

No desenvolvimento e na implementação da administração de processos, são muito importantes a identificação e o tratamento da criatividade apresentados pelos executivos e demais profissionais envolvidos, de forma direta ou indireta, nos processos.

g) Saber trabalhar com a diversidade

Os executivos das empresas devem saber trabalhar – e tirar proveito – da diversidade de opiniões e conhecimentos de seus subordinados, bem como de seus pares e outros profissionais da empresa.

Podem ser considerados alguns aspectos para se *lucrar* com a diversidade (Heil et al., 1998, p. 32):

Administração de Processos • *Rebouças*

- ter em sua empresa a mão de obra mais diversificada possível, constituída de pessoas com experiências profissionais distintas, educação e cultura diferentes, de várias raças, dos dois sexos, com graus diversos de capacitação e com opiniões que se chocam. Não os tolerar apenas, mas também promovê-los;

- incentivar os funcionários para que formulem mais perguntas que respostas e para que questionem as fórmulas adotadas. Evitar usar, de forma radical, aquela famosa e limitante frase: "não me traga uma dúvida ou um problema sem proposta de solução";

- estimular a criatividade e rechaçar a submissão;

- como líder, você deve manter um nível construtivo de debate interno entre os funcionários;

- criar algum tipo de recompensa para os funcionários que propuserem experimentos em busca de melhorias, mesmo que não deem certo; e

- delegar poderes a todos.

h) Saber administrar situações de crise

Algumas pessoas chegam a desejar que a crise seja uma parte permanente das suas vidas. Talvez seja mesmo. Talvez a segurança seja uma ilusão e as atitudes provenientes dos tempos de crise devam ser, até mesmo, estimuladas nas épocas de calmaria.

Para enfrentar situações de crise, Carlzon (1995, p. 120) propõe as seguintes situações:

- é preciso haver um único objetivo para a empresa, que represente o direcionamento de todos os esforços e recursos disponíveis;

- o objetivo estabelecido deve ser efetivamente viável, para conseguir envolver todos os executivos e demais funcionários;

- a empresa deve se manter *enxuta*. Em geral, volta a *engordar* com facilidade após o corte; e

- cada profissional da empresa precisa ter a tranquilidade de poder errar. Ele agirá como o tenista que vence a partida porque sabia que podia perder.

i) Não ser nem otimista exagerado, nem pessimista insensato

O executivo catalisador deve entender que a administração é um processo e, como tal, pode apresentar resultados interessantes ou desagradáveis, dependendo de como a questão administrativa foi estruturada, desenvolvida, implementada e avaliada.

O principal aspecto é que exista elevado conhecimento e esforço dos diversos executivos e profissionais envolvidos na administração de processos. E que essa equipe trabalhe dentro da situação realística da empresa.

Embora o otimismo e o pessimismo, em seus extremos radicais, sejam atitudes inadequadas do executivo, a ousadia é atitude bem-vinda para a qualidade da administração de processos. Entretanto, essa ousadia deve estar *guiada* pelo planejamento estratégico da empresa, pois todas as grandes mudanças da empresa devem estar coerentes com os rumos estabelecidos pelo processo estratégico da empresa.

j) Não acreditar muito em mudança de cultura

Para termos mudança de cultura, é necessário, antes, ocorrer mudança de atitudes e mudança de comportamentos.

A mudança de atitude só pode ocorrer se as pessoas começarem a fazer algo como experimentar, tentar, aprender com sua competência inata, evoluir sua autoestima, autocontrole e autodisciplina.

De qualquer forma, essas mudanças significam conflitos, os quais pressupõem a atuação do executivo em *tempo real* em cada uma das etapas da administração de processos, tendo em vista consolidar clima organizacional adequado.

k) Saber delegar com eficiência, eficácia e efetividade

Embora a delegação seja difícil e talvez ninguém consiga sua efetivação na plenitude e total eficácia, deve-se tentar sua realização de forma constante e permanente.

A delegação é uma das formas mais simples de se aprender a trabalhar com outras pessoas, tirando o máximo do conhecimento interativo e sinérgico entre o profissional que delega e o que recebe a delegação.

l) Ter pessoas de fora do sistema ou processo-foco como estímulos ao desenvolvimento e consolidação da administração de processos

Essas pessoas de fora do sistema-foco da administração de processos das empresas, como os distribuidores e os clientes finais, são importantes no questionamento e aprimoramento de *fazer as coisas certas de maneira certa.*

Inclusive, essas pessoas proporcionam uma amplitude maior no estudo e análise dos processos administrativos das empresas.

m) Compartilhar todas as informações

Mais uma vez, é necessário lembrar que a administração de processos é uma tecnologia e, portanto, a alavancagem de conhecimento e de qualidade decisória dos diversos profissionais envolvidos é resultante da disseminação e compartilhamento das informações interagentes em cada uma das fases, etapas e atividades da referida administração de processos.

Naturalmente, o compartilhamento das informações envolve a abordagem comportamental, para a qual nem todos os executivos e demais profissionais das empresas estão habilitados e capacitados.

n) Ter administração do tempo

Como a administração de processos exige constante repensar pelos executivos da empresa, também obriga, por consequência, a análise do tempo despendido pelos executivos e demais profissionais em cada uma das etapas do referido trabalho na empresa. Não se deve esquecer do velho ditado que afirma: "o homem mata o tempo e o tempo mata o homem".

Embora essa afirmação possa parecer exagero conceitual e prático, deve-se lembrar de que o tempo é uma das medidas das civilizações, e os executivos que exercem reflexão sobre o mesmo apresentam interessante diferencial de qualidade administrativa.

O filósofo e poeta grego Lucrécio (94 aC – 55 aC) já afirmava que o "tempo não existe por si mesmo, mas apenas pelos objetos sensíveis, de que resulta a noção de passado, presente e futuro. Não se pode perceber o tempo em si, independentemente do movimento e do repouso das coisas".

De qualquer forma, o tempo é importante fator de análise relativa em todos os assuntos administrativos das empresas. Nesse contexto, os executivos e profissionais envolvidos na administração de processos devem estar atentos a algumas sugestões para melhor aproveitar seu tempo em benefício da alavancagem dos resultados das empresas.

Sem preocupação de estabelecer prioridades, pode-se considerar que algumas dessas sugestões são:

- trabalhar com objetivos, prioridades e prazos;
- definir responsabilidades de todos os envolvidos nos trabalhos;
- não permitir interrupções desnecessárias; e
- não abandonar uma tarefa sem sua conclusão.

O tempo é a arma secreta do mundo dos negócios. Se uma empresa responder à solicitação de um cliente com dias ou horas de antecedência em relação ao esperado, estará surpreendendo esse cliente com um ganho significativo de tempo. Isso pode tornar-se uma alavanca poderosa para seu sucesso.

Uma empresa veloz deve (Stalk; Hout, 1998, p. 35):

- desistir de ter economia de escala como principal prioridade;
- reestruturar seu quadro de profissionais, estabelecendo equipes multifuncionais que busquem rapidez e flexibilidade acima de tudo;
- dividir as equipes por produtos ou serviços, processos, projetos, clientes e até concorrentes;
- cada equipe deve concentrar-se em um único local da empresa; e
- o desempenho da equipe deve ser medido pelos objetivos traçados e alcançados – eficácia – e não apenas por sua eficiência nos trabalhos realizados.

As empresas desse novo paradigma de administração do tempo têm seis características comuns:

- consideram o consumo de tempo uma medida administrativa e estratégica essencial;
- utilizam a velocidade na resposta às demandas dos clientes para se aproximar deles e torná-los mais dependentes da empresa;
- redirecionam rapidamente seus produtos e serviços para os clientes mais atraentes, obrigando os concorrentes a ficar com os menos atraentes;
- estabelecem o ritmo de inovação de seus setores de atuação;

282 | Administração de Processos • Rebouças

- crescem mais rapidamente que os concorrentes; e
- são mais lucrativas que os concorrentes.

A otimizada administração do tempo em seus vários aspectos pode ser muito importante para a consolidação de adequada administração de processos na empresa. Em um exemplo máximo pode-se afirmar que, se uma empresa tiver uma margem de lucro de 10% com um produto girando dez vezes ao mês, a lucratividade mensal será de 100%. Logo, o tempo é o recurso mais importante a ser administrado numa empresa.

o) Ter atuação através de sistemas e processos autogeridos

Cada um dos sistemas integrantes da administração de processos, bem como os diversos sistemas que estejam no ambiente de cada processo, devem estar em uma situação que permita serem autogeridos, tendo em vista proporcionar elevada qualidade final do processo e a identificação e cobrança de comprometimento e de resultados.

p) Ter autocontrole e autodisciplina

A administração de processos deve ter autocontrole para permitir uma situação de avaliação em *tempo real*, ou seja, antes que a falha vire um problema e provoque maiores danos aos processos administrativos das empresas.

Também deve existir autodisciplina para que cada uma das atuações em uma parte de cada processo esteja em harmonia com os outros processos, bem como respeitando as políticas gerais da empresa; ou seja, espera-se que prevaleçam as orientações da equipe multidisciplinar e não as vontades pessoais.

q) Saber trabalhar com pequenas vitórias de maneira gradativa e acumulativa

A administração de processos pode ter uma amplitude muito elevada, pois normalmente considera toda a empresa. Portanto, não é válido a empresa esperar a consolidação de todos os processos, para começar a avaliar os resultados.

Devem-se identificar as partes do todo e aplicar a estrutura de administração de processos nessas partes, as quais servem, inclusive, para realizar o marketing interno dos processos para o resto da empresa, com base nas pequenas vitórias localizadas e específicas.

Como os processos são evolutivos, essas pequenas vitórias localizadas contribuem, direta e indiretamente, para as vitórias a serem conquistadas nas outras etapas da administração de processos, considerando todas as atividades da empresa.

r) **Estar satisfeito com o trabalho de administração de processos**

Todos os executivos e demais profissionais envolvidos na administração de processos devem estar satisfeitos com esse tipo de trabalho. Isso é necessário basicamente quando se lembra de que a administração de processos, principalmente em sua abordagem de reengenharia, é um processo provocador de mudanças drásticas e, portanto, quem estiver atuando nesse processo deve estar de *bem com a vida* para saber administrar todos os conflitos e resistências advindas de uma nova realidade na empresa.

> **Para refletir**
>
> Hierarquize, com justificativa e exemplos, as 18 características básicas do administrador de processos.
>
> E depois explique para quais características você vai ter maiores dificuldades; e as mais fáceis para você.

5.2 Alocação da atividade de administração de processos na estrutura organizacional da empresa

Você pode ter a seguinte dúvida: qual o melhor lugar para alocar a responsabilidade pelo desenvolvimento e aplicação da administração de processos na empresa?

A realidade tem demonstrado que a administração de processos, assim como outros instrumentos administrativos de elevada abrangência, como o planejamento estratégico e a qualidade total, deve ser considerada tanto como um sistema quanto uma atividade intrínseca a todos os profissionais da empresa e, portanto, a administração de processos deve estar perfeitamente disseminada e incorporada pela empresa.

Para que isso possa ser realidade, o ideal é que ocorra a seguinte situação:

284 | Administração de Processos • Rebouças

a) A contratação de um especialista em administração de processos – principalmente quanto aos conceitos, metodologias, técnicas e aplicação – por um período de tempo

Esse especialista pode ser um consultor com a responsabilidade de treinar os envolvidos, transferindo as metodologias e as técnicas necessárias, bem como acompanhar seu desenvolvimento e operacionalização.

Após a conclusão desse trabalho, o consultor deve retirar-se, proporcionando condições para que os profissionais da empresa continuem os aprimoramentos necessários que as novas realidades externas e da empresa irão provocar nos processos administrativos.

b) A atuação da administração de processos em todas as atividades da empresa em que ela pode ser necessária

Entre as atividades da empresa que, seguramente, necessitam de processos administrativos, podem-se considerar:

- alteração do modelo de gestão da empresa;
- definição de novos negócios, produtos e serviços;
- desenvolvimento da qualidade total;
- desenvolvimento da logística;
- desenvolvimento da estrutura organizacional;
- planejamento de recursos de informática;
- delineamento das interações da empresa com as necessidades de mercado;
- operacionalização das diversas atividades da empresa;
- delineamento do sistema de informações e dos relatórios gerenciais; e
- administração dos negócios, produtos e serviços.

Em qualquer dessas situações, não é válido criar uma unidade organizacional responsável pelos processos, pois essa responsabilidade deve ser de todos os que estão envolvidos no referido processo; ou seja, a administração de processos deve ser uma filosofia e uma postura de atuação das empresas.

Se a empresa não quiser respeitar essa sugestão do autor, pode criar e alocar a referida unidade como subordinada da Presidência ou da Diretoria de Recursos Humanos – pelo fato de a administração de processos ser forte instrumento de mudança – ou da Diretoria de Planejamento, pelo fato de a administração de processos ser importante instrumento facilitador para a empresa alcançar os resultados estabelecidos.

Outra sugestão é não colocar a unidade de administração de processos subordinada a alguma diretoria de atividade-fim da empresa. Isso porque a administração de processos deve ser idealizada para facilitar a interação da empresa – via atividade-fim – com as necessidades e expectativas atuais e futuras de mercado.

Fica mais adequado alocar a administração de processos em uma diretoria de apoio à atividade-fim, tendo em vista que os processos administrativos começam pela interação da empresa com o mercado, passam pela parte interna da empresa – atividades de apoio – e voltam para as atividades de interação com os mercados – atividades-fim.

Isso tudo se você, leitor, não aceitar a sugestão do autor de disseminar a função de administração de processos entre todos os executivos e demais profissionais da empresa.

Resumo

Neste capítulo, verificou-se que as principais características do executivo catalisador da administração de processos nas empresas são: saber interagir com as competências básicas da empresa; ser inteligente e saber trabalhar com empresas inteligentes; ser capaz de oferecer a melhor solução total para o cliente, através do maior conhecimento de suas expectativas e necessidades; ter em mente que os resultados é que são importantes; ter humildade; ser criativo; saber trabalhar com a diversidade; saber administrar situações de crise; não ser otimista exagerado nem pessimista insensato; não acreditar muito em mudanças de cultura; saber delegar com eficiência, eficácia e efetividade; ter pessoas de fora do sistema-foco como estímulos; compartilhar todas as informações; ter administração do tempo; ter atuação através de sistemas autogeridos; ter autocontrole e autodisciplina; saber trabalhar com *pequenas vitórias* de maneira gradativa a acumulativa; bem como estar satisfeito com o trabalho de administração de processos.

Com referência à alocação da atividade de administração de processos na estrutura organizacional da empresa, o ideal é que não exista uma unidade organizacional específica de administração de processos, mas que essa atividade esteja em todos os executivos e demais profissionais da empresa.

Ou seja, o ideal é que a administração de processos seja uma filosofia e uma postura de atuação, e não uma unidade organizacional.

Questões para debate

1. Identificar e debater outras características que o executivo catalisador da administração de processos deve ter para otimizar os resultados da empresa.

2. Identificar outra maneira de alocar a atividade de administração de processos na estrutura organizacional da empresa. Fazer uma análise comparativa entre sua proposta e a situação apresentada neste livro.

Caso:
Sustentação básica da administração de processos na Zigma Ltda.

A Zigma Ltda. é uma empresa média do segmento de comercialização de equipamentos e sistemas de informática, bem como de treinamento de usuários. No último ano, também iniciou serviços de consultoria em sistemas de informações para as empresas.

Atualmente, a distribuição do faturamento anual de R$ 75 milhões correspondentes aos quatro negócios da Zigma é a seguinte:

- comercialização de equipamentos: 60%;
- comercialização de sistemas: 20%;
- treinamento: 10%;
- consultoria: 10%.

Como as margens líquidas dos serviços de treinamento e consultoria são as mais elevadas, a Zigma quer alterar a representatividade dos quatro negócios apresentados para: 40%, 20%, 20% e 20%. Também quer direcionar esforços para aumentar o faturamento anual em 50%.

Para tanto, considera que alguns trabalhos devem ser feitos, como:

a) Otimizar o sistema de marketing da Zigma para, principalmente, aumentar as margens da comercialização de equipamentos.

b) Melhorar o sistema de informações e de relatórios gerenciais da Zigma para otimizar o processo decisório e, consequentemente, facilitar sua atuação, principalmente no treinamento e na consultoria.

c) Otimizar os quatro negócios, inclusive em suas interações e sinergias, alavancando os resultados da Zigma.

A Zigma decidiu implementar a metodologia de administração de processos apresentada na seção 3.1.

E você, como responsável pelo desenvolvimento e implementação da administração de processos na Zigma, recebeu três tarefas complementares e interagentes, a saber:

a) Estruturar um plano de trabalho para consolidar as expectativas da Zigma.

b) Estabelecer as características mais importantes e o perfil de atuação do executivo que deverá catalisar a administração de processos. Justificar cada uma de suas proposições.

c) Debater a estruturação da atividade de administração de processos na Zigma.

Entretanto, faltam várias informações para consolidar a proposta deste caso. Solicita-se que você complete as informações e as situações necessárias à medida que for preciso, e de acordo com seu nível de conhecimento sobre o assunto.

Esse complemento pessoal é muito importante para dar um caráter individual e *realista* de atuação de cada leitor perante os assuntos abordados no caso.

Glossário

"Problemas são oportunidades que recebemos
para demonstrar o que sabemos."
Duke Ellington

A seguir, são apresentadas as definições básicas dos principais termos utilizados neste livro, bem como alguns outros termos que, embora não tenham sido analisados neste livro, podem ser de interesse geral para o leitor estudioso do assunto *administração de processos*.

Trabalhou-se com definições de outros autores, bem como com definições próprias, que, no entender deste autor, apresentam-se como mais válidas para o seu entendimento no contexto deste livro.

Ação é a capacidade de tomar e implementar as decisões necessárias para a solução das situações diagnosticadas, otimizando os recursos disponíveis.

Administração é o sistema estruturado e intuitivo que consolida um conjunto de princípios, normas e funções para alavancar, harmoniosamente, o processo de planejamento de situações futuras desejadas e seu posterior controle e avaliação de eficiência, eficácia e efetividade, bem como a organização e a direção dos recursos empresariais para os resultados esperados, com a minimização de conflitos interpessoais.

Administração das mudanças é uma sistemática de alinhamento e de adequações da cultura organizacional às modernas estratégias de negócios, estrutura organizacional e processos que a nova realidade empresarial apresenta para os proprietários, executivos e funcionários das empresas.

Administração participativa é o estilo de administração que consolida a democratização de propostas de decisão para os diversos níveis hierárquicos da empresa, com o consequente comprometimento pelos resultados.

Administração de processos é o conjunto estruturado e intuitivo das funções de planejamento, organização, direção e avaliação das atividades sequenciais, que apresentam relação lógica entre si, com a finalidade de atender e, preferencialmente, suplantar, com minimização dos conflitos interpessoais, as necessidades e as expectativas dos clientes externos e internos das empresas.

Agente de desenvolvimento organizacional é aquele profissional capaz de desenvolver comportamentos, atitudes e processos que possibilitem a empresa transacionar, proativa e interativamente, com os diversos fatores e variáveis do ambiente empresarial.

Ambiente de um sistema é o conjunto de elementos que não pertencem ao sistema, mas qualquer alteração no sistema pode mudar ou alterar seus elementos e qualquer dos seus elementos pode mudar ou alterar o sistema.

Ambiente da administração de processos é o conjunto de partes externas aos processos administrativos, que podem influir ou receber influência, de maneira direta ou indireta, do desenvolvimento e da operacionalização dos referidos processos na empresa.

Ameaças são as variáveis externas e não controláveis pela empresa que podem criar condições desfavoráveis para a mesma.

Amplitude de controle é o número de subordinados que um chefe pode supervisionar pessoalmente, de maneira efetiva e adequada.

Análise da árvore de falhas é um processo lógico dedutivo que, partindo de um evento indesejado predefinido, busca as possíveis causas de tal evento.

Análise de valor é uma abordagem sistemática que identifica a função de um produto ou serviço, estabelece um valor monetário para a função e provê o atendimento dessa função com a qualidade necessária, bem como com o menor custo global, através do uso da criatividade.

Atuação para o mercado é a capacidade de alcançar resultados que melhorem e perenizem, harmoniosamente, a satisfação dos diversos públicos da empresa (clientes, fornecedores, comunidade, acionistas, funcionários etc.).

Avaliação é a capacidade de comparar, objetiva e oportunamente, resultados obtidos com resultados previamente acordados entre as partes envolvidas e de estabelecer suas causas e consequências.

Benchmarking é o processo de análise referencial da empresa perante outras empresas do mercado, incluindo o aprendizado do que essas empresas fazem de melhor, bem como a incorporação dessas realidades de maneira otimizada e mais vantajosa para a empresa que o aplicou.

Capacitação é a competência sustentada de obter e deter o conjunto de conhecimentos e de instrumentos administrativos que se aplicam a uma área de atuação.

Carta de princípios é a abordagem conceitual e a sustentação dos valores básicos debatidos e consensados na empresa.

Centralização é a maior concentração do poder decisório na alta administração de uma empresa.

5 Por quês (5 Ws – *5 Why*) é a técnica dos executivos japoneses que perguntam "por que" cinco vezes. Ao receber a resposta para o quinto "por que", creem ter achado a causa-raiz do problema analisado.

5 S é a técnica japonesa representada por *seiri* (utilidade), *seiton* (arrumação), *seiso* (limpeza), *seiketsu* (higiene) e *shitsuke* (disciplina). São comportamentos para melhorias, bem como uma técnica operacional que, quando desempenhada de maneira apropriada, revela a abertura pela qual outras melhorias podem entrar nos processos.

5 W – 2 H (*What, Who, Where, When, Why, How e How Much*) (Que, quem, onde, quando, por que, como e quanto) são perguntas utilizadas para especificar, em detalhes, certa situação em análise.

Círculo de Deming é o conceito de administração com a finalidade de satisfazer às exigências da qualidade do cliente e do mercado em geral. Salienta a importância da colaboração mútua entre as diversas funções da empresa mostradas em um círculo.

Círculo PDCA (*Plan, Do, Check, Act*) (Planejar, executar, verificar e agir) é uma adaptação japonesa do círculo de Deming.

Círculos de Controle de Qualidade (CCQ) são pequenos grupos de funcionários voluntários que se reúnem periodicamente para debater problemas industriais ou administrativos da empresa, recomendando soluções e implementando ações corretivas, com o objetivo de melhoria da qualidade, aumento da produtividade, redução de custos e melhoria do relacionamento humano no trabalho.

Classificação ABC é um método para priorizar problemas na ordem de sua importância relativa, contribuindo para a otimização do processo operacional.

Clima organizacional é a percepção coletiva que os executivos e demais funcionários têm da empresa, através da experimentação prática e prolongada de suas políticas, estruturas, sistemas, processos e valores.

Competências ampliadas são partes complementares das competências essenciais e de processos, as quais podem – ou não – proporcionar uma situação interessante para os resultados globais e específicos da empresa.

Competências de apoio são atividades que auxiliam, com maior ou menor intensidade, a consolidação das competências essenciais e de processos.

Competências de processos são os conjuntos de atividades que possibilitam a uma empresa funcionar e colocar, de maneira otimizada, seus produtos e serviços nos mercados.

Competências essenciais são os conhecimentos mais importantes de uma empresa e proporcionam aquele algo mais para os seus produtos e serviços.

Competências improdutivas são as atividades que são desenvolvidas e operacionalizadas, mas não apresentam mais qualquer resultado interessante para a empresa.

Competência tecnológica é a capacidade de obter e deter o conjunto de conhecimentos e instrumentos administrativos que se aplicam a uma área de atuação.

Comportamento é a operacionalização de um conjunto de atitudes que uma pessoa apresenta em relação aos diversos fatores e assuntos que estão em seu ambiente de atuação.

Comprometimento é o processo interativo em que se consolida a responsabilidade isolada ou solidária pelos resultados esperados pela empresa.

Conhecimento é a capacidade de entender o conceito e a estruturação de um assunto, bem como efetivar sua aplicação em uma realidade específica da empresa.

Controle Estatístico do Processo (CEP) é um método preventivo de comparar continuamente os resultados de um processo com os padrões, identificando, a partir de dados estatísticos, as tendências para essas variações, com o objetivo de reduzi-las cada vez mais ao longo do tempo.

CPM – Método do caminho crítico – é a representação gráfica, em forma de rede, das atividades necessárias para executar um projeto ou processo. Na construção da rede, são consideradas as precedências entre as atividades, e após a análise das durações de cada atividade chega-se ao caminho crítico, o qual leva o menor tempo para concluir o projeto ou processo.

Controles e avaliações do sistema são os processos para verificar se as saídas estão coerentes com os objetivos estabelecidos. Para realizar de maneira adequada, é necessária uma medida do desempenho do sistema, chamada padrão.

Custo da qualidade é a soma dos custos da prevenção, da avaliação e das falhas da qualidade.

Cultura multinacional da empresa corresponde ao rompimento das barreiras internas a fim de que as pessoas e, particularmente as ideias, circulem livremente.

Cultura organizacional é o conjunto de padrões prevalentes de valores, crenças, sentimentos, atitudes, normas, interações, tecnologias, processos, métodos e procedimentos de execução de atividades e suas influências sobre as pessoas da empresa.

Custos por atividade – Sistema ABC – é o sistema que analisa os custos reais da empresa com base nas atividades de cada processo administrativo estabelecido, bem como aloca esses custos nos produtos e serviços oferecidos ao mercado pela empresa.

Delegação é a transferência de determinado nível de autoridade de um chefe para seu subordinado, criando a correspondente responsabilidade pela execução da tarefa delegada, em uma interação pessoal superior *versus* subordinado.

Departamentalização é o agrupamento, de acordo com um critério específico de homogeneidade, das atividades e correspondentes recursos – humanos, financeiros, tecnológicos, materiais e equipamentos – em unidades organizacionais.

Descentralização é a menor concentração do poder decisório na alta administração de uma empresa, sendo, portanto, mais bem distribuído por seus diversos níveis hierárquicos.

Desempenho é o resultado efetivo que um funcionário apresenta quanto às atividades de um cargo e função, em determinado período de tempo, em relação aos resultados negociados e estabelecidos.

Desenvolvimento organizacional é uma metodologia administrativa para consolidar e otimizar mudanças a longo prazo através da minimização das resistências e da otimização das interações interpessoais.

Diagrama das setas é uma técnica, frequentemente usada em PERT (*Program Evaluation and Review Technique*) e CPM (*Critical Path Method*), que mostra as etapas necessárias, em formas de rede, para implementar um projeto ou um processo.

Diagrama de causa e efeito é uma representação gráfica em que se organizam, de forma coerente, os fatores que influenciam no resultado de um processo.

Diagrama de dispersão é uma técnica utilizada para estudar a possível relação entre duas variáveis e para provar possíveis correlações de causa e efeito em um processo.

Diagrama de espinha de peixe – ou diagrama de causa *versus* efeito de Ishikawa – é uma representação gráfica através da qual diferentes causas se relacionam com seus efeitos em esquema que se assemelha à coluna central do peixe e suas vértebras a ela convergindo.

Diagrama de Pareto é uma técnica simples para a priorização de problemas que envolve estimar todas as áreas de problema em potencial ou fontes de variação de acordo com suas contribuições no custo do produto ou na variação total. O princípio de Pareto pode ser resumido na seguinte frase: "a minoria das falhas de produção é o motivo da maioria dos problemas do produto". De maneira geral, sugere que 80% dos efeitos são originados por 20% das causas.

Diagrama de relações é a técnica que esclarece as inter-relações numa situação complexa que envolve vários fatores inter-relacionados e serve para esclarecer as relações de causa e efeito entre os fatores de um processo.

Diagrama em árvore é uma extensão do conceito de engenharia do valor – análise funcional –, e é aplicado para mostrar inter-relações entre metas e medidas. A engenharia do valor é uma técnica utilizada para otimização da fase de desenvolvimento de um processo, sistema, produto ou serviço.

Diagrama matricial é usado para esclarecer as relações entre dois fatores diferentes em forma de matriz. É frequentemente usado no desdobramento dos requisitos de qualidade, em características da contraparte, em requisitos dos processos em geral e, em seguida, em requisitos do processo produtivo.

296 | Administração de Processos • Rebouças

Diretrizes são as sustentações básicas para o desenvolvimento das questões estratégicas e dos negócios da empresa.

Downsizing é o processo empregado para diminuir o tamanho da empresa e *enxugar* sua estrutura, visando aproximar a decisão da ação. Inclui demissão de pessoal e pode envolver departamentos inteiros, empresas coligadas e subsidiárias. Nesse caso, funções são terceirizadas ou simplesmente deixam de existir.

Efetividade é a relação entre os resultados alcançados e os objetivos propostos ao longo do tempo pelo processo administrativo considerado.

Eficácia é a contribuição dos resultados obtidos por cada processo administrativo para o alcance dos objetivos da empresa.

Eficiência é a otimização dos recursos utilizados em cada processo administrativo.

Employeeship é o ato de assumir responsabilidade e poder. Nesse caso, o funcionário é o sujeito principal da ação, mas a empresa deve criar um ambiente propício para que ela se desenvolva.

Empowerment é o ato de delegar responsabilidades e poderes aos funcionários da empresa. Nesse caso, o executivo é o sujeito principal da ação.

Engenharia simultânea ou paralela é o processo interativo e simultâneo de desenvolvimento de um produto e seu correspondente processo de fabricação.

Entradas do sistema são as forças que fornecem ao sistema o material, a energia e a informação para operação ou processo, o qual gera determinadas saídas do sistema que devem estar em sintonia com os objetivos anteriormente estabelecidos.

Entropia positiva é o estado de desordem e de caos a que tende um sistema ou processo.

Entropia negativa é o processo que mostra o empenho dos sistemas e processos para se organizarem para a sobrevivência, através de maior ordenação.

Equifinalidade é um processo no qual um mesmo estado final pode ser alcançado, partindo de diferentes condições iniciais e por maneiras diferentes.

Equipes multidisciplinares são grupos de pessoas com diferentes especialidades e atividades que trabalham rumo a um objetivo comum, o qual pode ser a melhoria na solução de problemas, tomada de decisões, utilização de recursos, atividades de planejamento, redução de conflitos e melhoria do clima organizacional.

Estilo empreendedor é a capacidade de administrar situações novas e de assumir os riscos decorrentes das decisões tomadas.

Estratégia é a ação ou caminho mais adequado a ser executado para alcançar os objetivos, os desafios e as metas da empresa.

Estrutura organizacional é o delineamento interativo das atribuições, níveis de alçada e processo decisório inerentes às unidades organizacionais da empresa, incluindo suas interações com os fatores não controláveis do ambiente empresarial.

Fluxograma é a representação visual da sequência de etapas executadas a fim de concretizar um produto ou realizar um serviço.

FMEA é a técnica de análise do modo de falha e efeito, procedimento que analisa as falhas possíveis de um processo e os defeitos delas resultantes, para definir a prioridade das ações preventivas.

FMECA é a técnica de análise do modo, efeito e criticidade de falhas. Procedimento a ser aplicado após o FMEA para classificar cada efeito potencial de falha, de acordo com sua severidade e probabilidade de ocorrência nos processos.

Globalização é a tendência dos negócios a cruzarem os limites internacionais, tanto em marketing de produtos e serviços quanto em movimentação de matérias-primas e produtos acabados.

Governança corporativa é o modelo de administração que, a partir das interações entre acionistas ou quotistas, conselhos, comitês, auditorias e diretoria executiva, proporciona a adequada sustentação para o aumento da atratividade da empresa no mercado e, consequentemente, incremento no valor da empresa, redução do nível de risco e maior efetividade da empresa ao longo do tempo.

Gráfico de análise do campo de forças é uma técnica aplicada na análise de situações complexas com muitos fatores variados e chega-se à condição atual devido a uma série de forças opostas. Algumas dessas forças – propulsoras – *empurram* no sentido de solucionar um problema. Outras forças – restritivas – inibem a resolução do problema. Quando a intensidade das forças opostas for igual, chega-se a uma situação estável e equilibrada.

Gráfico de controle é a representação gráfica do desempenho de uma característica do processo no tempo. São registrados os valores estatísticos dessa característica e seus limites de controle.

Gráfico de sequências é a simples representação gráfica de uma característica ou de um processo, mostrando valores plotados de algumas estatísticas coletadas de um processo – em geral, valores individuais – e uma linha central – em geral, a mediana desses valores – que pode ser analisada via sequências.

Gráficos de controle por atributos são os estruturados com os dados coletados que não podem ser mensurados, seja pela própria natureza do processo, seja por fatores econômicos e de racionalização. Podem ser de seis tipos principais: gráfico p (porcentagem de elementos defeituosos), gráfico np (número de elementos defeituosos), gráfico a (média de defeitos), gráfico c (número de defeitos), gráfico D (número de deméritos) e gráfico U (média de deméritos).

Gráficos de controle por variáveis são aqueles usados para controlar a variação do processo em casos em que a característica sob investigação é uma quantidade mensurável. Podem ser de três tipos: gráfico da média e do desvio--padrão, gráfico da média e da amplitude e gráfico da mediana e da amplitude.

Grandes orientações estratégicas são as principais ideias e *lances* da empresa perante o mercado e, particularmente, perante os concorrentes.

Heterostase é o procedimento em que novos níveis de equilíbrio são estabelecidos e, consequentemente, o sistema ou processo passa a ter novos objetivos.

Heurístico é o conjunto de regras e métodos que conduzem à resolução de problemas, sendo um procedimento pedagógico pelo qual se leva a pessoa envolvida a descobrir por si mesma a verdade.

Histograma – ou gráfico de barras – é a forma de apresentação gráfica da distribuição de frequência de uma variável aleatória contínua, em que as classes são representadas por intervalos contínuos no eixo sobre uma escala linear e as frequências das classes são representadas também numa escala linear por retângulos, cujas bases são as classes e as áreas são proporcionais às frequências das classes.

Homeostase é o processo que procura manter os valores de variáveis dentro de uma faixa estabelecida, mesmo na ocorrência de estímulos, para que ultrapassem os limites desejados.

Housekeeping é o termo usado para designar um processo que visa à manutenção da ordem, limpeza, organização e segurança em fábricas e escritórios.

Indicador de desempenho é o parâmetro e critério de avaliação previamente estabelecido que permite a verificação da realização, bem como da evolução da atividade ou do processo na empresa ou negócio.

Índice é a relação entre as medidas identificadas em um processo estruturado de análise.

Inovação é a capacidade de perceber, idealizar, estruturar e operacionalizar situações novas. É tornar o processo mais capaz, inserindo recursos atualmente não disponíveis.

ISO 8.000 é a série que cuida da gestão da responsabilidade social.

ISO 9.000 é a consolidação de normas de gestão da qualidade, diretrizes de seleção e uso.

ISO 9.001 é o modelo para garantia de qualidade em projeto, desenvolvimento, produção, instalação e assistência técnica. Especifica requisitos de sistemas de qualidade para uso, em que um contrato entre duas partes exige a demonstração da capacidade do fornecedor para projetar e fornecer produtos.

ISO 9.002 é o modelo para garantia da qualidade em produção e instalações. Essa norma especifica os requisitos de sistemas da qualidade para uso, quando o contrato entre duas partes exige a demonstração da capacidade do fornecedor em controlar os processos que determinam a aceitabilidade do produto fornecido.

ISO 9.003 é o modelo para garantia da qualidade em inspeção e ensaios finais. Igual à 9.002, especificamente quanto à capacidade do fornecedor em detectar e controlar a disposição de qualquer produto não conforme durante as etapas de inspeção e ensaios finais.

ISO 9.004 é a norma que estabelece a gestão de qualidade e os elementos de sistemas de qualidade.

ISO 9.004-2 é a norma que estabelece a gestão de qualidade e os elementos de sistemas de qualidade no que se refere a serviços.

ISO 9.004-3 é a norma que estabelece as diretrizes de qualidade para os materiais processados.

ISO 9.004-4 é a norma que estabelece as diretrizes para a melhoria da qualidade.

ISO 10.011 é a norma que estabelece as diretrizes para auditoria em sistemas de qualidade.

ISO 10.011-1 é a norma referente aos objetivos, organização, auditoria e acompanhamento dos sistemas de qualidade. Estabelece a conformidade e a não conformidade de produtos e serviços ou processos, bem como o grau de sucesso ou fracasso do sistema.

ISO 10.011-2 é a norma que atribui critérios de qualificação dos auditores dos sistemas de qualidade.

ISO 10.011-3 é a norma para administração dos programas de auditoria que fornece recomendações para a contratação de auditores e auditores-chefes, bem como o monitoramento e a manutenção do desempenho da auditoria.

ISO 14.000 é a série que cuida da gestão ambiental.

ISO 18.000 é a série que cuida da saúde e da segurança das pessoas envolvidas no sistema ou processo.

Just-in-time é a guerra total contra o desperdício. Segundo um ditado japonês, é perseguir até o último grão de arroz no canto da marmita. Significa produzir no momento certo, na quantidade exata e na qualidade esperada. Seu objetivo é eliminar tudo o que não acrescenta valor ao produto, como inspeções e estoques exagerados.

Kaizen é um processo de pequenas melhorias, do qual o funcionário participa com sugestões constantes. Devem-se estimular os funcionários a dar sugestões bem simples, em vez de esperar ideias brilhantes, as quais podem até surgir no meio das simples. Representa um processo de melhoria contínua.

Kanban é uma técnica para programar e controlar a produção. É usada para administrar o *just-in-time*. Controla o fluxo de materiais e a movimentação de componentes distribuídos ou recebidos de fornecedores, com estoque tendendo a zero. Ele puxa as necessidades dos produtos acabados até a matéria-prima.

Lead time **total** é o tempo para que um produto ou serviço seja totalmente executado, desde sua solicitação inicial até sua entrega.

Liderança é a capacidade de obter o engajamento e a participação das pessoas no desenvolvimento e na implantação dos trabalhos e processos necessários ao alcance de metas, desafios e objetivos da empresa.

Logística é o processo estruturado e integrado que considera todas as atividades que têm relação entre si e em uma sequência lógica, desde o planejamento das necessidades e expectativas de mercado, passando por todos os insumos, transformações, vendas, entregas, até o pós-venda do produto ou serviço colocado no mercado. Cuida do fornecimento do produto certo, na hora certa e no local certo.

Market-in – orientação ao mercado – é a estratégia empresarial de trazer a voz do cliente para dentro da empresa.

Marketing de relacionamento é a política mercadológica que se preocupa com a manutenção de clientes satisfeitos e não apenas com a conquista de novos clientes.

Marketing externo é o processo de conquista e de manutenção dos clientes externos.

Marketing interno ou *endomarketing* é o processo de conquista e manutenção de executivos e funcionários satisfeitos e produtivos, através da utilização de técnicas de marketing, tendo em vista tornar a empresa um lugar agradável de se trabalhar.

Marketing total é o processo interativo de todas as atividades e unidades organizacionais da empresa para com as necessidades e expectativas dos clientes e mercados atuais e potenciais.

Melhoria contínua é tornar o processo mais capaz, utilizando os recursos disponíveis.

Melhoria do processo é o conjunto de atividades orientadas para aumentar a confiabilidade, eliminar as variações do processo, bem como descobrir e eliminar os problemas do processo.

Meta é o passo ou etapa perfeitamente quantificada, com prazo e responsável definidos para alcançar os desafios e os objetivos da empresa.

Metodologia JIT é o método para alcançar a solução de problemas baseado em exposição do problema, questionando os porquês, eliminando, simplificando,

302 | Administração de Processos • *Rebouças*

descendo aos níveis mais baixos e repetindo o processo sempre em busca de patamares mais altos de eficiência e produtividade.

Método PPM é a metodologia para melhoria do relacionamento cliente *versus* fornecedor, principalmente na fase de desenvolvimento do fornecedor. As análises dos problemas são feitas em conjunto, ficando o fornecedor responsável pela determinação das soluções dos mesmos.

Missão é a razão de ser da empresa. Identifica a quem e no que a empresa atende as necessidades e expectativas de mercado.

Modelo é uma representação abstrata e simplificada de uma realidade em seu todo ou em partes.

Negociação é a capacidade de concluir, oportunamente, situações desejadas e necessárias aos resultados da empresa, de forma interativa, com a consequente otimização das relações interpessoais.

Níveis hierárquicos representam o conjunto de cargos na empresa com um mesmo nível de autoridade.

Norma é aquilo que se estabelece como base ou medida para a realização ou avaliação de algo. Refere-se a um princípio, regra, preceito ou lei.

Objetivo é o alvo ou situação que se pretende alcançar, perfeitamente quantificado e com indicação do responsável e do prazo de realização.

Oportunidades são as variáveis externas e não controláveis pela empresa, que podem criar condições favoráveis para a empresa, desde que a mesma tenha condições e/ou interesse de usufruí-las.

Organização é a capacidade de ordenação, estruturação e apresentação de um processo, de um sistema, de um projeto, de um trabalho e dos recursos alocados.

Padrão de qualidade é a medida do grau de satisfação das necessidades e das exigências estabelecidas e requeridas pelos clientes.

Padrão ou indicador é aquilo que serve de base para se avaliar qualidade ou quantidade. Refere-se a tudo o que unifica e simplifica para benefício das análises pelas pessoas. É a expressão numérica do índice; é o foco básico da medida.

Padronização é o conjunto de diretrizes, políticas, planos de ação, normas, procedimentos e processos que servem como regras, permitindo que todos executem suas tarefas com sucesso.

Paradigma é o modelo ou padrão de como as coisas devem ser feitas.

Parâmetro é a característica mensurável de um produto ou serviço.

Pensamento sistêmico é aquele em que o ótimo do todo é muito maior do que o ótimo de cada uma das partes. Essa questão também é denominada pensamento sinérgico.

PERT – Técnica de revisão e avaliação de programa – é um modelo matemático que usa distribuições de probabilidades e análise de relações de dependências das tarefas para estimar a duração das atividades dos projetos e dos processos. A representação gráfica usada nessa técnica é chamada de Rede PERT, formada por um conjunto de círculos ou retângulos ligados por setas.

Planejamento é a capacidade de diagnosticar e analisar situações atuais, de articular objetivos de forma integrada aos da empresa e de delinear estratégias – inclusive alternativas – para alcançar esses objetivos, bem como de políticas que servem de sustentação a esse processo.

Planejamento estratégico é a metodologia administrativa que permite estabelecer a direção a ser seguida pela empresa, visando ao maior grau de interação com o ambiente empresarial, o qual não é controlável pela empresa.

Plano de ação é o conjunto das partes comuns dos diversos projetos quanto ao assunto que está sendo tratado.

Poka yoke é o projeto do processo de trabalho para eliminar falhas humanas. Os dispositivos podem ser acoplados a máquinas para checar automaticamente anormalidades no processo. Esses dispositivos podem até interromper o processo automaticamente, se ocorrer alguma anomalia.

Política é um critério e parâmetro orientativo para o processo decisório dos executivos e demais profissionais das empresas.

Ponto neutro é o fator identificado na empresa, mas não existem, no momento, critérios para alocar o mesmo em uma situação como forte ou fraco. Essa adequação será realizada assim que existir algum critério para análise.

Pontos fortes são as variáveis internas e controláveis que propiciam uma condição favorável para a empresa, em relação a seu ambiente, onde estão as oportunidades e ameaças não controláveis.

Pontos fracos são as variáveis internas e controláveis que provocam uma situação desfavorável para a empresa, em relação a seu ambiente.

Postura estratégica é a maneira ideal de a empresa atuar no mercado, tendo em vista a realidade atual e a expectativa futura.

Postura para resultados é a capacidade de orientar-se e direcionar os recursos disponíveis para o alcance e melhoria dos resultados previamente estabelecidos.

Potencial é o conjunto de conhecimentos que um funcionário tem para desempenhar outras atividades, correlacionadas ou não ao seu atual cargo e função.

Processo é um conjunto estruturado de atividades sequenciais que apresentam relação lógica entre si, com a finalidade de atender e, preferencialmente, suplantar as necessidades e as expectativas dos clientes externos e internos da empresa.

Processo crítico é o processo que apresenta vários problemas ao resultado esperado e a seu ambiente, com risco de perda de recursos importantes. Os processos críticos geralmente requerem que várias características de segurança sejam embutidas no sistema operacional.

Processo de funções cruzadas é um processo que ultrapassa os limites organizacionais, envolvendo equipes multidisciplinares de trabalho e pessoas que normalmente não interagem.

Processo de transformação do sistema é a função que possibilita a transformação de um insumo (entrada) em um produto, serviço ou resultado (saída).

Produtividade é a otimização dos recursos disponíveis para a obtenção dos melhores resultados pela empresa.

Projeto é o trabalho a ser executado, com responsabilidade de execução, resultados esperados com quantificação de benefícios e prazos para execução preestabelecidos, considerando os recursos humanos, financeiros, tecnológicos, materiais e de equipamentos, bem como as áreas envolvidas necessárias a seu desenvolvimento.

Propósitos são os diversos setores em que a empresa atua ou poderá atuar.

Qualidade total é a capacidade de um produto ou serviço satisfazer – ou suplantar – as necessidades, exigências e expectativas dos clientes internos e externos da empresa.

Qualidade total na administração de processos é tudo aquilo que se faz em termos de melhoria e inovação dos processos para garantia ao cliente--empresa e, consequentemente, a todos os outros clientes envolvidos – dentro e fora da empresa – exatamente aquilo que desejam, em termos de aspectos intrínsecos, rastreados, de custos e de atendimento de expectativas.

Quarteirização é o processo pelo qual a administração dos terceiros – resultantes da terceirização – é entregue para uma quarta empresa.

Rede escalar de objetivos é a decomposição dos objetivos pela estrutura hierárquica da empresa, de acordo com as áreas funcionais ou atividades ou equipes de trabalho, ou mesmo considerando os processos estabelecidos pela empresa.

Reengenharia é um trabalho participativo de elevada amplitude direcionado para os negócios e seus resultados, que tem como sustentação o desenvolvimento e a implementação de novos processos que integrem funções e unidades organizacionais da empresa na busca contínua da excelência na prestação de serviços e fornecimento de produtos e serviços aos clientes.

Reengenharia estratégica e organizacional é a reestruturação de impacto dos processos estratégicos e organizacionais para otimizar o valor agregado e os resultados dos negócios, produtos e serviços de toda a empresa, a partir da alavancagem dos processos, sistemas, fluxos, políticas, estrutura organizacional e comprometimentos profissionais, tendo em vista a melhoria da produtividade e da qualidade, bem como o atendimento das necessidades e expectativas dos clientes e mercados atuais e futuros.

Relatório gerencial é o documento que consolida, de forma estruturada, as informações que sustentam o processo decisório dos executivos das empresas.

Retroalimentação do sistema é a introdução de uma saída sob a forma de informação. A retroalimentação é um processo de comunicação que reage a cada entrada de informação, incorporando o resultado da ação-resposta desencadeada por meio de nova informação, a qual afetará seu comportamento subsequente, e assim sucessivamente.

306 | Administração de Processos • *Rebouças*

Saídas do sistema são os resultados do processo de transformação. Representam as finalidades para as quais se uniram objetivos, atributos e relações do sistema.

Sistema é um conjunto de partes interagentes e interdependentes que, conjuntamente, formam um todo unitário com determinado objetivo e efetuam determinada função na empresa.

Sistema de apoio à decisão é o instrumento administrativo que auxilia o tomador de decisão a simular cenários futuros para a empresa, considerando variáveis que podem ser definidas e modificadas pelos usuários desses sistemas, de acordo com a situação que está sendo estudada. Normalmente, privilegia os trabalhos em equipes multidisciplinares, com o intuito de melhorar a qualidade das decisões.

Sistema de informações gerenciais é o processo de transformação de dados em informações que são utilizadas na estrutura decisória da empresa, bem como proporcionam a sustentação administrativa para otimizar os resultados esperados.

Sistema valor presente líquido (VPL) é o sistema de análise financeira mais utilizado. Analisa o valor que um investimento pode agregar à empresa, enfatizando os resultados financeiros de curto prazo e dando pouca importância à melhoria de qualidade ou à flexibilidade do processo produtivo.

Tecnologia de informação é um tripé tecnológico que congrega a tecnologia e a evolução dos computadores, telecomunicações e a automação de tarefas. Além dos aspectos puramente técnicos, sua concepção atual também busca a integração com os aspectos sociais da empresa.

Tempo padrão é aquele necessário para um completo ciclo de operação, desde que se utilize um método padronizado em velocidade normal de trabalho, com os devidos abonos sobre demoras e atrasos independentes do operador, estando o mesmo preparado para uso daquele método de trabalho.

Terceirização é o processo administrativo de transferência para terceiros de atividades que não constituem a essência tecnológica dos produtos e serviços da empresa, pois envolvem tecnologias de pleno domínio do mercado e, por consequência, não consolidam quaisquer vantagens competitivas, quer sejam tecnológicas ou comerciais, além de contribuírem para o aumento dos custos fixos da empresa.

Valor agregado sinérgico é o aumento no valor final de um negócio, produto ou serviço, resultante de uma mudança provocada pela interação com fatores externos à empresa, que contribui para a alavancagem do valor global da empresa.

Valor de um produto ou serviço é ponto básico em que o mesmo alcança as necessidades e as expectativas do cliente, medido em termos de sua capacidade para decidir o preço a ele atribuído. Portanto, representa aquilo que o cliente acha justo pagar.

Visão da empresa é a identificação dos limites que os principais executivos da empresa conseguem enxergar dentro de um período de tempo mais longo e uma abordagem mais ampla. Identifica o que a empresa quer ser.

Bibliografia

"O que realmente importa não são os objetivos;
são os caminhos para alcançá-los."

Peter Bamn

A seguir, são apresentadas as referências bibliográficas utilizadas para proporcionar maior sustentação a esta obra, bem como outras referências que podem auxiliar você no estudo do importante instrumento administrativo que é a administração de processos nas empresas.

ACKOFF, Russel. *Planejamento empresarial.* Rio de Janeiro: Livros Técnicos e Científicos, 1974.

ADIZES, Ichak. *Gerenciando as mudanças.* São Paulo: Pioneira, 1993.

ALBRECHT, Karl. *Revolução nos serviços.* São Paulo: Pioneira, 2002.

BASSET, Glenn. *Operations management for service industries.* Connecticut: Quorum Books, 1992.

BOGAN, Christopher E.; ENGLISH, Michael J. *Microeconomics*: theories and applications. New York: John Wiley, 1994.

BOTELHO, Eduardo. *Reengenharia cultural*: o dirigente inteligente. São Paulo: Atlas, 1995.

BROWNING, John. The power of process redesign. *The McKinsey Quarterly*, New York: 1993, nº 1, p. 47.

BUZZELL, Robert D.; GALE, Bradley T. *Principles of marketing.* New Jersey: Prentice Hall, 1991.

BYRNE, John A. Os novos gurus da administração. *Gazeta Mercantil*, 16 out. 1992.

CAMP, Robert. *Benchmarking*: identificando, analisando e adaptando as melhores práticas da administração que levam à maximização da performance empresarial. São Paulo: Pioneira, 1993.

CAMP, Robert. *Benchmarking*: o caminho da qualidade total. São Paulo: Pioneira, 1993.

CARLZON, Jan. *A hora da verdade.* São Paulo: COP Editora, 1995.

CASTANHEIRA, Joaquim, NETZ, Clayton A. A reengenharia contestada. *Exame*, 2 ago. 1995.

CERQUEIRA NETO, Edgard Pedreira. *Reengenharia do negócio.* São Paulo: Pioneira, 1994.

CHAMP, James. *Reengineering management*: the mandate for new leadership. New York: Harper Business, 1995.

CHIAVENATO, Idalberto. *Manual de reengenharia.* São Paulo: Makron Books, 1995.

Bibliografia | **311**

CINELLI, Claudio. Reengenharia e gestão da qualidade. *O Estado de S. Paulo*. São Paulo, Caderno de Empresas, 28 fev. 1996, p. 3.

CLANCY, Kevin J.; SCHULMAN, Robert S. *Mitos do marketing que estão matando seus negócios*. São Paulo: Makron, 1995.

CLARK, Kim B.; WHEELWRIGT, Steves C. *Managing new product and process development*: text and cases. New York: Academic Press, 1995.

COLLINS, James; PORRAS, Jerry. *Feitas para durar*: práticas bem-sucedidas de empresas visionárias. São Paulo: Rocco, 1995.

CROSBY, Philip B. *Qualidade sem lágrimas*. Rio de Janeiro: José Olympio, 1992.

CROSS, Kelvin C.; FEATHER, John J.; LINCH, Richard L. *A arte da reengenharia*: o renascimento da empresa. Rio de Janeiro: Zahar, 1995.

CRUZ, Tadeu. *Reengenharia na prática*. São Paulo: Atlas, 1995.

DAVENPORT, Thomas H. *Reengenharia de processos*: como inovar na empresa através da tecnologia da informação. 5. ed. Rio de Janeiro: Campus, 1994.

DAVIDOW, William; MARLONE, Michael. *A corporação virtual*. São Paulo: Pioneira, 1993.

DAVIS, Star; DAVIDSON, Bill. *Management 2000*: administrando a sua empresa hoje para vencer amanhã. Rio de Janeiro: Campus, 1993.

DAVIS, Timothy R. V. Reengineering in action. *Planning Review*, p. 49, july/aug. 1993.

DE GEUS, Arie. *The living company*. London: Nicholas Brealy, 1997.

DEMING, William Edwards. Qualidade: a revolução da administração. Rio de Janeiro: Marques/Saraiva, 1981.

DRUCKER, Peter. *Administrando em tempos de grandes mudanças*. São Paulo: Pioneira, 1995.

DUBAY, Robert S. Reengineering on firm's product and another's service delivery. *Planning Review*, v. 21, nº 2, p. 1419, mar./apr. 1993.

ECCLES, Robert G. The performance measurement manifesto. *Harvard Business Review*, jan./fev. 1991.

ECCLES, Robert G. NOHIA, Nitin; BERCKLEY, James D. *Assumindo a responsabilidade*. Redescobrindo a essência da administração. Rio de Janeiro: Campus, 1994.

FALCONI CAMPOS, Vicente. *TQC*: gerenciamento da rotina de trabalho do dia a dia. Belo Horizonte: Fundação Christiano Ottoni, 1992.

FALCONI CAMPOS, Vicente. *TQC*: controle de qualidade total. Belo Horizonte: Fundação Christiano Ottoni, 1992.

FRIED, Elizabeth. *Business process improvement*. New York: Pan Books, 1995.

FUREY, Timothy R. A six-step guide to process reengineering. *The Planning Forum*, New York, nº 2, p. 20-23, mar./apr. 1993.

312 | Administração de Processos • *Rebouças*

FURLAN, José D. *Reengenharia da informação*. São Paulo: Makron, 1995.

FURLAN, José D.; DORIO, Stephen G. Making reengineering strategic. *Planning Review*, Boston, p. 6, july/aug. 1994.

GALE, Bradley; BUZZELL, Robert D. *PIMS*: o impacto das estratégias de mercado no resultado das empresas. São Paulo: Pioneira, 1991.

GARCEZ, Cícero. Engenharia, reengenharia ou tecnofobia? *New Rio Marketing Editorial e Publicidade*, Rio de Janeiro, ano I, nº 3, out. 1994.

GEORGE, Michael; FREELING, Anthony; COURT, David. Reinventing the marketing organization. *The McKinsey Quarterly*, New York, 1994, nº 4, p. 43.

GHOSHAL, Sumantra; BARTLETT, Christopher. Changing the role of top management. *Harvard Business Review*, p. 86, jan./feb. 1995.

GIFFORD, H. *Getting partnering right*. New York: McGrawHill, 1994.

GOLDMANN, Heinz M. *How to win customers*: the classic guide to successful selling. New York: Pan Books, 1998.

GOLDRATT, Eliyahu. *A meta*. São Paulo: IMAM, 1991.

GONÇALVES, José Ernesto Lima. Reengenharia: um guia de referência para o executivo. *RAE – Revista de Administração de Empresas*, São Paulo: FGV, v. 34, nº 4, p. 23-30, jul./ago. 1994.

GONÇALVES, José Ernesto Lima; DREYFUSS, Cassio. *Reengenharia das empresas*: passando a limpo. São Paulo: Atlas, 1995.

GOUILLART, Francis J.; NORTON, David. Reengenharia e transformação. Por onde começar? *RAE – Revista de Administração de Empresas*, São Paulo: FGV, v. 35, nº 2, p. 6-11, mar./abr. 1995.

GURGEL, Floriano C. A. *Administração do produto*. São Paulo: Atlas, 1995.

HALL, Eugene A.; ROSENTHAL, James; WADE, Judy. How to make reengineering really work. *The McKinsey Quarterly*, New York, nº 2, p. 107, 1994.

HAMMER, Michael; CHAMPY, James. *Reengenharia*: revolucionando a empresa em função dos clientes, da concorrência e das grandes mudanças na gerência. 26. ed. Rio de Janeiro: Campus, 1994.

HAMMER, Michael; STANTON, Steven A. *A revolução da reengenharia*. Rio de Janeiro: Campus, 1995.

HANDY, Charles. *A era do paradoxo*. São Paulo: Makron Books, 1995.

HARRIGTON, H. James. *High performance benchmarking*: twenty steps. New York: Harper Collis, 1991.

HARRISON, D. B.; PRATT, M. D. *Manual of procedure*. New York: Academic Press, 1995.

HEIL, Gary; PARKER, Tom; TATS, Rick. *A liderança e a revolução do cliente*. São Paulo: Pioneira, 1998.

HEWLETT, William Reddington. *The HP Way*. Boston: MCB University Press, 2001.

HEYGATE, Richard. Immoderate redesign. *The McKinsey Quarterly*, New York, nº 1, 1993, p. 73.

HRONEC, Steven M. *Sinais vitais*. São Paulo: Makron Books, 1994.

HUFF, Sid L. Reengineering the business. *Business Quarterly*, Boston, Winter, 1992, p. 38-42.

ISHIKAWA, Kaoru. What is total quality control. Englewood Cliffs: Prentice-Hall, 1985.

JOHANSSON, Henry J.; McHUGH, Patrick; PENDLEBURRY, A. John; WHEELER II, W. A. *Business process reengineering:* breakpoint strategies for market dominance. New York: John Wiley, 1993.

JURAN, Joseph M. Quality control handbook. New York: McGraw-Hill, 1951.

KAPLAN, Robert; NORTON, David. *Estratégia em ação*: balanced scorecard. Rio de Janeiro: Campus – KPMG, 1998.

LINNEMAN, Robert; STATON, John. *Marketing de nichos*: uma estratégia vencedora. São Paulo: Makron, 1993.

LEIBFRIED, Kathleen H. J.; MCNAIR, Carol Jean. *Benchmarking*. Rio de Janeiro: Campus, 1994.

LEWIN, Kurt Zadek. Principles of topological psychology. New York: Harper, 1936.

LIPSHITZ, Raanan; NEVO, Baruch. Who is a good manager? *Leadership & Organization Development Journal*, Boston: MCB University Press, v. 13, nº 6, p. 3-7, 1992.

LOBOS, Julio. *Reengenharia apesar das pessoas*. São Paulo: Instituto da Qualidade, 1994.

LODI, João Bosco. Desconfie da reengenharia. *Revista Exame*, São Paulo: Abril, 10 maio 1995.

LODI, João Bosco. Abaixo os gurus. *Revista Veja*, São Paulo: Abril, 22 mar. 1995.

LOPEZ, Paulo Ancona. A reengenharia aplicada à média empresa. *O Estado de S. Paulo*, São Paulo, 13 dez. 1994, p. P4.

LOYD, Tom. Mais críticas à reengenharia. *Gazeta Mercantil*, São Paulo, p. 26, 13 dez. 1994.

MANGANELLI, Raymond L.; KLEIN, Mark M. *Manual de reengenharia*: um guia passo a passo para a transformação da sua empresa. Rio de Janeiro: Campus, 1995.

MARIN, Denise Chrispim. Trabalho muda com reengenharia. *Folha de S. Paulo*, São Paulo, p. 7, 2 dez. 1994.

MACKENNA, Regis. *Marketing de relacionamento*. Rio de Janeiro: Campus, 1997.

MELLO, Fernando A. F. *Desenvolvimento das organizações*: uma opção integradora. Rio de Janeiro: Livros Técnicos e Científicos, 1978.

314 | Administração de Processos • *Rebouças*

MELLO NETO, Francisco Paulo. *Reengenharia*: estudos de casos de empresas brasileiras. Rio de Janeiro, Record (Catho), 1995.

MESAROVIC, Mihajlo D.; MACKO, D.; TAKAHARA, Yasuhiko. *Theory of hierarchical multilevel systems*. New York: Academic Press, 1970.

MILLER, Mike. Customer service drives reengineering effort. *Personnel Journal*, Boston, p. 87-91, nov. 1994.

MILLS, D. Quinn. *O renascimento da empresa*. Rio de Janeiro: Campus, 1993.

MINTZBERG, Henry. *Strategic process*: concepts and cases. New York: Harper Collins, 1995.

MOLLER, Claus. *O lado humano da qualidade*. São Paulo: Pioneira, 1995.

MOLLER, Claus. *Employeeship*: como maximizar o desempenho pessoal e organizacional. São Paulo: Pioneira, 1995.

MOREIRA, Daniel Augusto. *Reengenharia*: dinâmica para a mudança. São Paulo: Pioneira, 1994.

MORRIS, Daniel; BRANDON, Joel. *Reengenharia*: reestruturando sua empresa. São Paulo: Makron Books, 1994.

MOTTA, Ricardo. A busca da competitividade nas empresas. *Revista de Administração de Empresas*, São Paulo: FGV, v. 35, nº 1, p. 12-16 mar./abr. 1995.

NETZ, Clayton. Só reengenharia não basta. *Exame*, São Paulo: Abril, 26 out. 1994.

PETERS, Tom. *Tempos loucos exigem organizações malucas*. São Paulo: Harbra, 1995.

PENZIAS, Arno. *Harmony*: Business, technology and life after paperwork. New York: Harper Collins, 1995.

PINCHOT, Gifford; PINCHOT, Elizabeth. *O poder das pessoas*. Rio de Janeiro: Campus, 1994.

PORTER, Michael. *Vantagem competitiva das nações*. Rio de Janeiro: Campus, 1996.

PRAHALAD, C. K. (Coimbatore Krishmarao); HAMMEL, Gary. *Competing for the future*. Boston: Harvard Business School Press, 1995.

RHINESMITH, Stephen H. *A manager's guide to globalization*: six keys to success in a changing world. Connecticut: American Society for Training, 1992.

RIES, Al; TROUT, Jack. *Posicionamento*: a batalha pela sua mente. São Paulo: Pioneira, 1995.

RIGBY, Darrell K. How to manage the management tools. *Planning Review*, Boston, nov./dec., 1993, v. 21, nº 6.

ROBERTS, L. *Business process benchmarking*. New York: Academic Press, 1995.

ROSSETO, Roberta. E tome banho de reengenharia. *Exame*. São Paulo: Abril, p. 98, 29 mar. 1995.

SCHONBERGER, Richard J. *Construindo uma corrente de clientes*: unindo as funções organizacionais para criar a empresa de classe universal. São Paulo: Pioneira, 1992.

SENGE, Peter M. *A quinta disciplina*: arte, teoria e prática da organização de aprendizagem. Sao Paulo: Best Seller, 1995.

SHANK, John; GOVINDARAJAN, Vijay. *Gestão estratégica de custos*: a nova ferramenta para a vantagem competitiva. Rio de Janeiro: Campus, 1995.

SHAPIRO, Benson; SVIOKLA, John. *Conquistando clientes*. São Paulo: Makron Books, 1995.

SHEWART, Walter A. Statistical method from the viewpoint of quality control. Washington Department of Agriculture Press, 1939.

STALK JR., George; HOUT, Thomas M. *Competindo contra o tempo*. Rio de Janeiro: Campus, 1998.

STERNBERG, Elaine. *Just business*. Business ethics in action. London: Harper & Row, 1995.

TAGUCHI, Genichi et al. Introduction to offine quality control. Nagoya: Japan Quality Association, 1979.

TAPSCOTT, Don; CASTON, Art. *Mudança de paradigma*. São Paulo: Makron Books, 1995.

TAYLOR, Frederick W. Princípios de administração científica. São Paulo: Atlas, 1970.

TOFLER, Alvin. *Aprendendo para o futuro*. São Paulo: Artenova, 1977.

TOFLER, Alvin. *A terceira onda*. Rio de Janeiro: Record, 1980.

TOMASKO, Robert M. *Downsizing*. São Paulo: Makron Books, 1992.

TOWSEND, Pat B.; GEBHARDT, Joan E. *Compromisso com a qualidade*. Rio de Janeiro: Campus, 1993.

TREGOE, Benjamin; ZIMMERMAN, John. *A estratégia da alta gerência*: o que é e como fazê--la funcionar. Rio de Janeiro: Zahar, 1982.

VON BERTALANFFY, Karl Ludwig. *Teoria geral de sistemas*. Petrópolis: Vozes, 1972.

WALLACE, Thomas F. *A estratégia voltada para o cliente*. Rio de Janeiro: Campus, 1992.

WEITZEN, H. Skip. *O poder da informação*. São Paulo: Makron, 1995.

WELCH, Jack; LOWE, Janet. *Jack Welch speaks*: wisdom from the world's greatest business leader. New York: McGraw-Hill, 1998.

WHITELEY, Richard. *A empresa totalmente voltada para o cliente*. Rio de Janeiro: Campus, 1992.

Pré-impressão, impressão e acabamento

grafica@editorasantuario.com.br
www.graficasantuario.com.br
Aparecida-SP